동물병원에 오는 다양한 동물들

토끼는 이제 강아지와 고양이에 이은 반려동물계의 3인자 자리를 차지했다. 토끼도 다양한 품종이 있으며 선택의 폭이 넓어졌다.

최근에는 고슴도치도 인기를 끌고 있다. 가시가 삐쭉삐쭉 돋아 있어서 아플 것 같지만 살살 쓰다듬어 주는 정도는 가능하다. 고슴도치 전용 사료나 애견용 사료 등을 준다.

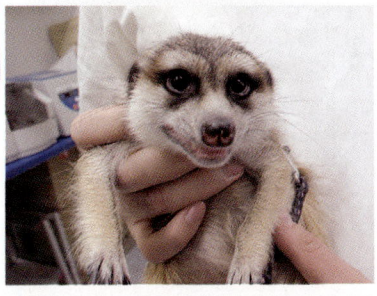

미어캣. 남아프리카에 서식하는 망구스. 겉보기와는 다르게 도마뱀과 전갈을 매우 좋아한다. 무리생활을 하기 때문에 동료의식이 강해서 사람도 잘 따른다.

하늘다람쥐. 큰 눈은 야행성이라는 증거. 앞다리와 뒷다리 사이에 있는 막으로 짧은 거리를 날 수 있다.

여기에 있는 반려동물들은 모두 워싱턴 조약에 기재된 동물이다.

아기 작은발톱수달. 발톱이 작아서 이런 이름이 붙었다. 너무나 귀엽지만 야생동물인 것을 잊어선 안 된다. 또한 '키우기 쉬운 동물'도 아니다.

아홀로틀. 정확히는 멕시코도롱뇽의 유형성숙 개체. 일본이나 한국 등에서는 우파루파라고 부르는 것이 알기 쉽다. 굉장히 인기가 많은 양서류(78쪽 참조).

이국적인 동물의 대명사 카멜레온. 마다가스카르가 원산인 펜서카멜레온이라고 불리는 카멜레온. 주위 색이나 기분에 따라 몸의 색깔이 변화한다. 살아있는 곤충을 먹는다(92쪽 참조).

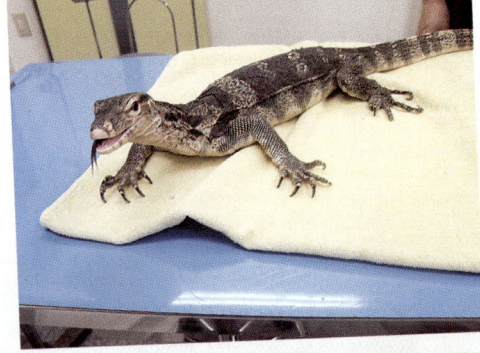

물왕도마뱀은 동남아시아에 넓게 분포하는 큰 도마뱀이다. 성장하면 몸통이 통나무처럼 되고 25kg에 달하게 된다. 이래 봬도 수영은 특기 중에 특기이다.

비단마모셋. 손바닥 위에 올릴 수 있는 작은 원숭이. 귀엽지만 사람과 같은 엄연한 '영장류'다. 사람과 공통되는 감염증(인수공통전염병)에는 주의해야 하며, 애호가에게 적당한 애완동물.

늠름한 자태가 아름다운 서벌캣. 매력적인 동물이지만 사육하기 위해서는 지방자치단체의 허가가 필요하다.

꼬맹이 인도별거북. 가격이 저렴해서 잘 팔리지만 사육 난이도가 높은 육지 거북이다. 몸이 아프기 쉬워서 육지 거북 초심자에게는 맞지 않다.

양쯔강악어. 중국의 야생동물은 엄격히 보호되지만 양식사업으로 번식시킨 것이 일본에서 수입 허가를 받게 되었다. 소형 악어이지만 2m나 된다.

부시베이비. 세네갈갈라고가 정식 명칭. 아프리카에 서식하는 작은 야행성 영장류. 애완동물용 원숭이의 수입은 전면적으로 금지되어 지금은 구하기 힘들다.

건강진단부터
입원을 할 만큼
심한 병까지 ...

팬더마우스는 생쥐보다 더 작다. 이 아이는 22g이었다. 큰 종양 때문에 내원했다(188쪽 참조).

아직도 버려지는 고양이가 끊이지 않고 나타난다. 따지고 보면 사람의 필요로 인해 기르기 시작한 동물이다. 마지막까지 책임을 져야 하는 것은 당연한 일이다.

검은꼬리프레리독의 수입이 금지되면서 대타로 이 리처드슨땅다람쥐가 인기를 얻고 있다.

아프리카수리부엉이. 최근에는 맹금류를 사육하는 사람도 늘고 있다. 크고 동그란 눈이 사람을 매료시킨다. 발톱이나 부리가 길어지면 손질을 해줘야 한다.

연근 조림을 너무 많이 먹어서 개복수술을 하게 된 강아지. 육식동물은 채소를 소화하는 것이 힘들다. (158쪽 참조)

마다가스카르가 원산지인 특수동물 고지대줄무늬텐렉. 곤충을 주식으로 하며, 거의 자고 있기 때문에 바라보는 게 즐거운 동물이다.

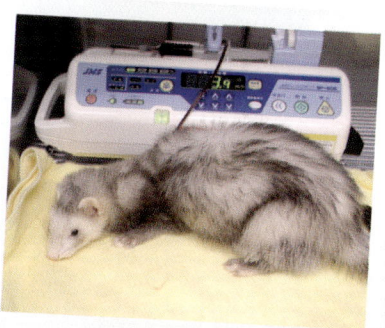

빈혈인 페럿에게 수혈을 하고 있다. 종은 달라도 사람과 같은 치료가 가능한 경우도 많다. (173쪽 참조)

방광에서 결석을 빼낸 토끼. 토끼는 신장이나 방광에 결석이 생기기 쉬운 동물이다. 그러므로 칼슘을 많이 주어서는 안 된다. (117쪽 참조)

'왠지 모습이 이상해'서 데려온 부쉬벨트 레인 프록(Common rain frog). 경단처럼 생겨서 개구리 애호가들 사이에서는 인기가 많은 종류이다. (20쪽 참조)

포유류에서 물고기까지,
필요하다면
무엇이든 해야 한다.

알 막힘 (Egg Binding and Dystocia) 증상으로 내원한 베일드 카멜레온. 큰 마취 마스크에 넣어서 마취를 시킨다. 조류나 파충류는 인공 사육 환경일 때 알 막힘 증상을 일으키기 쉽다. 난관 째 적출한다. (60 쪽 참조).

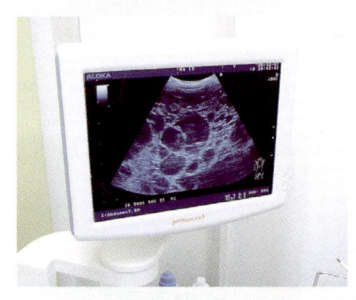

때때로 금붕어가 오기도 한다. 크게 부푼 배에 초음파 검사를 했더니 심장이 거대화 되어 문제를 일으키고 있었다.

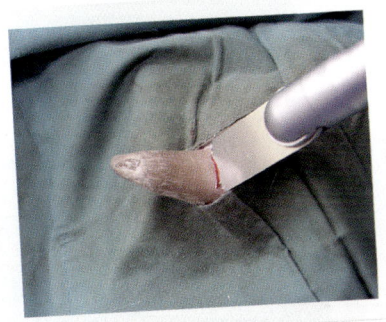

반려동물로 염소를 키우는 것도 화제이다. 뿔은 위험하기 때문에 전신마취를 한 뒤 절제한다 (68 쪽 참조).

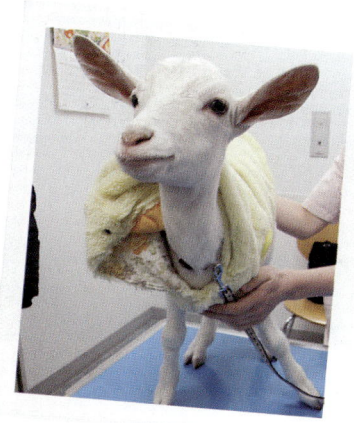

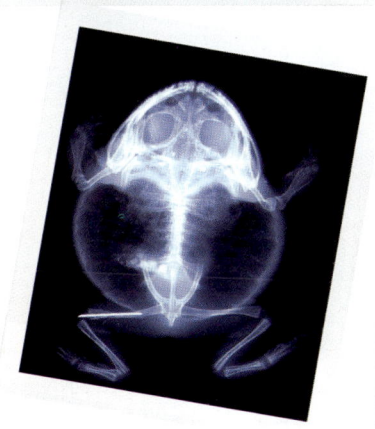

3m 가까이 되는 큰 보아뱀이 애완동물용 배변 패드를 삼켜버렸다. 배 속에서 불어나서 개복수술로 적출했다 (150 쪽 참조).

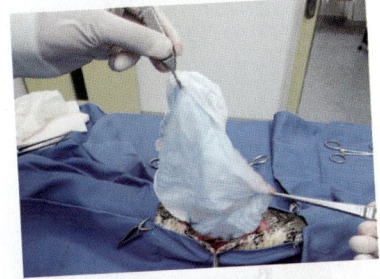

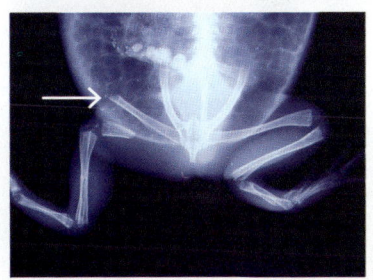

개구리의 엑스레이 사진. 개구리도 가끔 골절상을 입는다. 뼈가 가늘어서 골수에 주삿바늘을 이용해 고정했다 (128 쪽 참조).

어떤 동물이라도
키우는 이에게는
가족과 같은 존재

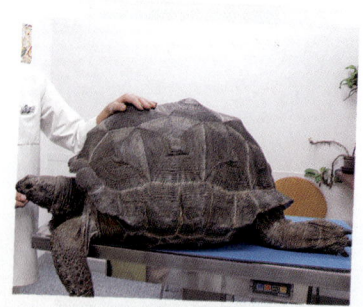

이 코끼리거북이는 아직 한참 작다. 이런 동물을 키우는 데는 방 하나쯤은 내줄 정도의 각오가 필요하다.

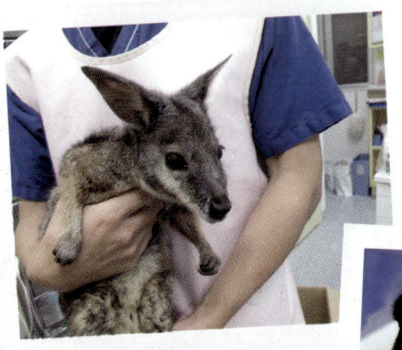

타마왈라비. 올바른 먹이와 사육 시설에서 키우지 않으면 다리와 허리가 약해진다.

기니피그 (모르모트) 는 예전부터 반려동물로 사랑받고 있으며 기르기 쉬운 동물이다. 최근에 또 인기가 많아지고 있다. 다양한 색 조합이 있다.

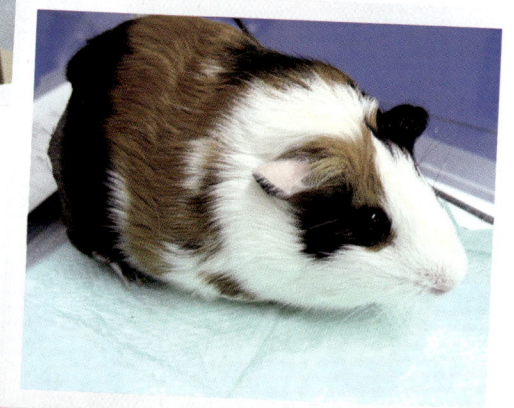

알비노 볼비단구렁이. 검은색 색소가 결손인 백사. 인공 사육으로 번식시킨 뱀은 사육이 쉬워 애완동물로 적격인 동물이다.

특수동물 진료 이야기

덴엔초후동물병원원장 타무카이 켄이치

이도규 역

머리말

제 수의사로서의 원점은 어릴 적으로 거슬러 올라갑니다. 어렸을 때부터 살아있는 것을 매우 좋아했습니다. 유치원 시절에는 잡목림에서 잡아 온 장수풍뎅이를 필두로 공벌레, 집게벌레, 곤봉딱정벌레, 거미, 장구애비, 지렁이, 도롱뇽, 개구리, 도마뱀, 뱀, 가재, 말미잘, 게…… 잡을 수 있는 동물은 닥치는 대로 잡아다 키웠습니다.

선물 받은 동물은 생쥐나 햄스터부터 문조, 사랑앵무, 이구아나, 열대어 등 다양했습니다. 조금 특이한 동물뿐만 아니라 버려진 고양이나 친척으로부터 양도받은 요크셔테리어도 키웠습니다. 무엇보다도 즐거웠던 것은 바로 휴일의 백화점이었습니다. 어머니가 쇼핑을 하는 사이에 옥상에 있는 펫샵에 죽치고 있곤 했습니다.

그랬던 초등학교 시절에 키우던 사랑앵무의 상태가 좋지 않았던 적이 있었습니다. 지금 생각하면 아마 알 막힘이었던 것 같습니다. 근처 동물병원에 데리고 가니, 여자 선생님께서 친절하게 응대해 주셨지만, "나는 작은 새를 진찰하는 건 처음이야. 주사도 검사도 할 수 없는데 어쩌지."라며 곤혹스러워 했지요. 그리고 사랑앵무는 선생님의 손에서 힘없이 죽고 말았습니다.

작은 새는 상태가 좋지 않을 때, 잡는 것만으로 죽어버리는 경우가 있습니다. 그러나 당시는 그런 사실조차 거의 정보가 없었습니다. 동물에 관한 일을 최초로 의식하기 시작한 것은 이때였다고 생각합니다.

더욱 '수의사'라는 직업을 구체적으로 생각하게 된 것은 중학교에 들어가고 나서부터입니다. 당시에는 애완동물로는 드물었던 중앙아메리카

산 그린이구아나가 너무나 가지고 싶어서 도쿄의 펫샵에서 아이치 (일본 혼슈 중앙부에 있는 현 . 도쿄에서 신칸센으로 2 시간 거리) 의 본가까지 데리고 와서 키우기 시작했습니다 .

그러나 이런 특이한 애완동물은 질병에 걸려도 진찰 받아 볼 병원이 없었습니다 . 내 애완동물이 아파도 봐줄 곳이 없다니 ! 다양한 애완동물의 병을 고칠 수 있다면 …… 무엇보다 내가 좋아하는 동물에 대한 일을 직업으로 할 수 있다면 좋겠다는 막연한 생각이었습니다 .

여러분은 '동물병원' 이라고 하면 어떤 동물이라도 진찰받을 수 있다고 생각하시나요 ? 그리고 수의사라면 동물에 대한 것은 무엇이든 알고 있다고 생각하시나요 ?

사실은 전혀 그렇지 않습니다 . 대학교의 수의학과에서는 말이나 소 , 돼지 등의 산업동물을 중심으로 배우며 애완동물로는 강아지와 고양이를 배우는 정도입니다 . 사육되는 동물의 가짓수가 많기도 하고 , 필연적으로 '동물병원' 의 대부분은 개와 고양이의 진료가 중심이 되기 때문입니다 .

그럼 '특수동물' 이라고 하면 어떤 동물이 떠오르나요 ? 펭귄이나 코알라 , 오카피 (기린과의 동물 . 콩고의 밀림에서 1900 년에 발견된 진귀한 동물), 팬더 등 동물원에 있을 법한 동물이 사람들의 일반적인 특수동물에 대한 이미지겠지요 .

그러나 일본 수의학의 세계에서는 강아지와 고양이 이외의 애완동물은 따지지 않고 '이국적인 애완동물' 로 부르며 , 모두 '특수동물' 로 취급합니다 . 지금은 메이저 격 애완동물인 토끼나 페럿도 보통 동물병원에서는 '특수동물' 로 분류되며 , 이구아나 등은 '특수동물' 중의 '특수동물'

입니다.

　애완동물로 소중히 여겨져 수명이 길어진 개와 고양이는 나이가 들어감에 따라 대사성 질환이나 암, 생식기계 질환 등의 다양한 질병이 나타납니다. 선도자들의 노력에 의해 최근 20년 동안에 강아지와 고양이의 진료는 비약적으로 진보했으며, 동물도 사람에게 실시하는 것과 똑같은 MRI 검사, 방사선치료 등의 최신 의료도 받을 수 있게 되었습니다.
　저희 병원에서는 개와 고양이는 물론 예전부터 키우던 토끼, 햄스터부터 개미핥기, 원숭이 등 그야말로 '특수동물' 그리고 하늘다람쥐, 고슴도치, 뱀, 개구리 등의 특이한 애완동물 까지 여러 동물들이 찾아옵니다. 그렇다면 햄스터는 암에 걸리지 않는지, 뱀은 생식기 질환에 걸리지 않는지 물으신다면, 결코 그렇지 않습니다. 모습은 달라도 같은 생명임에는 틀림없습니다. 지금까지는 누구도 '알고 싶다', '치료하고 싶다', '치료하자'라고 생각하지 않았을 뿐입니다.

　애완동물을 기른 적 없는 사람에게 개와 고양이 이외의 애완동물이 동물병원을 찾아오고 그것들을 제가 진찰하고 약을 지어 주거나 수술을 한다고 말하면 놀라는 경우가 많습니다. 강아지도 거북이도 키우는 사람에게는 똑같이 소중히 여겨지며 병에 걸리면 똑같이 그 주인은 슬퍼합니다. 그리고 조금 특이한 동물을 좋아하는 것이 더해져서 수의사가 되었기 때문에 어떤 동물이라도 치료해주고 싶다는 생각으로 마음을 열고 진료하고 있습니다.

　제가 수의사가 된지 벌써 13년이 흘렀고 특수동물의 의료 현장도 많이 바뀌었습니다. 작은 새나 도마뱀에게도 혈액검사는 필수이며 햄스터의 암도 수술로 떼어낼 수 있습니다. 몸 길이 5cm 인 개구리의 골절도 치료할 수 있는 기술이 있으며 거북이의 방광결석도 등딱지를 열고 적출하는 것이 가능합니다. 단지, 강아지나 고양이에 비해서 압도적으로 정보량이 적은 '특수동물'을 진찰하는 데는, 그런 특이한 동물도 좋다는 열정과 자발적인 공부, 약간의 담력이 필요합니다.

이 책에서는 저희 병원을 방문한 많은 동물들과 다양한 목적으로 사육되는 애완동물의 의료 최전선에 대해 일반인도 즐겁게 읽을 수 있도록 정리했습니다. 또한 '동물에 대한 것이라면 뭐든지 알고 싶다'고 생각하는 수의사가 현장에서 어떤 점을 고민하고 망설이고 있는지 있는 그대로의 모습에 대해서도 더욱 이해할 수 있게 된다면 좋겠습니다.

목차

10   **머리말**

20   **제 1 장 매일이 미지와의 싸움인 '특수동물' 진료**
- "우리 개구리가 몸이 좋지 않은 것 같아요."
- 말이나 소, 도미나 벌의 질병은 가르치지만,
  거북이에 대해서는 가르치지 않는 수의학과
- 진료의 근본에는 사육 스킬이 있다
- 타란툴라도 개미핥기도 탈수증을 일으킨다
- 특수동물은 진찰하기까지도 힘들다
- 수의사는 항상 고민하고 후회하고 틀린다

38   **제 2 장 동물 진료는 과학수사와 통하는 데가 있다**
- 동물병원의 하루
- 접착제가 진득진득하게 묻은 햄스터에게는 녹말가루
- 가끔 디스템퍼 판명을 받는 페넥 여우
- 혈색을 살피며 진단·치료를 한다
- 황달인 상태로 거의 죽어가던 고양이가 기적적으로 살아나다
- 집을 나갔다가 다리를 질질 끌며 돌아온 고양이
- '어쩐지' 같은 증상의 어려움
- '낫기만 하면 OK'로는 찝찝한 수의사의 심정

60	**제 3 장 이구아나의 알 막힘 증상과 불임수술**

- 최선을 다해 자연환경과 비슷하게 해줄수록 알 막힘 증상에 걸린다
- 중성화·거세수술은 '병을 예방하기 위함' 이 주목적
- 개의 꼬리를 자르는 이유는 무엇일까?

72	**제 4 장 생명을 '기르는' 것**

- 주워 온 들새를 누가 키울 것인가
- 모든 생명의 무게는 같다……고 할 수 없다
- 수의업계에서도 혼동되곤 하는 특수동물과 야생동물
- 야생동물을 키우는 경우의 위험성
- '귀여워 ~!' 하고 안이하게 길렀다가 영양실조에 걸린 슬로로리스
- 동물 사육에는 단계가 필요하다
- '친숙해지는 것' 과 '익숙해지는 것' 은 기본적으로 다르다
- 생명을 '기르는' 것

98	**제 5 장 거북이의 수술 방법과 동물의 결석**

- 거북이의 생식기를 가위로 싹둑!
- 등딱지가 있는 거북이는 어떻게 진찰할까?
- 거북이의 결석을 제거하기 위해서는 등딱지를 활짝 열어 개복수술을 한다
- 새로이 고안해 낸 거북이 수술법에 대해 미국에서도 문의가
- 토끼는 칼슘, 거북이는 요산 결석이 생긴다

목차

122　제6장　**주의는 1초 부상은 일생.**
　　　　　　　대부분은 주인의 부주의로 인한 것

- 베란다에서 다이빙하여 등딱지가 깨진 거북이
- 아가미 호흡을 하는 우파루파용 마취 장치를 고안하다
- 토끼의 뼈는 나무젓가락보다도 가늘고 무르다
- 어려운 골절일 경우 '다리절단' 이라는 선택지도 있다
- 수의사는 외과의도 내과의도 치과의도 된다
- 부정교합을 일으킨 토끼의 치아를 자르다
- 치근이 경단 (瓊") 모양이 되어 기도를 막는 난치병

150　제7장　**왜 이렇게 먹을 수 없는 것을 먹을까?**

- 배변패드를 삼킨 3m 짜리 큰 뱀
- 거북이에게서 흔히 볼 수 있는 오음 (誤飲) /
　　　　　　　　몸길이가 2cm 에 불과한 청개구리의 개복수술
- 연근을 너무 많이 먹어 수술하게 된 강아지
- 구토를 계속하는 60kg 짜리 '미니돼지' 와의 격투

168　제8장　**도마뱀 백 마리의 혈액검사를 하여**
　　　　　　　혈액 기준치를 작성

- 즉시 실시한 자가수혈로 기적적으로 회복한 왕도마뱀
- 동물의 혈액형과 수혈
- 혈액 기준치를 알아보기 위해 100 마리의 도마뱀을 채혈하다
- 개구리 난치병인 개구리항아리곰팡이증을 아시아 지역에서 최초로 발견

- 마이너 지향이야말로 내 일의 원동력
- 개구리에게도 백혈병이…….
　　　　　　　　앞으로 있을 연구에 내심 가슴이 설레다

186　제 9 장　**배구공만 한 강아지의 종양부터 뱀의 대장암까지**
- 수술은 무리라고 절망했었던 순간 거대 종양을 손으로 잡아떼다
- 강아지와 고양이의 응용으로 뱀 대장암을 적출
- "프레리독에게 상어 연골을 먹여도 되나요?"
- 선택사항만 제시하는 '회피 자세'는 의미가 없다

200　제 10 장　**동물병원에서 사용하는 약은 대부분 사람용**
- 개에게 '유행 중'인 음식 알러지
- '스테로이드'는 무섭지 않다
- 약의 사용은 최소한을 초과하지 않는다
- 강아지에게는 사용할 수 있지만
　　　　　　토끼에게는 사용하지 못하는 약도 있다
- 개구리의 질병에 사람용 무좀약

214　제 11 장　**동물도 가지각색 주인도 가지각색**
- "거북이 수술은 얼마?"
- 동물병원의 지갑 사정
- 진찰비를 떼어먹고 도망치는 경우도 적지 않다
- 진짜 애완동물을 생각하는 건지
　　　　　　고개를 갸웃거리게 만드는 사람도 있다
- "우리 아이는 손으로 줘야지만 밥을 먹어요."
- 주인의 '걱정'을 모두 없애 주는 것은 곤란하다

| 목차 |

232 제 11 장 '편하게 해주고 싶다'고 생각하는지,
　　　　　　　　　　　　'살아날' 거라고 믿는지
- 연간 한두 번 직원 몰래 눈물을 흘리다
- 고심 끝의 선택을 하는 동물 주인들의 용기
- 안이한 안락사는 살처분에 지나지 않는다
- 반드시 살리고 싶다는 신념은 수의학의 상식을 뛰어 넘는다

246 후기 (저자의 말)

제1장 매일이 미지와의 싸움인 '특수동물' 진료

🐜 **"우리 개구리가 몸이 좋지 않은 것 같아요."**

요전 날 땅 속에 들어가 생활하던 개구리의 상태가 뭔가 이상하다고 여긴 주인이 사육 케이지째로 병원에 데려왔다.

보통 애완동물을 키우는 사람들이 병원에 데려오는 많은 이유가 '식욕이 없다', '활기가 없다', '뭔가 이상하다'라는 것이다. 병고에 관한 환자의 주요 호소를 주요 증상이라고 한다. 어떤 동물이라도 대부분 '평소와 다르다'고 하는 주요 증상을 가지고 온다.

땅속의 개구리가 어떻게 '이상하다'는 걸 안다는 건지 의문이 들지도 모르지만 주인은 알 수 있다. 기본적으로 숨어서 생활하는 생물이 숨어 있던 곳에서 나와 있다거나 항상 움직이지 않던 동물이 마구 돌아다닐 때는 몸 상태가 안 좋은 경우가 많다. 그렇기 때문에 평소에 땅 속에 들어가 있는 개구리가 대낮부터 땅 위에 나와 있거나 나무 위에서 가만히 있는 뱀이 시종일관 움직이고 있으면 어디가 아픈 건지 의문을 품게 되는 것이다.

그리고 '뭔가 이상하다'고 찾아오는 동물을 진찰하는 것은 일단 주인에게 문진을 하는 것부터 시작한다. 이른바 사정 청취 같은 것이다. 이때는 되도록 객관적으로 대답할 수 있는 질문 방식을 취한다. 먹이는 평소의 몇 퍼센트 정도 먹었는지, 평소 움직임은 어땠고 지금은 어떤지, 소변 양은 어제에 비해서 어떤지 등의 상세한 문진을 실시한다. 다음으로 시진에 들어간다. 시진이란 눈으로 보고 동물의 몸에 이상이 있는지 체크하는 것이다. 그 후에 전신 촉진을 한다. 어딘가 통증을 느끼진 않는지, 어디가 붓지는 않았는지 등을 살살 만져 보며 진찰한다. 때때로 코를 대고 냄새를 맡는 경우도 있다. 이런 식으로 '뭔가 이상하다'의 '무엇'이 '이상한'지를 찾는다.

그 결과 "괜찮은 것 같네요."라고 말할 때도 있고, 만져보니 "반응이 안 좋네요."라든지 "종기가 생겼네요."라고 말하고 다음 검사 단계를 진행하는 경우도 있다.

땅속 개구리의 경우는 진찰 해 봤을 때 특별히 이상이 없어 보였기 때문에 "경과를 지켜봅시다."라는 판단을 하고 주인을 안심시켜 돌려보냈다.

병의 진단이라는 것은 제외(룰아웃) 진단이라고 해서 기본적으로 증상에서부터 생각할 수 있는 질병의 가능성을 전부 들어 그것을 검사에 의해 소거법으로 지워나가는 방법을 사용한다. 이것은 어떤 동물이라도 마찬가지다.

예를 들면 강아지가 구토를 한다면 구토를 일으키는 원인을 든 다음 문진과 촉진, 대변검사, 각종 검사로 가능성을 제외시켜 나간다. 또는 혈액검사를 해서 혈당치가 낮으면 혈당치를 낮추는 질병을 꼽아 추가 검사로 하나하나 가능성을 지워 가고, 남은 것이 그 병이라는 결과를 내게 된다.

주인은 '베테랑인 선생님이라면 "이것은 xx병이다!"라고, 보면 바로 알 수 있을 것이다.'라고 생각할지도 모른다. 하지만 그런 일은 없다. 경험이나 지식이 풍부한 의사 선생님일수록 '병을 찾아내는 일'이 많고 얼마든지 가능성을 제시할 수 있으며 그 편이 진단에 오류가 적다.

🕷 말이나 소, 도미나 벌의 질병은 가르치지만, 거북이에 대해서는 가르치지 않는 수의학과

우리 병원에는 다양한 동물들이 찾아온다.

펭귄, 수달, 살쾡이, 왈라비, 염소, 미니돼지, 토끼, 친칠라, 펠럿, 기니피그, 쥐와 비슷한 데구, 박쥐, 고슴도치. 원숭이 중에서는 일본원숭이부터 긴팔원숭이, 부시베이비, 슬로로리스, 다람쥐원숭이 등이 온다.

생쥐나 메추라기, 청개구리 등 일반인은 '그게 애완동물이야!?'라고 생각할 수 있는 동물도 온다. 하지만 키우는 이에게는 치료가 필요하다고 생각할 정도로 소중한 존재이다.

요전에 병원에 온 미꾸리(미꾸라지와 같은 속의 동물)는 12년이나 기른 것이라고 한다. 수조에 스쳐 피부가 상처 입어서 약욕 치료를 지시했다.

다음으로는 거북이, 도마뱀, 개구리, 뱀, 우파루파, 금붕어, 악어 등이 온다. 종류로 말하면 100가지가 넘으며, 동물원이나 수족관, 동업의 수의사에게서도 진찰 의뢰가 오기도 하고 해외에서도 치료 상담을 가끔 해온다.

가끔 "특이한 동물이 오네요."라는 소리를 듣지만 그렇지도 않다. 개와 고양이도 제대로 진료하고 있다. 비율은 개와 고양이 그리고 그 외의 특수 동물이 각각 5할 정도일 것이다.

수의학의 진보와 애완동물을 키우는 사람의 요구에 의해 각각의 동물과 질환에 대한 전문성은 꽤 높아지고 있다. 특수동물 중에서도 새나 파충류 등은 그 분야만을 전문으로 하는 수의사도 있다. 가장 좋은 의료를 받기 위해 그 분야의 전문가를 소개하는 길잡이가 되는 것도 동네 수의사의 일이다.

수의사는 동물에 관해 만능의 지식을 가지고 있지 않다. 사실 수의사는 '수의학'을 알고 있는 것에 지나지 않는다.

그렇다면 수의학이란 무엇일까? 그 근원은 전쟁 중의 군마나 식재료가 되는 가축에 있다. 그리고 산업과 관련 있는 동물을 산업동물이라고 한다. 원래 산업동물의 질병을 고치기 위해 탄생한 것이 수의학이기 때문에 대학에서 배우는 수의학도 말이나 소, 돼지, 닭 등의 가축이 중심이 된다. 나의 대학 시절 전공도 돼지의 내과였다(덕분에 미니돼지 진찰에 도움을 받고 있다). 동물병원에서 강아지와 고양이를 제대로 진료하게 된 것도 요 근래 30년 정도의 이야기다. 이전에는 "고양이 따위를 진찰해서 뭘 하나."라고 말하던 시대도 있었다고 한다. 그것이 선도자의 노력으로 개와 고양이도 수의학으로서 인정받게 된 것이다. 그래도 대학의 수업에서는 겨우 개를 배울 수 있을 정도이며, 고양이에 관한 수업은 아직까지도 적다.

수의사 업계에서 강아지와 고양이 이외의 특수동물을 이국적인 동물(외래동물)이라고도 부른다. 이 이국적인 동물의 수의학이라면 일본에서는 아직까지 미개척 분야이다. 예를 들어 대학교에서는 '가축·산업동물'이라고 하는, 양봉 꿀벌, 양식 방어나 넙치 등의 공부를 한다. 그러나 애완용 열대어는 배우지 않는다. 실험동물로서의 기니피그나 햄스터는 배우지만 애완동물로서의 공부는 하지 않는다. 당연히 펭귄이나 거북이 등은 전무하다. 개업 수의사로 강아지와 고양이 이외의 동물을 진료한다고 하면 업계에서는 기이한 눈으로 바라본다. 아마 괴짜임에 틀림없다고 생각할 것이다. 애완동물 중 강아지와 고양이의 비율이 높고 일반적이라는 점도 있지만, 교육을 받지 못한 점도 있기 때문에 강아지와 고양이 이외의 동물을 진찰하는 수의사의 숫자는 지금도 극단적으로 적다.

하지만 펫샵에 가면 강아지도 고양이도 토끼도 거북이도 모두 똑같이 판매되고 있다. 그렇기 때문에 나는 '동물병원'으로서 사람이 기르는 동물이라면 종을 불문하고 거의 모두 진료를 하자는 자세로 임하고 있다.

그렇다면 파충류, 양서류에서 포유류까지 대학에서는 가르쳐 주지 않는 동물을 어떻게 진단하여 치료하느냐고 묻는다면 그저 '열심히'라고 밖에 말할 수 없다.

'머리말'에서 적었듯이 나는 어린 시절부터 줄곧 동물을 매우 좋아했다. 대부분 남자아이는 어린 시절 투구벌레나 도마뱀 등의 동물을 좋아했을 것이다. 하지만 성장하는 과정에서 동물 이외에 자동차나 여성이나 음악 등 다른 것에 더욱 흥미를 갖게 된다. 어째서인지 나는 계속 동물과 자연에만 흥미를 가졌던 것 같다.

초등학교 시절에는 백화점 옥상에 있던 펫샵에 매주 들렀다. 직접 잡은 거미나 뱀을 키운 적도 있다. 중학교 때는 파충류 전문 잡지에 실렸던 이구아나가 너무나 갖고 싶었다. 그러나 당시 본가인 아이치현에서는 어디에서도 팔지 않았다. 그래서 도쿄에 있는 펫샵에서 택배 편으로 주문한 적도 있다.

이런 경험이 있어서 수의학과 수험 면접 때 '이구아나 수의학을 하고 싶습니다!' 하고 진지한 얼굴로 말했다. 하지만 단박에 '우리는 그걸 가르치지 않아'라는 말을 들었다. 가르쳐 주지 않으면 어쩔 수 없으니 스스로 공부할 수밖에 없다고 생각한 기억이 있다. 그리고 대학교를 졸업한 후에 수습을 특수동물을 진찰하는 동물병원에서 수행했다. 특수동물의 진찰방법은 그런 병원에서 배우면서, 더불어 전문 서적을 읽거나 논문을 찾거나 개인적으로 공부를 할 수밖에 없었다. 지금도 해외 자료를 포함하여 문헌은 쭉 훑어보고 있다. 해외에서는 특수동물의 진료도 꽤 진보되어 있기 때문에 다양한 수의학 서적과 자료가 있다. 그런 자료를 기초로 충실히 경험을 쌓아나갔다.

우리 집에 온 몸길이 20cm 정도인 작은 이구아나는 나중에 2m에 가까워졌고 23년이나 살았다. 아마 일본에서 사육된 이구아나 중에서는 가장 오래 장수한 기록에 들 것이다. 중학교 1학년 때 키우기 시작한 이구아나의 마지막은 수의사가 된 내가 직접 치료했다. 그런 경험도 있기 때문에 이구아나 치료는 특기이기도 하다.

그러나 내가 결코 특수동물 전문가는 아니다. 나는 개와 고양이의 심장병 전문 등의 스페셜리스트(전문의)가 아니라 개와 고양이부터 시작하여 파충류, 무척추 동물 등 다양한 애완동물의 어떤 병에도 대응할 수 있는 제너럴리스트이고 싶다. 여러 동물과 증례를 아주 가까이에서 진료할 수 있는 것이 바로 우리 동네 수의사의 특권인 것이다.

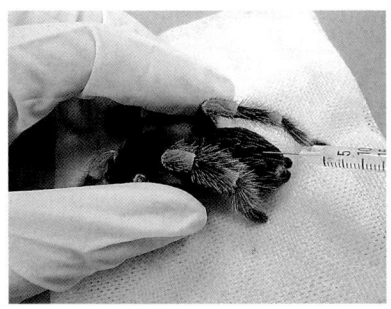

거미의 사인의 대부분은 탈수라고 하며, 때때로 주사를 놓아서 수분을 보급해 주기도 한다. 거미의 털은 자극성이 있어서 피부에 닿으면 간지러워지기 때문에 고무장갑을 끼고 진료한다.

타란튤라는 성장기에 몇 달에 한번 씩 탈피를 한다. 털이나 발톱까지 모두 탈피하기 때문에 탈피후에는 두 마리로 늘어난 줄 알고 놀라기도 한다 (밑이 탈피한 허물).

🐜 진료의 근본에는 사육 스킬이 있다

지금도 나는 병원에서 텐렉(마다가스카르에 서식하는 고슴도치와 비슷한 동물), 하늘다람쥐, 뱀, 도마뱀, 거북이, 개구리, 고대어 등 34종류 정도의 특수동물을 기른다. 집에서는 고양이, 도롱뇽, 장구애비, 붕어 등을 키우고 있다. 일이 바쁘지만 '스스로 모은 돈으로 드디어 좋아하는 동물을 기를 수 있어!'라는 마음으로 펫샵에 드나드는 나날을 보냈다. 주말 데이트도 거의 펫샵이나 동물원이었다. 초등학교 때부터 지금까지도 휴일을 보내는 방법이 변하지 않았다는 것을 깨달았다. 결국 수습 때의 월급은 그렇게 모두 사라졌다.

하지만 그런 경험으로 배운 것이 많았다. 펫샵 아저씨는 동물에 대한 여러 가지를 알고 있어서 갈 때마다 2~3시간 이야기를 나누며 정보를 교환했다. 동물원에서는 인공 환경 아래에서 사육된 야생 동물의 모습을 배웠다. 이렇듯 지금도 수의사 이외의 동물에 관심 있는 친구들과의 교류가 많으며 '동물 네트워크' 같은 것도 있다. 잘 알려지지 않은 특수동물도 'xx라면 oo동물상에 물어봐'라는 식으로 지혜를 빌린 적도 있다.

사육하며 시행착오를 겪어 결국 죽게 된 생물도 많이 있다. 특히 수습 시절에 사육하기 힘든 개구리를 많이 키웠을 때는 정말 고생했다.

개구리를 시작으로 양서류나 파충류처럼 대자연의 극히 한정된 일부 생태적 환경에서만 사는 생물은 수조에서 키우는 것이 매우 어렵다. 그러한 동물들이 사는 환경을 완벽히 재현하고 유지하기는 불가능하기 때문이다. 게다가 하루 종일 돌보지 않으면 죽고 마는 섬세한 개구리도 많다.

나는 그런 '사육하기 곤란한 동물 사육'의 전선에서 '이 개구리는 절대 기르지 못해!'라고 말하는 '죽음의 개구리'들을 죽이지 않고 키우는 기술을 개발해 나갔다. 지금도 일부 마니아 사이에서 사용되는 '죽음의 개구리'는 나의 신조어다.

이때의 경험이 현재 개구리를 진찰하는데 큰 역할을 한다. 예를 들면 극소 개구리 같은 동물은 진단명이 붙지 않을 때도 있다. 병명이 나오지 않으면 수의학 서적에도 나오지 않는다. 그것을 '괜찮다'고 판단하는 근거는 실제로 개구리의 안색 따위일 경우가 있다.

평소에 과학을 표방하면서 '그런 점은 감각이라는 건가!?'라는 말이 될지도 모르겠다. 하지만 내가 기르고 있는 생물의 안색은 당연히 잘 알고 있다. 그렇기 때문에 개구리가 '뭔가 이상하다'는 이유로 병원에 왔을 때 진단 스텝을 밟으면서 '괜찮은 것 같네요'라고 판단할 수 있을 때도 있는 것이다.

이렇게 특수동물 진찰에는 수의학만이 아니라 사육 스킬과 생물학적 지식도 필요하다.

🕷 타란툴라도 개미핥기도 탈수증을 일으킨다

타란툴라를 "활기가 없고 먹이도 먹지 않아요."라며 데려왔다. 진찰해 보니 엉덩이에 주름이 잡혀 오므라져 있었다. 건강한 타란툴라의 엉덩이는 빵빵하게 부풀어 있어야 한다. 오므라져 있는 것은 탈수 때

날카로운 갈고리 모양 발톱으로 우리에 매달리면 사람의 힘으로는 떼어낼 수 없다. 이 큰개미핥기 (Myrmecophaga tridactyla) 의 경우에도 엉덩이를 간질여 움직이게 했다.

매우 희귀하지만 개인적으로 키우는 사람도 있다. 개미 말고도 과일 반죽도 먹는다.

문이다. 그래서 타란튤라의 엉덩이에 수분을 주사했다.

　이것은 따로 생각이 떠올라서 그런 것이 아니다. 《Invertebrate Medicine(무척추동물 의학)》이라는 영국에서 출판된 의학 서적에 정확히 그 처치법이 실려 있다. 또 미국에서는 《Medicine and Surgery of Tortoises and Turtles(거북이류의 내과와 외과)》라는 전화번호부 정도의 두께를 가진 전문 서적도 있다. 여기에는 거북이에 대한 모든 치료법이 갖추어져 있다. 단, 당연히 모든 동물이 다 '교과서'가 있지는 않다. 오히려 교과서가 없는 동물이 훨씬 많다. 또한 임상 현장은 교과서에 있는 이론만으로는 안 된다.

　따라서 본 적도 없는 동물을 진찰한다는 것은 고민거리이다. 이것을 어떻게 헤쳐나갈지는 큰 과제이기도 하다. 아무튼 매번이 새롭기 때문에 그때마다 어떻게 할지 고민한다.

　'거절할까……' 하고 생각한 적도 있다. 수의사의 다수가 개와 고양이만 진료하는 것은 '리스크 헤지(Risk Hedge)'의 일환인 것이다. 처음 접한 동물일 경우 진단이 틀리면 동물을 죽게 할지도 모른다. 죽어버리면 그걸로 끝이다. 다시 되돌릴 수 없다. 그러니까 '진료하지 않는다.'는 판단은 결코 '나태'해서가 아니라 어떤 의미로 성의의 표현이기도 하다. 단, 희귀한 동물의 경우 주인은 몇 군데나 병원을 돌며 진료를 거절당해서 우리 병원에 오는 경우가 많다. 나라도 잘 알지 못하는 동물의 경우, 이유를 설명하고 '진료하지 못한다.'고 말하고 싶다. 그러나 약에라도 기대고픈 마음으로 방문한 주인의 심정을 생각하면 되도록 도와주고 싶어지는 것이 인지상정일 것이다. 혹시 나보다 그 동물에 관해 잘 아는 선생님이 계시다면 바로 소개해 줄 생각이지만 말이다. '리스크 매니지먼트(risk management)'라는 측면에서 말하면 어쩌면 나는 관리능력이 별로 없는 편일 것이다. 항상 똑같은 것보다 자극을 더 선호한다. 그래서 혼자서 아마존 탐험에 나서며, 한겨울 홋

카이도의 산에도 오른다. 본 적 없는 동물도 되도록 받으려고 한다. 단, 받은 후에는 진지하게 최선을 다해 진료에 임한다.

"개미핥기의 상태가 안 좋은 것 같아서 봐 주셨으면 하는데요……"
이런 전화가 온 적이 있다. 개미핥기라니. 동물원에서는 자주 보지만 당연히 키운 적도 진료한 적도 없다. '개미핥기!?' 하고 일단 기가 죽었다. 거절하고 싶다는 생각이 든다. 하지만 그것을 피하지 않고 직면하기 위해서는 결국 철저히 상대를 아는 수밖에 없다.
일단 동물도감에서 개미핥기의 생태를 집중적으로 알아본다. 포유류, 파충류, 조류 모두 심장이 있고 위가 있으며 장이 있다. 즉 가지고 있는 장기는 똑같기 때문에 기본적인 것은 그렇게 다르지 않다.
주인에게도 여러 가지를 물어본다. 예를 들면 어제와 오늘을 비교해서 눈에 띄게 달라진 것은 없는지, 변화를 객관적으로 이야기하게 한다. 이것을 다른 일반적인 동물의 변화에 비추어 보아 진찰을 해 나간다.

이 사례에서는 먹이를 먹는 양이 줄었다는 말이 있었다. 덧붙여서 사육하는 개미핥기는 고양이 사료나 과일을 걸쭉하게 만든 것을 주식으로 한다. 이것은 동물원을 다니며 배운 지식이다. 때때로 '냉동 개미' 따위의 먹이를 팔기도 한다. 또 마요네즈를 좋아하며 개미에 있는 개미산과 닮았기 때문인지 신 레몬도 좋아한다고 한다.
혈액검사를 해보니 가벼운 탈수가 보였다. 그러나 그 이외에 큰 이상은 없었다. 그래서 입원을 하여 생리식염수에 칼륨을 첨가한 점적액에 비타민제를 넣어서 투여한 뒤 상태를 보기로 했다.
다행히도 개미핥기는 곧 건강해져서 퇴원했다. 하지만 회복하기까지는 '만에 하나……'라는 불안을 떨칠 수 없었다. 그런 마음을 아는지 모르는지

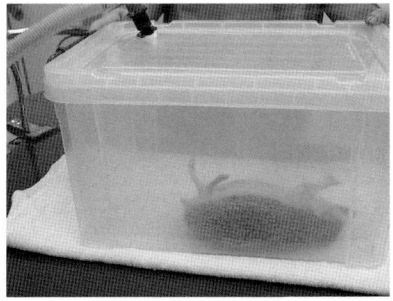

강아지용 마취 마스크에 온몸을 쏙 넣고 마취 가스를 들이키고 있는 왁싱몽키프로그 (Phyllomedusa sauvagii). 확실한 전신마취이다.

흔히 사용하는 옷상자에 구멍을 뚫어 호스를 연결하여 마취 가스를 넣는다. 어렴풋이 보이는 것은 마취가 되어 누워 있는 고슴도치.

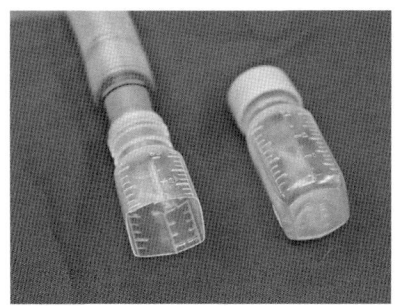

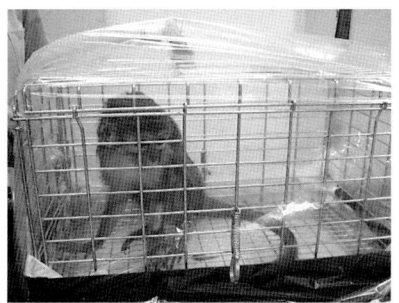

왼쪽 호스 끝에 달려있는 것은 오른쪽의 액체 약물이 들어간 플라스틱 병의 밑 부분을 자른 것. 햄스터나 개구리 등 작은 동물을 마취할 때 사용한다.

원숭이 등은 케이지에서 꺼내 이동시키는 것이 어렵기 때문에 비닐봉지를 덮어 마취 가스를 주입한다. 사진은 건강진단을 위해 전신마취를 하는 탈라포인.

실습하러 온 수의학과 학생이 사진을 찰칵찰칵 찍고 즐거운 듯이 치료하는 풍경을 바라보았다. 그래서 나는 그에게 말했다. "이런거 수의사가 되면 전혀 즐겁지 않아!"

 진료해 본 적 없는 동물을 진료한다는 상황만으로도 항상 머릿속을 풀 가동하며 고민하면서 판단한다. 불안하면서도 두근두근하고 자극적인, 그래서 나에게는 즐거운 일이다.

🕷 특수동물은 진찰하기까지도 힘들다

 '특수동물'은 진찰에 도달하기까지도 힘들다.

 조금 전의 개미핥기도 외모는 오므린 입에 매우 사랑스러운 모습을 하고 있다. 언뜻 보기에는 평화적인 동물로 보이나 실은 의외로 난폭하다. 그런 사실은 일단 주인이 두꺼운 장갑을 지참한 것으로도 알 수 있다.

 이것은 큰 뱀이나 큰 도마뱀을 기르는 사람에게도 해당하는 것이지만, 두꺼운 가죽 장갑을 가지고 오는 사람의 동물은 대부분 위험하기 마련이다.

 실제로 개미핥기는 날카로운 갈고리 모양의 발톱을 가졌고, 근육이 우락부락하고 파워풀한 동물이다. 개미굴을 때려 부술 정도의 강력한 갈고리 발톱에 손을 잡히면 손에 구멍이 뚫릴 정도이다. 신중하게 다뤄야 한다.

 이 개미핥기가 최근에 또 병원에 왔다. 이번에는 꼬리를 부상당했다. 몸이 좋지 않아서 왔을 때는 축 늘어져 있었는데, 이번에는 우리를 열어서 꺼내려고 하니 그대로 우리 위로 기어 올라갔다. 개미핥기가 그물 모양의 케이지에 올라가면 갈고리 발톱으로 힘껏 버티어 당겨도 절대 떨어지지 않는다. 이렇게 되면 지렛대로도 움직일 수 없기 때문에 스스로 자연스럽게 내려오도록 기다릴 수밖에 없다.

 그때는 결국 10분 이상을 내려오지 않아서 엉덩이를 간질여 자극을 주어

평평한 바닥 위까지 유도했다. 바닥에 내려왔을 때 목욕 타월을 덮으면 발톱을 걸 곳이 없어지기 때문에 얌전히 붙잡을 수 있다.

이렇게 힘이 드는 것은 크기가 크며 흉포한 동물만이 아니다. 오히려 작고 날쌘 동물이 더 성가시다. 프레리독이나 원숭이 종류는 신체능력이 아주 높고 매우 힘세며 재빠르다. 길들여지지 않은 그러한 동물들은 사람이 만지는 것을 극단적으로 싫어하기 때문에 개와 고양이처럼 날뛰면 억누르는 처치를 하는 것도 불가능하다. 억누르려고 하면 손을 빠져나가거나 물어버리거나 둘 중에 하나다.

중형 원숭이를 키우던 사람이 방에서 원숭이를 잡으려고 할 때 사람이 다치지 않기 위해서 오토바이용 가죽 슈트와 풀페이스 헬멧을 착용하여 격투를 한다고 들은 적이 있는데, 그것이 사투가 되는 것은 상상하기 어렵지 않다.

얼룩다람쥐처럼 작은 생물은 억누르면 쇼크로 죽는 경우도 있다. 게다가 도망가면 좀처럼 잡히지 않는다. 흔히 발생하는 원숭이 등의 대대적인 체포극처럼 병원 안에서 그물을 들고 쫓아다니는 처지가 된다. 그래서 날렵하고 만질 수 없는 작은 동물을 진찰할 때는, 데려온 케이지에 든 채로 비닐봉지에 넣어 마취 가스를 주입한다. 마취가 되어 조용해지면 진료를 하려는 작전이다.

실제로 이런 케이스는 꽤 많다. 우리 병원의 연간 수술 횟수는 400건 정도이나, 전신마취는 연간 600건 정도 하고 있다.

여담이지만 특수동물은 전용 마취 장치도 없다. 이를 위해 이것저것 고안을 한다. 억누르지 못하는 작은 동물에게는 마취 박스를 직접 제작하여 그 안에 동물을 넣어 마취를 한다.

예를 들어 뚜껑이 있는 옷상자에 마취 튜브를 연결한 것이 있다. 이것에 동물을 넣어 마취 가스를 주입하고 조금 있으면 순식간에 잠든다. 이렇게 하면 난폭한 동물을 제압할 필요도 없다.

터퍼(폴리에틸렌제 밀폐용 식기. 락앤락 같은 것)는 페럿에 딱 맞는 크기의 마취 박스이다. 또한 작은 동물에게는 약병을 사용할 때도 있다. 개구리용으로는 개와 고양이에게 사용하는 마취용 마스크의 넓은 부분을 밑으로 향해서 진찰대에 둔다. 이 안에 개구리를 넣고 위의 구멍으로 가스를 주입하면 딱 좋은 마취 박스가 된다. 젖병의 빠는 부분을 햄스터 마취용 마스크로 사용하는 수의사도 있다.

단 어떤 방법이든 마취는 항상 위험을 수반한다. 보통은 혈액검사를 하고 전신마취가 가능한지를 확인하지만, 케이지째 마취해야 하는 작은 동물은 그것이 불가능하다. 상대의 상태를 전혀 모를 때 마취를 하기 때문에 죽는 경우도 매우 드물지만 경험한 적이 있다. 특수동물 진료에는 그런 어려움이 항상 따라다닌다.

※ 수의사는 항상 고민하고 후회하고 틀린다

특수동물에 한정된 이야기는 아니지만 어디까지 의료 행위를 할지 선을 긋는 것은 매우 어렵다. 예를 들면 갓 부화한 5mm 정도의 우파루파가 온 적이 있다. 컵에 넣어서 데려 왔지만 보이지 않았다.

"엥? 어디 있는 거야? …… 혹시 이거!? (이 점 같은 것!?)"

우파루파는 물밑에 있는 게 정상이지만 갓 부화한 54마리 중 한 마리가 둥둥 떠다니고 있었던 것이었다. 이것은 정말이지 의료 행위로 치료할 수 있는 영역이 아니다.

그러나 내가 그럴 필요가 없다고 생각해도 주인이 희망을 가진다면 그렇게 할 때도 있다. 예를 들어 3살 된 햄스터의 종양을 적출했던 적이 있다. 햄스터의 수명은 약 3년이기 때문에 그것은 90살 할머니의 위암을 수술하는 것이나 다름없었다.

　하지만 동물은 늙었다는 것을 별로 느끼지 않게 하고 주인도 '불쌍하니까 수술을 했으면 합니다.'라고 한다. 무엇이 불쌍한가 하면 사실 그것은 종양을 짊어진 애완동물의 모습을 보고 있지 못하는 주인 자신이기도 하다.

　거절하는 것은 간단하다. 거절해도 된다고 생각한다. 그렇지만 가능한 한 거절하지 않으려고 하는 이유는 '여기서 내가 거절한다면 그 동물의 주인은 매우 유감스러울 것이다. 애써서 데려 왔는데……'라고 생각하기 때문이다. 그리고 진료하기로 한 뒤에는 꼭 구해내기 위해 수술을 한다.

　검사나 치료를 어디까지 진행할지, 수의사는 항상 결단을 내려야 한다. 복잡한 것도 하려고 하면 얼마든지 할 수 있기 때문이다. 현대 수의료는 MRI부터 방사선치료까지 사람에게 할 수 있는 것은 동물에게도 거의 다 할 수 있다.

　예를 들면 엑스레이로도 어느 정도 확인할 수 있지만 조금 더 자세한 정보를 얻고 싶어서 CT나 MRI를 찍는다. 그런 것들을 찍기 위해서는 몇 분 동안 얌전히 있어야 한다. 사람이라면 가만히 있을 수 있지만 금세 움직이고 마는 동물의 경우에는 전신마취를 하여 촬영을 한다. 마취 없이 CT를 찍으려고 토끼를 양손으로 감싸서 누르고 함께 기계 안에 들어가는 수의사의 이야기를 들은 적도 있다.

　하지만 그렇게까지 해서 CT를 찍어도 질병을 반드시 발견할 수 있는 것도 아니다. 물론 당연한 이야기지만 촬영을 한다고 병이 낫는 것도 아니다. 어디까지나 검사의 수단에 지나지 않는다. 마취의 위험, 얻을 수 있는 정보, 치료의 가능성을 포함한 균형을 어떻게 고려하는지가 중요하다고 생각한다. 동물의 주인이나 수의사 쪽의 '알고 싶다'고 하는 욕구가 너무 앞서간다면 동물은 불행해진다.

수의사에게도 병에 걸린 동물을 진료하는 것은 항상 불안한 일이다. 정말로 나을지, 불안해서 참을 수 없다. 이것을 쓰고 있는 지금도 낮에 방광결석을 적출한 개가 있는데, 팔에는 링거 튜브를 꽂고 음경 끝에는 방광과 연결된 도관이 나와 있다. 누워있는 개의 도관에서는 새빨간 혈뇨가 나오고 있다. 이것은 수술 후의 일상적인 현상이며 아무 문제 없다는 것은 잘 알고 있다. 그러나 그 모습을 보고 있자면 역시 불안해진다. 스텝 뒤에서 몰래 "어이, 괜찮은 거야~ 살아 있는 거야?" 하고 농담조로 개에게 말하거나 자기 자신에게 말을 걸 때 반쯤은 진심으로 '죽었으면 어쩌지'라는 생각을 하곤 한다.

사람이라면 자신의 느낌, '아프다'라거나 '그건 필요 없어' 등을 말할 수 있지만 동물은 그러지 못한다. 주인이 '검사를 원한다'고 하면 아무리 필요 없다고 생각해도 검사를 해야 하는 중압감도 있다. 진찰 결과 큰 이상은 보이지 않아서 일단 링거를 맞히고 상태를 살펴보는 게 좋을 경우에도 주인이 '우리 아이 괜찮은 건가요? 더 자세히 검사하는 게 좋지 않나요?' 하고 말하면 어떻게 설명하면 좋을지 모를 때도 있다. 그러나 그 중압감에 굴복하여 불안이 더욱 심해져서 필요도 없는 검사로 동물을 괴롭히면 그것은 역시 동물에게 쓸데없는 부담을 주고 마는 것이다.

《동물병원 24시》(NTT출판)는 보스턴의 큰 동물병원에서 일하는 임상수의사 닉 트라우트가 쓴 책이다. 그 책의 띠에는 커다랗게 '우리들은 고민하고, 후회하고, 틀린다.'고 저자의 말이 인용되어 있다. 동물 진료 현장에서 생겨난 틀림없는 마음의 말이라고 생각한다. 사람과 비교해서 개와 고양이, 더욱이 특수동물은 수명이 짧거나 작아서 체력이 약하거나 의학적으로 알지 못하는 것이 많기 때문에 질병이 죽음과 직결될 가능성이 사람보다 압도적으로 높다. 아무리 진심으로 최선을 다해도 죽는 동물은 결국 죽는다. 수의사란 모든 현실과 불안을 안고 항상 견뎌야 하는 인종인지도 모른다.

　어떤 정신과 의사의 조사에 따르면 영국에서 수의사의 자살률은 사람의 의료 종사자와 비교해서 2배, 일반인의 4배 수준에 달한다고 한다. 영국 수의사 1만 6천 명 중 매년 5~6명은 자살한다는 것이다. 나는 이 직업을 좋아하고 수의사만이 힘든 직업이라고는 전혀 생각하지 않는다. 다만 수의사에게는 말하지 못하는 동물에 대한 책임감이 있고 자신의 의견을 말하는 주인에 대해서도 책임감이 있다. 또 수의사로서의 언동이 사회에 끼치는 영향이나 자신만이 느끼는 치료의 보람 등 다양한 요소의 스트레스가 항상 따라다니는 직업이라고 말할 수 있다.

제 2 장 동물 진료는 과학수사와 통하는 데가 있다

🐾 동물병원의 하루

병원의 하루는 8시에 시작된다. 병원에 도착하면 일단 이메일을 체크한다. 산처럼 쌓여있는 진료 이외의 일에 대한 이메일(서적이나 논문, 학회 준비 등)을 체크하고 있으면 스텝에게 입원 동물에 대한 지시를 바라는 내선 전화가 걸려온다. 진찰 개시는 9시. 9시가 되자마자 기다리고 있었던 듯 문의 전화가 울린다. 대합실에는 상태가 안 좋은 반려동물을 안고 불안한 마음으로 하룻밤을 꼬박 세운 주인이 걱정스러운 얼굴로 순서를 기다리고 있다.

우리 병원은 소위 말하는 큰 병원이 아니라 하루에 거의 40건, 많은 날에는 60건 정도의 환자(동물과 그 주인)를 진료하는 중견 클리닉이다. 이 중 거의 4할이 오전 중에, 6할이 오후 중에 내원한다.

오전 진료는 13시 정도에 끝난다. 그리고 16시까지가 이른바 '점심 휴식 시간'이 된다. 이 시간을 정말로 쉰다고 생각하는 사람들도 많으나, 일반 내원이 '쉬는 중'일 뿐 정말로 쉬는 것은 아니다.

나는 오전 진료 중에 짬을 내어 허둥지둥 도시락을 먹고 스텝 점심시간인 13시부터 14시까지 방에 들어가 메일의 답장을 보내거나 원고(이 책의 원고도!)를 쓰는 등 사무 업무에 임한다. 그리고 14시부터는 오후 수술 시간이다.

보통 진료에서 수술이 필요하다고 판단되어도 그때 곧바로 수술을 하는 것이 아니라 사전에 입원을 하거나 예약을 하여 오후 시간에 수술을 진행하고 있다. 수술·마취 건수는 연간 약 600건에 이른다. 하루 평균 2건인 셈이다. 수술을 하지 않는 날도 있기 때문에 많은 날에는 4건이나 소화할 때도 있다. 16시 아슬아슬하게까지 수술을 진행하고 수술이 끝나면 바로 오후 진료에 들어간다. 대합실에는 애완동물 주인들이 이미 기다리고 있다. 오후 진료가 끝나는 것은 20시가 넘어서이다.

그 후 또 수술을 하는 경우도 있다. 긴급 환자거나 '오후 휴식 시간'에 끝내지 못한 '큰 수술'은 병원을 닫은 후 차분히 진행한다. 이것을 업계에서는 '야간 수술'이라고 한다.

"미안, 오늘 회식이지만 갑자기 야간 수술이 잡혀서 못갈 것 같아."

약속을 이런 식으로 거절하면 어쩐지 일반적인 일을 하는 분이라면 '뭔가 의료 현장 같아서 멋있다'고 생각할지도 모르겠다. 하지만 야간 수술도 일상 업무로 하고 있기 때문에 멋있지도 않은데다가 하루 종일 일한 후에는 피로에 절어 있기 때문에 피할 수 있는 일은 가능한 한 피하고 싶다. 야간 수술은 예약한 수술을 오후 중에 끝내지 못하거나 목숨이 걸린 긴급 환자 등 밤에 꼭 해야 할 사정이 있다. 반면 긴급하진 않으나 미처 하지 못한 일로, 내일이 되면 더욱 악화될지도 모르는 케이스가 간혹 있다.

그런 때는 밤에 수술할지 고민하게 된다. 저녁 수술이 끝나면 밤 12시, 1시가 된다. 스텝에게도 그만큼 야근을 하게 만드는 것이고 끝날 때까지는 당연히 아무것도 못 먹고 수술을 한다. 끝난 후에는 녹초가 되어 버리지만 다음날도 아침 9시부터 진료를 해야 한다. 너무 늦어지면 다음날 진료에 영향을 미친다. 게다가 나도 그저 보통의 사람이기 때문에 자고 싶은 욕구를 가지고 있다. 또 원장 입장에서 스텝을 고생시키고 싶지는 않다.

하지만 하지 않으면 더 악화시킬지도 모른다. 의료 현장은 그런 그레이존(gray zone)으로 이루어져 있다. 보통 사람이 생각하는 것처럼 질병의 상태를 흑백으로 간단히 단정 지을 수 있는 것도 아니다.

그러나 결과는 좋아지거나 나빠지거나 둘 중 하나이다. 괜찮다고 80% 정도 확신해도 죽을 확률이 0%는 아니라는 것이다. 예를 들면 기다리고 기다리던 즐거운 외출 길에 '어라 주전자 올려둔 가스레인지를 분명히 껐을 텐데, 혹시 안 껐으면 어쩌지……' 같은 마음인 것이다. 생명을 다루는 이상 이 '혹시나' 하는 불안은 무시해선 안 된다. 그래서 결국 타협 없는 마음으로 '오늘 밤 수술해야 해. 미안!' 하고 스텝에게 말하고 만다.

야간 수술이 없는 날도 진료가 끝난 뒤에는 수의사 동료의 증례 검토회 준비나 문헌 정리 등으로 오전과 마찬가지가 된다. 그리고 다음날 아침 8시에는 또 일을 시작한다.

즉 하루 중 깨어있는 시간의 90%는 수의사로서 살아가고 있다.

딱히 바쁘다고 자랑하는 것은 아니다. 나에게 한정짓지 않고 같은 선상에서 임상을 하는 많은 수의사가 이런 생활을 하고 있다.

병은 명절을 가리지 않는다. 우리 병원에는 오봉(매년 양력 8월 15일을 중심으로 지내는 일본 최대의 명절) 연휴가 없고 정월 초사흘만 휴진이지만 외래는 받지 않아도 병원은 움직이고 있다. 스텝과 교대로 당번을 서서 설날 정도는 쉬고 싶지만 매년 섣달 그믐날과 설날은 내가 담당한다.

돌보는 동물들에게도 정월은 관계없다. 특히 강아지는 산책을 매우 좋아한다. 하루 종일 좁은 입원 케이지에서 기가 죽어 있어서 산책을 꼭 시킨다. 여러 마리가 함께 하면 싸울 수도 있기 때문에 한 마리씩 산책을 시킨다. 병원 주변 1km 정도의 정해진 산책길을 돌보는 강아지의 수만큼 몇 번이고 빙글빙글 돌면서 나의 해도 저물며 설날도 강아지의 산책으로 시작한다.

🐁 접착제가 진득진득하게 묻은 햄스터에게는 녹말가루

이 일은 경찰의 일과 비슷하다고 생각한다. 경찰은 파출소의 순경도 경찰이라면 과학수사관도 경찰이다. 수의사는 마을의 온갖 상담을 받는 순경의 일부터 현미경으로 관찰하거나 혈액 검사결과를 해석하여 병의 원인을 알아내는 과학수사관 일까지 전부 혼자서 담당 한다.

어느 날, 진찰 시간에 '바퀴벌레 덫'에 걸린 햄스터가 찾아 왔다. 하늘다람쥐 등도 그렇지만 케이지에서 도망쳐서 없어진 것 같으면 '바퀴벌레 덫'에 걸려 있는 경우가 종종 있다. '바퀴벌레 덫'에서 떼어내도 접착제가 떨어지지 않고 끈적끈적하게 남아있기 때문에 "접착제를 제거해 주세요."라며 찾아오곤 하는 것이다.

덫에 걸린 햄스터를 보며 바보 같은 녀석~이라고 생각하면서 접착제가 묻은 햄스터에게 물에 희석시킨 식물성 '접착테이프 제거제'

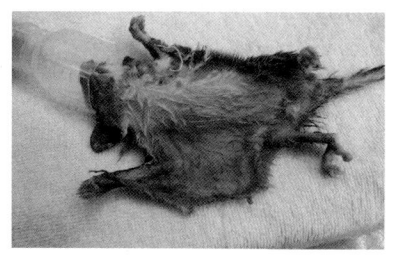

① TBS의 〈정보 7days 뉴스캐스터〉에도 등장한 슈가글라이더 하늘다람쥐. 머리에도 몸에도 접착제가 달라붙어 있다.

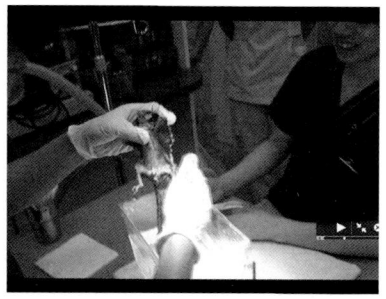

② 핀셋이나 빗으로 어느 정도 접착제를 떼어 내고 희석한 접착테이프 제거제를 묻혀 살살 비빈다.

③ 말린 다음 끈적끈적한 느낌을 없애기 위해 녹말가루를 묻힌다. 흐뭇한 광경인 것 같으나 마취를 한 뒤 진행해야 하는 긴장되는 작업이다.

를 묻혀 비벼서 제거한다. 완전히 제거되지 않는 경우에는 녹말가루나 밀가루를 뿌려 끈적끈적한 느낌을 없앤 뒤 돌려보낸다. 접착제가 남아있으면 먼지나 바닥재의 톱밥 같은 것이 달라붙기 때문에 튀김을 튀기기 전처럼 가루를 묻히는 것과 같은 것이다. 녹말가루를 사용하는 것은 동물이 핥아도 문제없기 때문이고, 하루 정도 지나면 가루가 떨어져 버리기 때문에 "깨끗해 질 때까지 매일 가루를 묻혀 주세요."라고 주인에게 말한다. 흐뭇한 광경처럼 보이지만 '접착 테이프 제거제'로 닦아내기까지는 햄스터가 날뛰지 않도록 마취를 해야 하기 때문에 역시 수의사의 임무이기도 한 것이다.

여러 가지 일을 하는 것이 임상 수의사의 일이지만 때로는 동물의 다이어트 상담을 하기도 한다. 개와 고양이의 경우는 제대로 칼로리 계산을 해서 감량 프로그램을 고안하고, 사료는 다이어트 사료로 바꿔 주도록 지도한다.

살이 찐 거북이는 살이 등딱지에 들어가지 않고 볼록볼록 튀어나오기 때문에 이것 또한 먹이나 운동의 사육 지도를 한다.

덧붙여서 사람에게도 급격한 다이어트는 몸에 좋지 않지만 동물도 마찬가지다. 살찐 사람(동물)이 갑자기 절식하면 에너지가 모자라게 되어 몸의 지방을 태워 에너지로 쓰려고 한다. 빨리 살이 빠지는 것은 가능하지만 이때 간세포에 지방이 쌓여 지방간이 되고 간부전에 이르게 된다.

급격한 다이어트로 지방간이 된 고양이는 자주 내원하곤 한다. 어떤 케이스에서는 주인이 자신의 단식 다이어트가 성공했기 때문에 키우던 고양이에게도 다이어트를 시키려고 했다고 한다. 하루에 4알만 사료를 줘서 두 마리의 뚱뚱한 고양이 모두 간부전이 되어 황달 증상을 보여 당황해서 내원했다. 거의 반죽음 상태인 두 마리의 고양이는 장기 입원하여 어떻든 건강해졌다. 역시 무엇이든 조금씩 해 나가는 것이 중요하다. 급격한 다이어트는 그만두는 것이 좋다.

또 어떤 날은 살찐 토끼가 찾아 왔다. 토끼는 살이 찌면 몸을 돌릴 수 없어 털 손질이 힘들기 때문에 엉덩이 주변이 지저분해진다. 또한 살찐 토끼의 대부분이 간식을 많이 먹어 대변이 묽어져서 엉덩이 주변이 지저분해지는 것이다. 그것을 "닦아 주세요" 하며 데리고 온다.
"이봐, 이봐······."
사실 살짝 말하는 것이지만 동물병원의 일 중에서 토끼의 엉덩이를 닦는 것이 가장 힘든 작업이다. 날뛰는 토끼는 내가 아무리 잘 다루어도 날뛴다. 물을 끼얹으면 더욱 성을 내며 안기도 힘들다. 토끼는 뼈가 매우 약하기 때문에 강하게 안으면 뼈가 부러질 수도 있다. 그리고 피모가 빽빽하게 나 있어서 말리기도 힘들며 드라이어 소리에 놀라 또 날뛴다.
그래서 주인이 곤란해 하는 것을 매~우 잘 알고 있다.
"나이가 많은 토끼인데요. 소변을 지려서 다리에 묻어버렸어요. 목욕시키는 방법도 모르겠고 제가 깨끗하게 닦아줄 수가 없네요. 부끄럽고 죄송하지만 씻겨 주실 수 있으신가요?"
이런 식으로 말하면 물론 기분 좋게 받아들인다. 그렇지만 그중에서는 "씻겨 주세요."라고 직접적으로 말하지 않는 사람들도 있다. "더러워서요~", "저는 못해요~", "선생님처럼 잘 안을 수 없어요~"라고 얼버무리며 말한다. 일본인의 어쩔 수 없는 부분이다. 해 주었으면 하는 것은 솔직하게 말하는 것이 좋다. "그럼, 여기서 씻길까요?"라고 말하면 "네! 부탁드려요!" 하고 확실한 대답으로 바뀐다. 어허허······.
당연하지만 엉덩이를 씻기는 것은 조금만 주의하면 수의사가 아니어도 할 수 있는 일이다. 별거 아닌 수술보다도 상당히 시간이 걸리며 힘들고 신경이 쓰이지만 그 보수는 진료 금액에 반영되지 않는다…….
 햄스터에게 밀가루를 묻혀주거나 토끼의 엉덩이를 닦은 뒤에는 페럿의 혈관에 둘러싸인 초미세한 종양 적출 수술을 하거나 골육종에 걸린, 사람 크기만 한 대형견의 다리 절단 수술을 진행한다.
 그것이 끝나고 오후 진료 시간이 되면 이번에는 다이어트나 "우리 강아지는 집에 아무도 없을 때 방에 있는 쓰레기통을 엉망으로 만들어 놓는 나쁜 버릇이 있어요. 어떻게 하면 좋을까요?"와 같은 상담을 받는다. 때때로 일의 폭넓은 요구에 어떻게 머릿속을 회전해야 할지 모르게 될 때가 있다.

🐾 가끔 디스템퍼 판정을 받는 페넥 여우

 어느 날, 페넥(아프리카에 서식하는 세계 최소 개과 동물)이 콧물을 흘리고 눈곱이 끼어 상태가 좋지 않다는 이유로 내원했다. 함께 기르던 페럿 두 마리가 감기 같은 증상으로 죽어 버렸는데, 아무래도 이 페넥에게도 옮겨진 것 같다고 했다. 페넥은 여우의 일종이고, 페럿은 족제비 종류이지만 이종 간에 감염되는 병도 있다.
 여우 의학서 따위는 당연히 없다. 아는 범위에서 항생 물질을 투여하거나 했지만 점점 상태는 나빠졌다. 혈액 검사를 해도 그다지 이상은 없었다. 단지 혈액을 현미경으로 관찰해보니 평소에는 아무것도 없을 적혈구 안에 한 번도 본 적 없는 동그란 구조물이 있었다.
 "이게 뭐지?"
 혈액 전문가인 선생님에게 보내 보았더니 디스템퍼 바이러스의 봉입체라고 했다.
 봉입체란 바이러스에 감염됐을 때 세포 내에 생기는 구조물이다. 감염 후 2~9일 사이에만 출현하는 희귀한 것이다. 운 좋게 봉입체를 발견할 수 있어서 디스템퍼라고 확정 진단에 도달할 수 있었다(확정 진단이란 병명을 특정 짓는 것을 말한다). 이것이 만약 그 봉입체가 발견되지 않았다면 진단이 어떻게 됐을지 확실치 않다. 아마 '디스템퍼 의심'이라는 미묘한 진단이 되어 확정 진단은 불가능했을 것이다.

디스템퍼는 매우 치사율이 높은, 개의 대표적인 전염병이다. 개에게 한정되지 않고 식육목 동물이라면 거의 감염된다고 한다. 아마 이미 죽은 페럿도 디스템퍼였을 것이다. 페럿은 디스템퍼 바이러스에 매우 감수성이 높고 증상이 나타나면 100% 죽는다.

이번 케이스에서는 페럿의 체내에서 증폭된 디스템퍼 바이러스가 페넥에게도 감염된 것이라고 추정된다. 유감스럽게도 페넥을 구해내는 것은 불가능했다. 그 정도로 치사율 높은 병인 것이다. 드물게 살아나는 경우도 있지만 뇌염에 의한 후유증으로 틱이라고 하는 경련과 같은 증상이 남기도 한다.

그럼 디스템퍼 바이러스는 어디에서 온 것일까? 이것이 참 수수께끼인데, 사실 페럿이 감기 증상으로 죽기 조금 전에 근처 동물병원에서 디스템퍼 백신 접종을 받았다고 한다. 페럿의 디스템퍼 백신 접종은 일반적으로 이루어지고 있다. 그러나 페럿의 디스템퍼 백신 접종에는 큰 문제가 있다. 페럿용 디스템퍼 백신은 일본에서 인가되지 않아서 어쩔 수 없이 강아지용 백신을 유용하고 있다. 백신이라는 것은 간단하게 말하면 약독화한 바이러스이기 때문에 그것이 원인으로 아주 드물게 디스템퍼를 일으키는 경우도 있다고 한다. 그러나 이번 한 건이 백신에 의해 유발된 것인지 진실은 알 수 없다.

여담이지만 미국에서는 페럿 전용 백신도 판매되고 있다. 일본에서 수입, 사용이 인가되지 않은 이유는 백신은 생물학적 제제이므로 다른 약물

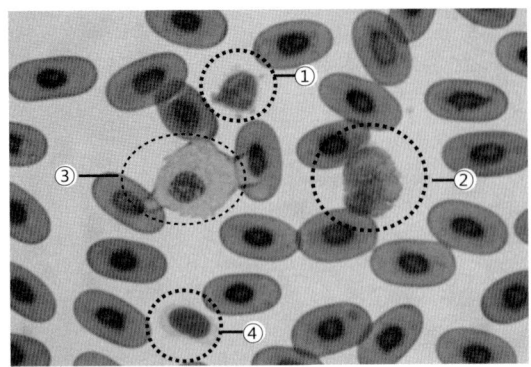

거북이의 혈액. 타원형인 것은 적혈구이고 ①이 림프구, ②가 호산구, ③이 호중구, ④는 전구라고 하는 조류·파충류에 있어서 포유류의 혈소판과 같은 것.

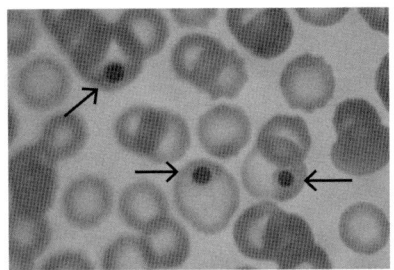

페넥의 적혈구 안에 동그란 구조물이 보인다. 디스템퍼 바이러스의 봉입체(화살표).

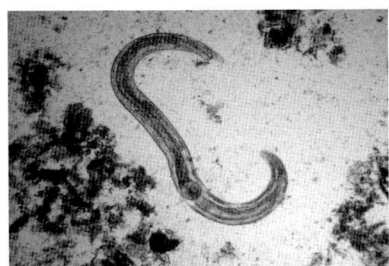

특수동물은 대변검사에서 미지의 기생충이 자주 발견된다.

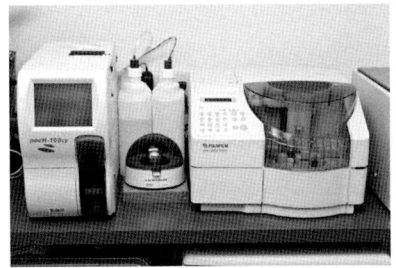

왼쪽부터 자동혈구계산장치(pocH), 원심분리기, 혈액생화학분석장치(DRICHEM). 이런 기기를 사용하여 몸의 이상을 찾아낸다.

진찰실 카운터에 있는 현미경은 옆의 모니터와 이어져 있어서 모니터를 보며 동물 주인에게 설명한다.

과 비교해서 인가 받기가 매우 어렵고 또 그에 합당한 수요도 없기 때문이다. 그때문에 일본에서 페럿용 백신을 수입해서 맞히는 병원이 있다고 해도 그것은 개인 수입을 하지 않는 이상 힘들 것이다.

사람도 동물도 병의 진단은 앞 장에서 서술했듯이 증상으로 유추할 수 있는 병을 들고 그 가능성을 소거법으로 지워 간다. "우리 아이가 뭔가 이상해요~", "밥을 먹지 않아요." 라며 찾아오는 동물에 대하여 무엇이 이상하고 왜 밥을 먹지 않는지를 주인의 이야기나 검사 결과를 통해 밝혀낸다.

단지 그 결말은 형사 드라마처럼 알기 쉽게 모든 수수께끼가 풀린다고는 할 수 없다.

🐾 혈색을 살피며 진단·치료를 한다

일련의 임상 검사를 하는 것도 수의사의 일이다. 사람이 가는 병원은 임상병리사나 방사선 기사처럼 검사를 전문적으로 하는 사람들이 있지만, 일반 동물병원에서는 혈액검사도 엑스레이 검사도 초음파 검사도 모두 스스로 실시하여 진단해야 한다.

동물 환자는 병원에 데려왔을 때 이미 제법 증상이 진행된 경우가 많아서 신속한 검사와 진단을 하지 않으면 맥없이 죽어버리고 만다. 이 때문에 많은 동물병원에서는 바로 대응할 수 있도록 고액의 의료 검사 기계를 도입하고 있다.

예를 들면 혈액검사의 설비 중의 하나인 혈액 안의 혈구 수를 세는 기계가 있다. 적혈구나 백혈구 등의 수를 30초 정도에 카운트 해주는 대단한 것으로 가격은 1000만 원 이상이다.

이름은 'pocH'라고 쓰고 '포치'라고 부른다. 동물병원용이기 때문인지 정말 쉬우면서 미묘한 이름이지만 원래 사람용 혈구 카운터 장치를 동물용으로 인가 받은 것이다. 원내 검사가 붐비어서 허둥지둥할 때 나는 스텝에게 외친다.

"잠깐! 그쪽 사토씨의 포치 혈액을 pocH를 해둬!"

긴장감이란 전혀 찾아볼 수 없는 대화이다.

혈액검사는 기계로 수치를 산출하는 것만이 아니다. 'pocH'의 옆에는 현미경이 있고 채혈한 혈액의 혈구 상태를 확인한다. 수치가 아닌 혈액을 직접 눈으로 관찰해야 알 수 있는 것도 많기 때문이다.

전문적인 이야기로 흘러가지만 백혈구에는 '호중구', '호산구', '호염기구', '단핵구', '림프구'가 있다. 이들의 변화를 관찰하여 체내의 어딘가에서 염증 등의 이상이 일어나진 않았는지 어느 정도 판단할 수 있다.

호중구는 세균을 해치우는 기능을 가지고 있다. 골수 등에서 생성되어 성숙된 후에 혈액을 타고 순환한다.

혈중 백혈구 수가 정상이며 성숙한 호중구가 총 백혈구 수의 대부분을 차지하고 있을 때에는 체내가 평화로운 상태를 의미하며, 싸울 상대가 없다는 것을 알 수 있다.

반대로 성숙도가 낮은, 젊은 호중구가 많이 보이면 생체가 대량의 호중구를 필요로 하여 새로운 호중구를 자꾸 생산하는 상황이다. 호중구가 세균과의 전쟁(심한 감염)에 동원되고 있다는 것을 가리킨다.

'위험해! 젊은 호중구가 잔뜩 나왔어! 세균과 싸우고 있어!'라며 '항생제로 지원사격을 해주자!'는 식인 것이다. 이것이 림프구인 경우, 정상일 때는 백혈구 전체의 20% 정도이지만 어떤 종류의 백혈병에 걸리면 종양화한 림프구의 비율이 확 증가하게 된다.

'아, 림프성 백혈병이다! 항암제를 투여하지 않으면 죽어 버린다고!'

이런 식으로 수의사는 현미경을 보고 혈구의 안색을 살피면서 치료한다.

사람이 가는 병원에서는 임상병리사가 하는 혈액검사부터 ER 업무까지 수의사는 모두 혼자서 하고 병의 원인을 밝혀나간다.

🐈 황달인 상태로 거의 죽어가던 고양이가 기적적으로 살아나다

'과학적 수사'를 해도 가끔은 원인을 알 수 없는 경우도 있다.

요전 날 구토가 멈추지 않아서 온 고양이가 있었다. 하루에 수십 번이나 구토를 하는 것이 이상해서 혈액검사를 했더니 간 수치가 이상치를 가리키고 있었다. 간세포에 포함된 ALT(GPT)와 AST(GOT)라는 효소가 있는데, 그것이 검사 기기의 측정 한계를 넘어선 것이다. 정상일 때는 100이하인데 이 경우 정상의 10배인 1000을 넘은 상황이었다.

황달도 보이며 황달의 지수가 되는 빌리루빈이 정상치는 보통 1이하인데 이 경우에는 4로 매우 높았다. 고양이는 겉보기엔 건강해 보였으나 수치는 매우 안 좋았다.

"이 고양이 아직 건강해 보이지만 수치가 높기 때문에 입원하는 편이 좋습니다."라고 나는 입원을 권유했고, 주인은 조금 망설이더니 입원시키는 것에 동의했다.

간 수치가 나빠서 황달이 보이는 경우에 유추할 수 있는 병은 수십 가지나 된다. 여기에서 더 검사와 치료를 하여 병명을 확정해야 한다. 치료로 진단한다는 것은 확정적인 진단을 내기 전에 또는 진단을 내리는 것에 시간이 걸려 악화될 가능성이 있을 경우에 진단이 내려지고서 치료를 시작하는 것이 아니라, 이 병일지도 모른다고 가정하고 치료를 해보고 효과가 있다면 그 병이라고 판단하는 것이다. 이것을 시험적 투약, 혹은 진단적 치료라고 한다.

조금 어려운 이야기지만, 황달이라는 것은 빌리루빈이라는 황색 색소가 혈액 속에서 증가하고 그 결과 피부, 결막, 점막에 침착되는 증상을 말한다.

혈액 안의 빌리루빈 농도가 증가한다고 하는 것은 간의 상태가 매우 나빠서 빌리루빈을 처리할 수 없거나 간에서 담낭, 장까지 어딘가 관이 막혔거나 장에서 배설되지 못했을 가능성이 있다. 혹은 적혈구가 어떤 원인으로 망가져서(용혈 상태) 혈액 속에 빌리루빈이 증가한 것이다.

따라서 황달을 보일 때는 용혈이 아닌지, 간 자체가 나빠진 것은 아닌지, 담관에 폐색은 없는지 등 혈액검사나 엑스레이 검사, 초음파 검사를 해서 빌리루빈이 증가한 원인을 찾는다. 그러나 이번에는 어떤 것도 그다지 석연치 않았다.

현재의 시점에서 계속해서 간의 구조를 알아보는 방법은 엑스레이와 초음파, CT나 MRI밖에 없다. 그리고 대부분의 병원은 엑스레이와 초음파 검사에 의존하고 있다.

화상진단은 장기의 형태 파악에는 용이하지만 조직 자체의 변화를 알아보기는 어렵다. 예를 들어 간의 모양에 이상이 없어도 간 기능에 문제가 있을지도 모른다.

그러므로 더욱 구체적인 정보를 얻기 위해서는 피부에서 간까지 주사를 찔러 간세포를 채취하거나 시험적 개복이라고 하는, 시험적으로 배를 열어서 장기를 눈으로 보면서 체크하고 간세포를 조금 채취하는 방법이 있다.

실제로 열어 보고 한눈에 파악하는 경우도 많다. 하지만 그것은 어디까지나 검사를 위한 개복으로 직접적인 치료 대안이 될 수는 없다. 어디까지나 간의 상태를 파악하기 위한 방법론이며 그것을 할지 안 할지는 최종적으로 동물 주인의 판단이 필요하게 된다. 이 고양이의 경우 주인에게 몇 번이나 설명을 했지만 양해를 구하지 못해서 이러한 검사를 실시하지 못했다.

계속해서 입원하여 점적 치료나 간기능강화제 투여를 실시하고 간에 할 수 있는 모든 치료를 실시했다. 하지만 전혀 먹이를 먹지 않고 하루하루 지날 때마다 황달 수치도 1, 2씩 오르고 있었다. 3일째에는 빌리루빈 수치가 10을 가리켰다.

어떻게 하면 좋을까. 몇 번이나 혈액검사를 실시하고 초음파와 엑스레이 등 할 수 있는 모든 것을 해보았지만 역시 알 수 없었다. 그런 상황 중 입원 5일째에 유동식을 강제 급여를 하고 있을 때 주먹 크기의 큰 털 뭉치를 덜컥 토해냈다.

"앗!? 이것 때문이었어!?"

대부분 이런 것이 위 속에 들어가 있으면 좋을 것이 없으며 아마 이것이 십이지장에 있는 담관 출구를 막고 있었을지도 모른다. 그래서 수치가 이상해졌을 가능성도 0%는 아니다.

그러나 그 후에도 좋아지기는커녕 황달 수치는 계속 올라가기만 하다가 갑자기 빌리루빈 수치가 12를 가리켰다.

"이게 대체 무슨 일이야……"

스텝들은 곤혹할 수밖에 없었다.

이 고양이 주인은 원래 입원을 내켜하지 않았다. 그것을 '이쪽에서 열심히 치료하겠습니다. 만약 이대로라면 죽어버릴지도 모르지만, 어느 정도 집중 치료를 하면 좋아지는 경우도 있어요.' 하고 설명하여 어떻게든 입원시키게 했던 것이다.

그러나 입원 치료에도 불구하고 상태는 점점 악화되어 갔다. 압박은 높아져만 갔다. 근무의나 다른 병원 수의사와 함께 검토를 해봤지만 확실한 원인은 알 수 없었다.

1주일이 흘렀을 때에는 빌리루빈 수치가 14까지 올라갔다. 14라는 것은 빈사 상태를 말하는 것이다. 귀는 황색으로 물들었고 입 안도 완전 노란색이었다. 주인에게는 지금까지 실시한 치료 경과와 검사 결과를 있는 그대로 이야기했다.

"무슨 일이 일어나고 있는지는 모르겠지만 황달 수치가 점점 올라가고 있으며 이후의 치료 가망성도 어려울지 모르겠습니다. 계속 입원해도 되지만 집에 데려가는 편이 나을지도 모르겠어요."

이렇게 되면 수의사 세계에서는 '예후불량', 즉 가망이 없음을 의미한다. 나도 내심 지금까지 할 수 있는 것을 모두 하고 이제는 더 이상 방법이 없을 것 같으니 마지막은 가족에게 간호를 받는 편이 좋지 않을까 하고 생각했다.

그러나 집에 돌아가더니 2일 후 조금씩 사료를 먹기 시작하여 1주일 후에는 건강해져 버렸다. 건강해져 버렸다고 하는 말은 어폐가 있지만, 지금 당장이라도 죽을 것 같았던 동물은 일반적으로 먹이를 먹거나 하지 않는다.

간 기능을 계속적으로 모니터했으나, 수치는 올라갔다가 내려갔다가 하며 안정되지 않았다. 하지만 그것 또한 숫자만의 일이었으며 고양이 본인은 태연할 뿐이었다. 결국 한달 후에는 간수치도 원래대로 돌아왔고, 황달도 없어졌다. 흔히 '동물은 집에 있는 편이 낫다'고 말하는데, 이 일이 그 증례인 것이다.

사실 이런 사례는 가끔 경험한다. 경험하면 할수록 임상이라는 직업은 무엇이든 깊이 의심하게 된다. 의학서는 병에 대해 굉장히 잘 정리되어 알기 쉽게 쓰여 있으며 그것을 읽으면 '그렇구나!' 하고 간단하게 병을 알아낼 것만 같은 기분이 된다. 하지만 결코 그렇지 않다.

왜냐하면 교과서에 쓰인 내용은 총론적인 것이나 우리들의 일은 눈앞에 있는 한 마리의 동물이며 각론이며 하나의 같은 증례가 아니다. 사건은 현장에서 일어난다고 흔히 말하는 것처럼 말이다.

어떤 케이스도 각각이 모두 다르며 어떤 병이 다른 병을 유발하고, 그것이 또 다른 병으로서 증상을 일으키기도 한다. 이런 경우 아무리 하나의 질병으로만 보려 해도 잘 되지 않는다. 임상현장은 항상 '세상은 그렇게 쉽지 않아……' 하고 느끼게 해주는 안심감이란 전혀 없는 엄격한 세계다.

🐈 집을 나갔다가 다리를 질질 끌며 돌아온 고양이

복합된 몇 가지의 요소를 종합적으로 보고 풀어내는 것으로 병의 원인을 알아내는 경우도 있다.

전날 도망갔던 고양이가 다음날 돌아왔는데, 다리를 질질 끌고 있었으며 먹이도 먹지 않아 병원에 데리고 왔다. 나가기 전에는 건강했기 때문에 필시 나가 있었을 때 무슨 일이 있었을 것이다.

진찰해보니 호흡이 조금 거친 것이 신경 쓰였다. 고양이는 매우 조용히 호흡하는 동물이기 때문에 가슴이 위아래로 눈에 띄게 호흡한다는 것은 무언가 이상이 있을 경우가 많다. 걷게 하니까 확실히 다리를 질질 끌었지만, 촉진해 보아도 특별히 아파하는 것도 없으며 조금이라도 부러지거나 탈구되지도 않았다.

혹시 몰라서 다리 엑스레이를 찍어 봤지만 큰 이상은 없었다. 호흡이 조금 이상했기 때문에 흉부 엑스레이도 함께 찍었더니 일부분에 하얀 그림자가 찍혔고 어떤 물(흉수) 같은 것이 고인 것을 확인했다.

포유류는 흉부와 복부가 횡격막으로 구분되어 있고 흉부에는 흉강이라는 음압 공간 안에 허파와 심장이 위치해 있다. 흉수는 허파 바깥쪽, 즉 흉강 내에 액체가 고이는 것을 말한다. 그것이 허파나 심장을 짓눌러 고통스러워지는 것이다.

흉수는 일반적으로 심장병, 간장병, 신장병, 종양, 감염증 등 만성질환에 부수적으로 따라올 때가 많다. 그 때문에 어제까지 팔팔하던 고양이가 오늘 갑자기 흉수가 찰 가능성은 낮다.

이 고양이의 경우 하나의 증상은 우측 다리를 질질 끄는 것이다. 또 하나의 증상은 흉부 우측의 흉수이다. 즉 병태는 우측에만 일어나 있다. 같은 쪽에 문제를 일으키고 있다면 무언가 사고적인 요소를 추측할 수 있지 않을까? 예를 들면 사고로 무언가 강한 힘이 가해져 다리를 다쳐 흉부 내의 혈관이 끊어졌을 가능성은 없을까? 어쩌면 흉수로 보이는 액체는 혈액일 수도 있지 않을까? 이런 가설을 세웠다.

실제로 가슴에 바늘을 꽂아 흉수를 빼내 보니 빨간 액체였다. 그래서 빨간 액체를 현미경으로 확인한 결과 예측한대로 혈액이었다. 몸의 우측에 가해진 강한 힘, '아마도 외상'에 의해 다리를 질질 끌며 가슴에 피가 차서 고통스럽기 때문에 먹이도 먹지 않았다고 판단할 수 있다.

단 의학이라는 것은 거기까지만 알 수 있다. '아마도 그럴 것이다.'라는 것밖에는. 그러나 주인은 "이 아이는 차를 매우 무서워하니까 차 사고는 아닐 것 같은데, 그럼 오토바이일까요? 아니면 자전거일까요?" 하고 자꾸 무엇에 의한 것인지 확정을 독촉해온다.

다음번에 면회를 왔을 때도 "혹시 걷어차였을 가능성도 있을까요?" 하고 질문을 받았다. 물론 원인을 알고 싶은 주인의 마음은 매우 잘 이해한다. 그렇지만 나 또한 자동차인지 자전거인지 혹은 걷어차인 건지 보지 못했으니까 알지 못한다.

그 후에 고양이에게는 지혈제를 투여하여 출혈이 멎는 것을 기다렸다.

가벼운 출혈이라면 시간이 지나면서 보통은 자연스럽게 멈추게 된다. 그때까지는 호흡하는 것이 괴롭기 때문에 산소 케이지에 입원시켰다. 며칠 후에 건강해져서 돌아갔다.

이것은 '어제까지 건강했다', '밖에 나갔다가 돌아오니까'라는 주인의 설명과 '다리를 질질 끈다', '괴로워 한다', '오른쪽에만'이라는 동물의 증상을 조합하여 이끌어낼 수 있었던 진단이다. 단순히 '다리를 질질 끈다'는 것만으로는 흉부 이상을 알아채지 못했을 것이다.

또한 '최근에 계속 상태가 나빴다'고 만성질환을 의심할만한 주인의 이야기가 있었다면 심장질환이나 종양의 가능성을 제일 먼저 알아보게 됐을지도 모른다.

주인에게 객관적으로 상황을 설명하게 하는 것은 매우 중요하며 수의사도 하나의 증상에 사로잡혀 시야가 좁아져서도 안 된다. 모든 것의 균형을 유지하는 것이 소중하다는 이야기다.

🐈 '어쩐지' 같은 증상의 어려움

'과학 수사'의 어려운 일례로는 이렇다고 할 특징적인 증상은 없지만 막연히 몸 상태가 나쁜 경우이다. 그중에 하나가 개의 갑상선기능저하증이라는 병이다.

이 질병의 증상은 어쩐지 털이 빠진 것 같다든지, 어쩐지 살이 찐 것 같다든지, 어쩐지 나른해 하는 것 같다든지, 조금 빈혈처럼도 보이는 '어쩐지' 같은 것이다. 어쩐지 털이 빠지는 것 같다고 해서 일단 처방을 내린다. 그러나 역시 털은 자라나지 않는다. 또 먹이의 양이 늘지 않았는데 살찐 것은 고령이기 때문에 운동량이 줄어든 탓일지 모른다. 혹은 움직이고 싶어 하지 않는 것도 고령에다가 살쪘기 때문이라고 생각할 수 있다.

고령인 대형견이 앞서 언급한 증상이 보일 경우 제일 먼저 갑상선기능저하증이라는 병을 의심해야 한다. 진단 자체는 어렵지 않고 혈액검사로 갑상선 호르몬을 측정하면 확정 진단이 가능한 병이다. 그러나 이 '어쩐지'라는 증상은 일상적으로 매우 흔하기 때문에 간과하기 쉬운 병이다. 내과 질환은 병의 종류도 매우 많아서 말하지 못하는 동물의 '어쩐지'라는 증상에서 원인을 밝혀내는 것이 도리어 힘들다.

이것은 피부병도 마찬가지로, 피부과 교과서에 나온 피부병은 아주 전형적인 심각한 상태의 사진과 함께 해설되어 있다. 반대로 말하면 그런 심각한 상태로 내원하면 한눈에 알 수 있지만, 보통 요즘 반려동물 주인들은 그렇게 심해질 때까지 방치해 두지 않는다. 어쩐지 빨간 것 같다든지, 어쩐지 털이 빠지는 것 같다든지 정도의 증상을 가지고 온다.

그 '어쩐지 피부병'은 매우 어렵다. 피부과의 경우 실은 백년 전부터 같은 것을 하고 있고 기본적으로는 현재에도 눈으로 보고 진단하는 것을 중심으로 하고 있다. 이 검사를 해서 이 수치가 나오면 이 피부병이라고 할 수 있다면 좋겠지만 지금으로서는 모든 피부병을 검사 기계로 진단하는 것이 불가능하다.

그러나 유일하게 피부병을 객관적이며 의학적으로 진단하는 방법이 있다. 피부 병변을 일부분 떼어 내어 조직검사를 보내는 방법이다. 이렇게 세포나 조직을 조사하여 피부병의 진단을 확정한다.

하지만 여기에는 큰 장애물이 있다. 피부가 조금 빨갛게 되고 가렵다는 이유만으로 피부에 구멍을 뚫어도 괜찮을지 물으면 허락해주는 사람은 그렇게 많지 않다. 검사를 진행하는 것 자체는 국소마취를 하기 때문에 아프지 않지만 '조금 빨갛게 된 것뿐인데 왜 피부에 구멍을 내야만 하지요?', '그렇게 안 하면 낫지 않나요?'라는 마음이 될 것이다. 그렇기 때문에 1차 진료의 현장인 지역동물병원의 의사가 갑자기 그런 단계까지 진행하는 것은 꽤 어려운 일이다.

　이것이 대학 병원 등 전문 병원이라면 상황은 다르다. 동물 주인도 좀처럼 나아지지 않는 피부병 때문에 병원을 돌아다니다 최종적으로 전문의에게 진단을 받았으면 해서 순조롭게 '피부 조직 검사, 부탁드립니다.' 하는 상황이 된다.

　따라서 임상 현장에서는 극적인 증상보다도 '어쩐지' 같은 종류의 증상을 진단, 치료하는 것이 오히려 어려운 것이다.

🐈 '낫기만 하면 OK' 로는 찝찝한 수의사의 심정

　수의사의 사명으로서 치료하여 낫게 하는 것도 중요하지만 그것보다도 병명을 확정하는 것이 중요시 되는 경우도 있다. 동물 주인은 '진단 같은 건 아무래도 좋으니까 낫게 해주는 의사가 명의다.'라고 말하고 싶겠지만 이 '확정 진단'이 수의업계에서는 매우 중요하다. 그것이 수의사들의 공통 언어가 되기 때문이다.

　확정 진단이 가능하면 다른 먼 병원에 가도 만약 그곳이 미국이라고 해도 대부분 같은 치료를 받을 수 있다. '골인 지점'이 같기 때문이다. 그러나 확정 진단이 없는 경우에 먼 곳으로 이사 간다면 다시 출발점으로 돌아가 많은 검사를 진행해야 할지도 모른다.

　또 어떻게 해도 병명을 붙일 수 없었던 증상을 운 좋게 치료했다고 해도 '어쩌다가 들어맞은 것 아냐?'라는 식이 되어 다른 수의사가 참고하기도 어렵고 적절한 평가를 하기가 어렵다. '확정 진단'이 절대적으로 필요한 것은 아니나 그것보다 더 좋은 것도 없다. 누구나 알 수 있는 의미로는 미토코몬(에도 시대를 배경으로 하는 일본의 텔레비전 사극)에 나오는 인롱(약 따위를 넣어 허리에 차는 타원형의 작은 합)과 같은 것이라고 할 수 있다.

확정 진단을 하기 위해서 일정한 프로세스를 밟아 그 방법론이 일관된다면 다음부터도 같은 증례에 대해 보다 가까운 길로 확정 진단을 내릴 수 있는 가능성이 있다. 수의사는 '어쩌다 보니 치료했다'로는 만족할 수 없는 인종인 것이다.

《수의윤리입문》(버나드 로린 저, 백양사)이라는 책 중에는 과연 그렇구나 하고 생각하게 하는 것이 적혀 있다. 조금 긴 것을 요약해 보면 아래와 같다.

임상 수의사에게는 '다섯 가지의 책임'이 있다. 첫 번째는 동물 주인에 대한 책임, 두 번째는 동업자에 대한 책임, 세 번째는 사회에 대한 책임, 네 번째는 자신에 대한 책임, 마지막이 동물에 대한 책임이다. 하나의 증례에 대해서 서로 충돌하는 몇 개의 도덕적 책무의 그물에 휘감겨 그것을 처리하는 과정에서 갈등이 생기기 때문에 실제 현장에서 수의사는 매우 복잡한 심리 상황에 직면한다.

구체적으로 어떤 것인가 하면 확정 진단이 불가능한데도 치료해버린 경우, 동물과 주인에 대해 책임은 다하고 있지만 자신이나 동업자, 사회에 대한 책임은 다하지 못한 것이다.

또한 주인이 바라는 치료에 충실히 임해 처치를 했지만 그 때문에 동물이 고통스러워진 경우가 있었다면 동물에 대한 책임을 다했다고는 할 수 없다.

만약 주인과 동물만 괜찮다면 좋다는 생각으로 초저가로 외과 수술을 진행했다면 그것은 동업자에 대한 책임을 다하지 않은 것이다.

또는 야생의 새를 주워 병원에 데려온 사람에게 '생태학적으로 생각하면 그 한 마리를 구해준다고 해서 야생동물 보호로 이어지지는 않습니다. 그러니까 그냥 두세요!' 하고 호통치면 사회적인 책임을 다하지 않는 것이 된다.

확실히 어떤 작은 증례라도 무언가를 했을 때, 이런 모든 책임을 명확하게 하지 않으면 매듭지어지지 않는다는 느낌은 있다. 지금까지 나는 이런 책임을 어떻게든 다하고 있다고 생각하지만 '이걸로 괜찮은 건가'라는 응어리도 왠지 가지고 있다. 그런 마음이 이 책에 언어화 되어 있어 읽었을 때 '그렇지' 하고 미묘하게 납득할 수 있었던 것이다.

만약 때때로 상반되는 이 다섯 가지의 책임을 아주 간단하고 명확하게 할 수 있는 수의사가 있다면 나는 바로 그의 제자가 되고 싶다. 동물을 진료하는 것은 정말 어렵다.

제3장 이구아나의 알 막힘 증상과 중성화 수술

➤ 최선을 다해 자연환경과 비슷하게 해줄수록 알 막힘 증상에 걸린다

예전에 이구아나가 애완동물로 유행한 적이 있다. '이구아나의 딸'이라는 드라마도 있을 정도였다.

아무튼 우리 병원에 찾아온 '타로우 군'이라는 이름의 이구아나가 있었다.

"선생님! 우리 타로우의 배가 빵빵해져 있고 밥을 먹지 않아요……"

"확실히 배가 빵빵해져 있네요. 그런데 타로우 군, 여자아이가 아닌가요?"

"엥…… 전 남자아이라고 알고 있는데요."

파충류의 암수 판별은 어렵기 때문에 수컷이라고 생각했더니 암컷인 경우는 흔히 있는 일이다. 바로 배가 왜 부풀었는지 알아보기 위해 엑스레이를 찍어 보았다. 그랬더니 배 속에 알이 가득 차 있는 것이 찍혔다.

"일부러 멋진 이름을 지어 주셨을 텐데 타로우 군은 여자아이네요. 알로 배가 가득 차 있어서 밥을 먹지 못했던 겁니다. 작은 새들이 주로 이런 증상을 많이 보이는데, '알 막힘 증상'이라고 하지요. 이것은 수술로 빼내는 것이 좋습니다."

'타로우 군'에게 전신마취를 하여 심전도 등의 생태 관리 모니터를 장착한 뒤 본격적인 수술을 진행했다. 배를 열어 보니 알이 셀 수 없을 정도로 계속 나왔다. 작은 몸에 이렇게 많은 알이 들어차 있었다면 틀림없이 괴로웠을 것이다. 홀쭉한 배가 된 '타로우 군'은 건강한 모습으로 주인과 함께 돌아갔다.

주인이 이후에 번식을 원하지 않을 경우에는 알 적출뿐 아니라 알 막힘 재발을 방지하기 위해 중성화수술을 권유한다. 사육 환경에서는 어떻게 해도 정상적인 번식주기를 유지하기가 힘들기 때문이다. 방금 전 '타로우 군'의 경우에도 알 적출과 동시에 난소도 적출하여 무사히 중성화수술을 완료했다. 이제부터는 타로우 군은 중성으로 살아가게 된다.

실제로 알 막힘 증상은 생명이 걸린 무서운 병이다. 임상 현장에서는 조류나 파충류 등 알로 번식하는 동물은 알 막힘으로 죽는 일이 흔히 일어난다. 암컷을 단독 사육해도 알이 생기기 (당연한 이야기지만 무정란이어서 기다려도 부화하지는 않는다) 때문이다.

그렇다면 왜 이 동물들은 교미를 하지 않는데도 알이 생기는 것일까? 사실 조류나 파충류에게 무정란은 사람 여성의 생리나 배란과 같은 것이다. 양계장의 닭을 생각하면 더 이해하기 쉽다.

파충류라면 원래 번식주기가 거의 1년에 1회 정도이며, 그 사이에 커플이 되면 '경사'가 이루어지는 것이다.

야생동물의 번식주기는 대자연 속에서 계절 변화나 기온차, 일조시간의 길이, 먹이의 유무 등 다양한 요인이 복잡하게 얽혀있는 것을 일단 뇌의 시상하부가 감지한다. 그리고 뇌하수체에 신호를 보내면 그것이 생식샘을 자극하여 '알을 만들어야해'라고 반응한다. 그러나 인공적인 환경 아래 '초부자연적인 상황'에 놓인 동물은 그런 요인의 균형이 무너져 있기 때문에 생식 사이클이 이상해져 있다.

알이 잘 막히는 대표 종으로 사랑새를 들 수 있는데, 먹이의 양을 조절하여 알이 만들어지는 것을 되도록 억제시키는 방법이 있다. 사랑새는 원래 호주 내륙 건조 지대의 먹이가 풍부하지 않은 곳에서 서식한다. 비가 내리고 꽃이 피고 과실이 열리고 식물이 가득 있는 시기가 되면 최초로 발정이 자극된다.

따라서 작은 새장에서 항상 풍부한 먹이를 먹을 수 있는 유복한 생활을 한다. 한 마리로는 외로워 보이니까 거울을 넣어주면 그 거울에 비친 자신의 모습을 보고 사랑에 빠져 알 막힘이 되고 만다.

원래대로라면 먹이를 아주 부족하게 주어 검소한 생활을 하게 하면 알이 막히는 일은 없다. 막히지 않는다기 보다는 알을 만들지 않는 상태를 유지하는 것이지만, 검소한 생활을 시키는 것은 주인에게 매우 어려운 일일 것이다.

내가 중학생일 때부터 23년이나 키우던 암컷 이구아나는 결국 마지막까지 한 번도 알을 낳지 않았다. 먹이는 제대로 주었지만 검소한 생활이었던 것일까? 덕분에 알 막힘 증상을 일으키지 않고 매우 장수해 주었다.

동물을 돌보는 데에 열심인 주인은 최선을 다해 사육 환경을 자연과 가깝게 만들어 준다. 하지만 그것이 실은 더욱 알 막힘이 되기 쉽게 할 가능성이 있다. 아무리 자연에 가깝다고 해도 자연 환경과 완전히 똑같이 하는 것은 아무래도 무리인 것이다. 알이 막힌다고 하는 것은 새도 파충류도 사람에게 길러지는 이상 일종의 숙명 같은 것이다.

알을 좀처럼 낳지 않는 경우는 산란촉진제를 투여하는 방법도 있다.

"엥? 산란촉진제라뇨!?"

조류나 파충류에게 산란촉진제를 투여한다고 하면 깜짝 놀라는 사람들이 있지만 임상 수의사에게는 그렇게 놀랄 것도 없이 일반적으로 이루어

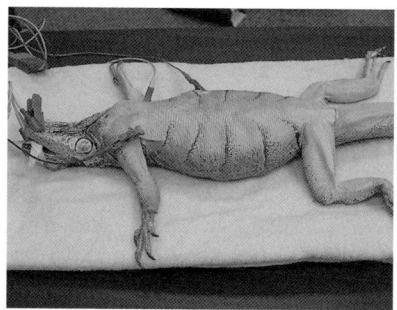
① 그린이구아나 '타로우 군'. 그러나 여자아이 였다는 것이 밝혀졌다.

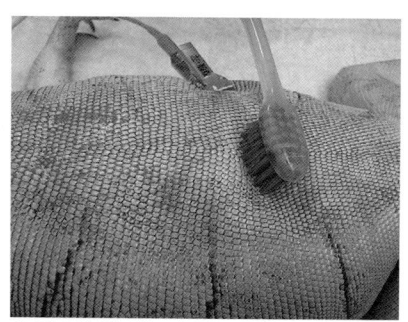
② 파충류 등 비늘이 있는 동물은 수술 전에 칫솔을 이용하여 비늘 사이를 깨끗이 한다.

③ 그린이구아나는 한 번 산란에 20~40 개의 알을 낳는다.

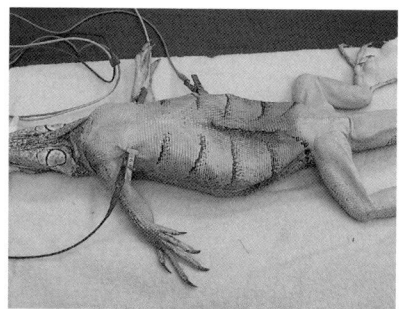
④ 알을 빼낸 후에 난소를 적출하는 중성화수술도 했다. 배가 홀쭉해졌다!

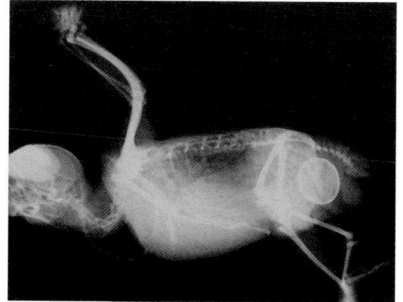
잉꼬의 알 막힘 엑스레이 사진. 예전에 내가 키우던 잉꼬의 사인도 이것이었다.

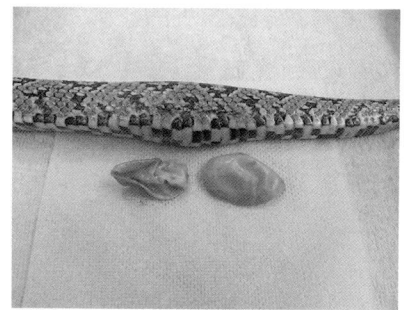
거북이나 도마뱀에 비해 뱀의 알 막힘은 적지만 때에 따라서는 치명적이기도 하다.

지는 처치이다.

우리 병원에서도 거북이, 카멜레온, 도마뱀 등의 알 막힘 증상을 보는 것은 드문 일이 아니며 "사람의 진통촉진제인 옥시토신이라는 호르몬제를 사용합니다. 그 후 상황을 보고 낳지 못한다면 제왕절개로 적출 수술을 하도록 하지요."라고 설명한다.

그런데 파충류의 엉덩이 구조는 사람과는 달리 총배설강이라는 하나의 구멍에서 소변, 대변, 알 또는 음경이 나오는 구조로 되어 있다.

거북이의 알 막힘 수술에서 난관에 들어찬 알을 바싹 당겨 총배설강에서 빼내려고 하면 삼차로인 곳에서 알이 쑥 미끄러져 방광 속에 빠져버리기도 한다. 이렇게 되면 방광을 갈라 알을 꺼낸 뒤 방광도 꿰매야 한다.

"아아, 더 이상은……"

거북이에게는 엄청난 사건인 것이다.

중성화 수술은 '병을 예방하기 위함'이 주목적

중성화 등의 불임수술은 주로 두 가지의 목적을 가진다. 하나는 아이를 늘리지 않기 위해서이다. 예전에는 강아지나 고양이가 불임수술을 한다고 하면 이런 목적이 대부분이었다. 하지만 요즘 키우는 개와 고양이의 다수는 실내에서 사랑받으며 살기 때문에 옛날처럼 집 앞에서 풀어놓고 키우는 수컷 바둑이가 찾아와 멋대로 교배해서 '어라? 우리 하나코가 언제부터 임신한 거지?' 하는 일은 거의 없다.

최근 중성화수술의 목적은 오히려 병을 예방하는 것이 주류가 되었다.

조류나 파충류의 알 막힘과 같이 개와 고양이도 나이를 먹으면 생식기 질환에 걸리기 쉽다. 특히 애완동물로서의 개와 고양이는 20년 정도 전까지는 다양한 병에 걸려 10살 정도에 죽고 말았다. 하지만 집안에서 키우거나 예방주사를 맞거나 좋은 사료를 주어서 20살까지도 살 수 있게 됐다. 종래에는 자궁이나 난소 질환에 걸리는 연령 전에 다른 병에 걸려 죽었지만 수명이 늘어난 탓에 이런 병에 걸리게 되는 것이다.

특히 토끼는 이런 경향이 강하다. 토끼도 완전히 애완동물화 된 동물로, 장수하면 10년 정도나 살 수 있다. 그러나 5살 이상 암컷 토끼의 70% 이상이 자궁 질환을 경험한다는 자료도 있다. 또 암컷 토끼 중 10년 이상 살아 있는 개체는 100%에 가까운 확률로 중성화수술을 했다는 이야기도 있다.

그 중에서는 페렛처럼 해외 농장에서 일본에 전해져온 시점에서 거의 100% 중성화, 거세된 동물도 있다. 페렛 암컷은 교미배란동물이어서 교미 자극이 없으면 배란이 되지 않고 발정이 지속된다. 암컷을 단독으로 키우면 발정이 계속되어 발정 호르몬인 에스트로젠의 영향으로 빈혈에 걸려 죽게 되기 때문에 중성화수술이 필요하다.

중성화수술에 대해 주인으로부터 흔히 '어떻게 생각하시나요? 하는 편이 나은가요?'라는 질문을 받는다. 반려동물 애호가 사이에서는 거세나 중성화를 위해 건강한 몸에 칼을 대는 것은 너무 불쌍하다, 그런 것은 부자연스럽다고 하는 의견도 있을 것이다. 어떤 의미에서는 옳다고 생각한다. 그러나 나는 일상적인 진료에서 반려견이 10살을 넘겨 생식기 질환에 걸렸을 때 '젊었을 적에 중성화수술을 했으면 좋았을 텐데요. 결단하지 못한 나 때문에 이런 고통을 받게 해서 정말 미안해요.'라고 울면서 사과하는 주인을 매달마다 반드시 보게 된다.

나 자신도 누가 뭐래도 불임수술을 반드시 해야만 한다고는 생각하지 않는다. 확실히 젊고 건강한 동물에게 전신마취를 하여 칼을 대는 것이 가엾다는 것은 진심으로 잘 알고 있다. 그러나 병의 예방 차원이라는 의미에서, 건강하게 장수할 수 있는 가능성이라는 의미에서는 수술을 해 두는 것이 좋은 것은 사실이다. 애초에 내 직업이 동물을 장수하도록 하는 일이기 때문에 주인에게는 '불임 수술은 해두는 편이 좋지 않을까요?' 하고 대답하고 있다.

나는 지금 거세를 한 7살의 고양이를 기르고 있는데 그 고양이가 1살일 때 직접 수술을 집도했다. 물론 나도 결단에는 상당한 각오가 필요했었다는 것을 덧붙여 놓는다.

➤ 개의 꼬리를 자르는 이유는 무엇일까?

알 막힘이든 중성화 수술이든 이것들은 우리들이 자주 직면하는 문제로 '키운다'라고 하는 부자연함 안에서 어떤 의미로는 어쩔 수 없는 결과이다. 그러나 반려동물을 키우는 많은 이들은 자신의 애완동물을 되도록 자연 그대로 있게 하고 싶다고 진심으로 바란다.

그럼 도대체 '자연'이란 무엇인가? 인용이 조금 길어지지만 코지엔(1955년부터 간행되기 시작한 일본의 대표적 국어사전으로 백과사전의 성격도 겸하고 있음.)에서 '자연'을 찾아보면 '저절로 그렇게 되어 있는 모양. 천연 그대로 인위적인 것이 더해지지 않은 모양. 있는 그대로의 모양. 인공·인위적으로 되어 있는 것으로서의 문화에 대해 인력에 의해 변경·형성·규제되지 않고 저절로 생성·전개 되어 이루어진 상태. 산천·초목·바다 등 인류가 그곳에서 태어나 생활해온 곳. 특히 사람이 자신들의 생활 편의를 위해 개조를 더하지 않은 것'이라고 기술되어 있다.

그렇다면 애완동물의 대표 격인 개는 어떨까? 개는 사람과 긴 시간 살아오면서 어떤 목적을 위해 만들어진 역사를 가지고 있다. 코가 짧거나 몸통이 길거나 털이 곱슬거리거나 좌우 눈의 색이 다르기도 하다. 불독이 출산할 때는 강아지의 머리가 너무 커서 산도에 걸려 자연분만을 할 수 없기 때문에 반드시 제왕절개를 해야 한다. 이런 동물은 자연계에서는 존재하지 않는다. 실은 개라고 하는 생물은 초부자연적인 것이다.

　불독은 가슴이나 다리에 봉봉을 단 것 같은 트리밍(장식)을 한다. 특별히 귀여움을 추구하고자 한 결과가 아니다. 예전에 불독은 사냥한 물새의 회수 작업 등의 역할을 했다. 이 때문에 차가운 수온으로부터 심장을 보호하려고 흉부의 털을 남겼고, 또 물의 저항을 적게 하기 위해 그렇게 손질했었다고 전해진다.

　원래 투견이었던 도베르만은 상대 개에게 물리지 않기 위해 귀나 꼬리를 짧게 자르던 습성이 있었다. 지금도 그것이 '통례'로 남아 있어서 귀나 꼬리를 자르는 일이 많다.

　최근에 유행하는 토이 푸들도 꼬리를 짧게 자른 것이 스탠다드로 여겨지고 있다. 우리 병원에도 집에서 토이 푸들의 새끼를 낳아 '꼬리가 기니까 잘라주세요' 하고 찾아오는 사람이 있다. 다른 사람에게 주거나 펫샵에서 인수 받을 때 꼬리가 길면 토이 푸들로서 '어쩐지 이상하기' 때문이다.

　토이 푸들을 받는 쪽도 새끼의 꼬리가 길면 '어라? 토이 푸들은 꼬리가 짧은 거 아냐?'라고 생각하게 된다. 오모테산도나 지유가오카(현재 한국의 상수동, 연남동 같은 젊은이들의 메카)에 데려가는데 꼬리가 기~다란 토이 푸들보다는 짧은 것이 더 잘 맞을 것이다. 이유는 그런 것들뿐이다. 갑자기 마음속에서 '모두 되도록 자연스럽게 두고 싶지 않은가요?' 라는 생각이 들곤 한다.

　꼬리를 자를 때는 생후 수일 이내에 국부마취를 한 뒤 가위로 싹둑 자르지만 그래도 아플 것이다. 자르는 순간 '끼잉―' 하고 소리를 낸다.

　주인이 뭔가 강력한 방침(policy)을 가지고 '잘라 주세요.'라고 말한다면 나는 상관하지 않는다. 하지만 거의 '자르고 싶다'고 내원하는 경우는 '기니까 뭔가 이상하다'는 정도의 이유가 다이다.

솔직히 말하면 정말 하기 싫은 일이다.

'하지만 어쩔 수 없어. 내 강아지가 아니니까.'
그렇게 생각하고 "해 두겠습니다."라고 말하곤 묵묵히 처치를 해서 보낸다. 보통 토이 푸들은 출산으로 한 마리만 낳는 경우는 거의 없고 3~5마리 정도는 가볍게 낳기 때문에 나는 3~5회 '끼잉-'을 들어야만 한다. 원래는 주인도 꼬리를 자르는 현장에 함께 있는 쪽이 좋다고 생각한다. 자신이 부탁한 처치가 어떤 것인지 잘 알아 두는 것은 중요하다.

"개가 자꾸 짖으니까 성대를 제거해 주세요." 하고 찾아오는 사람도 있다. 성대를 제거하면 강아지는 짖지 않게 되며 얌전해져 개 자체가 조용해질 거라고 생각하는지는 모르겠지만 실제로는 전혀 그렇지 않다. '카오 카오 카옥' 하고 쉰 목소리를 짜내며 죽을 힘을 다해 짖는다.

성대 제거 수술을 희망하는 견주에게 왜 그러길 바라느냐고 이유를 확실히 들은 후에 제거해도 짖는 버릇까지는 없어지지 않는다고 이야기해 준다. 그 다음에는 목소리라고 할 수 없는 소리로 계속 짖는 당신의 소중한 애견을 보고 있을 수 있는지 묻는다. 그러면 거의 모든 분들은 성대 제거를 그만두든지, 아니면 그런 시끄러운 잔소리를 하지 않고 묵묵히 수술해 줄 의사를 찾기 시작한다.

비슷한 케이스로는 사육하면서 위험하기 때문이라는 이유로, 원숭이나 미국너구리의 송곳니를 빼는 경우가 있다. 고양이는 발톱으로 가구 등을 긁기 때문에 발톱을 수술로 빼기도 한다. 애완동물이 사람 생활에 알맞지 않으면 안 된다는 것이겠지. 발톱을 빼고 잠시 동안은 발가락이 부어오르고 통증이 있기 때문에 정말 하고 싶지 않은 수술이다.

애완용 염소의 뿔을 자르기도 한다. 실내 사육을 하며 매우 사랑받으며 지내지만 집 안에서는 뿔이 위험하기 때문에 잘라주었으면 한다는 것이었다. 그렇다 하더라도 나는 도내 동물병원 중 한 수의사일 뿐이다. 물론 염소의 뿔을 자른 적은 없다. 이것도 '어떻게 하지' 하고 매우 고민한 뒤 일단 거절했다. 왜냐하면 내가 아니더라도 '염소의 뿔'에 관해 잘 아는 수의사 선생님이 어딘가에 있을 거라고 생각했기 때문이다. 그러나 여러 병원에 찾아가도 역시 해주는 곳이 없어서 다시 찾아왔기 때문에 받아들이기로 했다.

가축인 염소는 큰 펜치로 뿔을 뚝 자른다. 피가 쭉 나오기 때문에 그곳에 새빨갛게 달군 인두를 갖다 댄다. 통증으로 마구 날뛰거나 출혈로 죽기도 한다. 하지만 애완용 염소에게는 그렇게는 하지 못한다. 이때는 전신마취를 하여 외과용 톱으로 뿔을 절단한 뒤, 레이저로 지혈을 한다.

강아지 꼬리 자르기도, 원숭이 이 뽑기도, 또 염소 뿔 자르기도 결국은 사람의 사정에 맞추는 것이고 그것을 어디까지 동물에게 요구하느냐 하는 것은 여러 가치관이나 사고방식이 있다. 독일이나 덴마크, 네덜란드 등 유럽의 동물 권리를 인정하는 나라에서는 법률로 강아지 꼬리 자르기, 귀 자르기를 금지하고 있다. 그런 룰이 있다면 명확하겠지만 일본은 아직 그렇지 않다.

나는 동물을 애완동물로서 키우는 일 자체가 사람의 에고(ego)인 '업'이라고 생각한다. 기본적으로 초부자연적이며 동물에게는 부적합한 일이 산만큼 많다. 그러나 나는 그런 행위를 긍정하는 입장에도 부정하는 입장에도 있으려고 하지 않는다. 임상 수의사의 일은 반려동물의 주인이 '필요'로 하는 순간 필요해진다. 필요로 한다면 해 본 적도 없는 염소 뿔 자르기도 최선을 다해 방법을 생각해 낸다.

나의 직업은 사람의 업인 반려동물을 살리는 것이다. 단, 한 가지 말할 수 있는 것은 동물의 수명을 짧게 만드는 행위는 특별한 이유가 없는 한 (예를 들어 연명시키는 것이 동물에게 엄청난 고통을 수반하게 할 경우

등) 하지 않는다는 것이다.

  사람은 그래도 반려동물을 키운다. 나도 그런 '사람의 업'을 완전히 이용하고 있다. 이러니저러니 해도 '사람'이라는 틀에서 벗어나지 못하는 하나의 사람에 지나지 않으며, 사람 사회에서 살아가고 있고, 이후에도 그곳에서 벗어나지 못할 것이다. 유인원인 타잔이 될 것 같지도 않고....... 반려동물과 사람, 그리고 자연은 궁극적으로 상반하는 것이겠지.

제 4 장 생명을 '기르는' 것

🐕 주워 온 들새를 누가 키울 것인가

병원 2층에 있는 특수동물 입원실에는 원래 야생에 있어야 할 염주비둘기와 까마귀가 있다. 이것에는 그만한 사정이 있다.

때때로 상처를 입고 길가에 웅크리고 있는 들새를 주워서 병원에 데려오는 사람이 있다.

"선생님, 어떻게 안 될까요?"

정말 마음 착한 사람일 것이다. 그러나 새가 길가에서 날지 못하는 상태인 데는 그만한 이유가 있다. 임시로 복합 골절된 날개 뼈를 핀이나 와이어로 이어서 자연으로 돌려보내면 그만이다. 치료는 전부 무료로 하고 있다. 그러나 비상 능력을 가진 날개로는 돌아가지 못하는 경우가 많다. 병원에 데려가면 날 수 있게 될 거라고 생각할지도 모르겠지만 반드시 그런 것도 아니다. 평생 새장 속의 새가 된다.

"날 수 없게 되면 어떻게 하시겠어요?"라고 물어보면 "네? 전 그냥 주워 왔을 뿐인데요."라고 답하는 사람이 꽤 있다.

"날 수 없게 되면 주워 온 분에게 책임을 지고 키우도록 하고 있어요."

"어째서 제가 키워야 하나요? 전 새는 못 키워요."

"그럼 제가 대신해서 계속 키우라는 것인가요?"

"뭐 그렇게 되는 것이지요……."

"제가 사람들이 주워 온 새를 모두 보호하게 되면 병원은 들새 천지가 될 거예요."

이 같은 이야기를 나눈 후 "제가 키우겠습니다."라고 말하는 사람이 있는가 하면 "주워 왔을 뿐인데!" 하고 화를 내는 사람도 있다. 작은 생명을 주운 이상 스스로 그 생명에 책임을 가져야 한다. '불쌍하다'는 마음은 정말 훌륭하다. 일본이 풍요로운 나라라는 증거이기도 하다. 그러나 그 다음에 자신이 그 생명을 어떻게 할지 생각하는 것은 더욱 중요하다.

원래 들새는 날개가 부러지면 지면에 떨어져서 외부의 적에게 먹히거나 죽어서 흙으로 돌아가는 것이 자연의 섭리이다. 또 약한 개체가 죽는 것으로 그 들새의 개체군이 유지된다. 한 종류의 새만 늘어나면 먹이 쟁탈이 심해져 무리 전체의 힘을 약화시킨다. 확실히 한 마리의 생명은 불쌍하지도 모른다. 하지만 그 한 마리가 죽어서 다른 여러 생명이 구해지는 것이다. 혹시 한 마리의 들새가 불쌍하다고 생각된다면 그렇게 생각하는 사람이 책임지고 돌보든지, 그것이 싫다면 상처 입은 동물을 평생 동안 잘 보살펴 줄 사람이나 시설을 찾는 수밖에 없다. 냉정하게 들리겠지만 사람의 손에 들어온 생명에는 항상 책임이 따르는 것이다.

들새는 매년 5월경이 되면 자주 들새 새끼가 '아마 둥지에서 떨어졌다'며 '보호'되어 찾아온다. 하지만 그 중 9할은 '둥지를 떠난 새끼'라고 불리는 것으로 성인이 되기 위해 비행 훈련 기간 중의 새끼인 것이다. 부모 새는 멀리서 새끼를 잘 관찰하고 있으며 때때로 먹이도 가져다 준다. 병이나 부상을 입은 것도 아니고 둥지에서 떨어진 것도 아니다. 그 뜻을 설명해 주면 '부모 새의 모습이 보이지 않았다', '그렇다고는 해도 그대로 두면 뱀에게 잡아먹히고 만다'처럼 말한다. 자신의 행동을 정당화하고 싶은 것이다. 그러나 사람의 그림자가 있으면 부모 새는 모습을 감춘다. 둥지를 떠나는

하네다 공항에서 보호되어 온 매. 다행히도 건강해져서 하늘로 방사되었다.

길에서 보호된 호도애. 부러진 날개를 치료했지만 더 이상 날 수는 없게 됐다. 이 호도애는 일생을 우리 병원의 새장 속에서 보내야 한다.

'지붕 밑을 청소하다 보니 둥지가 있었는데 그건 좀 곤란해서' 라며 둥지째로 가져온 사람도 있다.

새끼가 뱀에게 잡아 먹혀도 뱀에게는 자주 먹기 힘든 성찬일 것이다. 만약 뱀은 그 새끼를 먹지 않으면 아사할지도 모르는 일이다.

따라서 둥지를 떠나는 새끼를 '보호'하는 것은 여러 가지 의미로 '유괴'와 마찬가지다. 이것도 들새의 생태를 모르기 때문에 그랬을지도 모르지만 교육에서의 이공계 기피 현상을 느끼지 않을 수 없다. 혹은 어릴 때부터 '생명의 평등'이라는 말만 들어와서 약해진 동물을 보면 '불쌍하다, 도와줘야지' 하고 생각하게 되는 것인지도 모른다.

참고로 병원에 있다고 한 호도애와 까마귀는 치료를 한 보람 없이 두 번 다시는 날지 못하게 되었다. 데리고 온 분이 "저희 집에서 기를 수 있는 준비가 될 때까지 병원에서 맡아 주세요." 라고 말하여 맡고 있다. 어느덧 1년 이상 맡고 있다. 엄청난 사육 시설을 준비하고 있을 것이라고 생각하며 나는 느긋하게 기다린다.

🐾 모든 생명의 무게는 같다……고 할 수 없다.

'동물을 기른다'거나 '사람과 동물과의 관계'라고 할 때 그 '동물'이 무엇을 가리키는지가 중요하다. 일본에서는 '동물'이라는 것은 다음 페이지의 그림처럼 카테고리화하면 대략 '야생동물', '사육동물', '야생동물도 사육동물도 아닌 동물'로 나뉜다.

'야생동물'은 곰이나 멧돼지, 참새 등 야생에서 살아가는 동물이다. '사육동물'은 사람이 지속적으로 관계를 가지는 동물을 가리키며 이것은 '산업동물', '실험동물', '애완동물', '사육되는 야생동물'로 분류할 수 있다.

사육동물 중 '산업동물'은 그 노동력이나 생산물(고기나 우유 등)을 사람의 산업에 활용하는 동물을 이른다. 말이나 소, 양, 닭, 양식 어류, 경주마 등의 가축이 포함된다. '실험동물'은 사람이나 다른 동물에게 새로운 약물, 기구 등을 사용할 경우 일단 먼저 다른 동물을 이용해 문제가 없는지 실험하는 동물을 가리킨다. '애완동물'은 사람이 기르는 사랑스러운 동물을 말한다. '사육되는 야생동물'은 교육이나 종 보존을 목적으로 한 동물원, 수족관의 동물, 혹은 상처 입어 보호받거나 어떤 이유로 계속적으로 사육되는 야생동물을 말한다.

'야생동물도 사육동물도 아닌 동물'은 예를 들면 일본에 이미 귀화된 외래종인 몽구스나 미국너구리, 뉴트리아 등을 말한다. 야생화 되어 있지만 원래 생식하지 않는 지역에서 생식한다는 의미에서는 들개나 들고양이도 이 카테고리에 해당될 것이다.

학교에서 동물의 생명은 소중하다고 가르친다. 그러나 생명이라는 의미에서 '야생동물', '사육동물', '야생동물도 사육동물도 아닌 동물'의 취급은 평등하지 않다.

많은 경주마는 뛰지 못하게 되면 처분되며 구제역에 걸린 소도 살처분

일본에서 사람과 동물의 관계

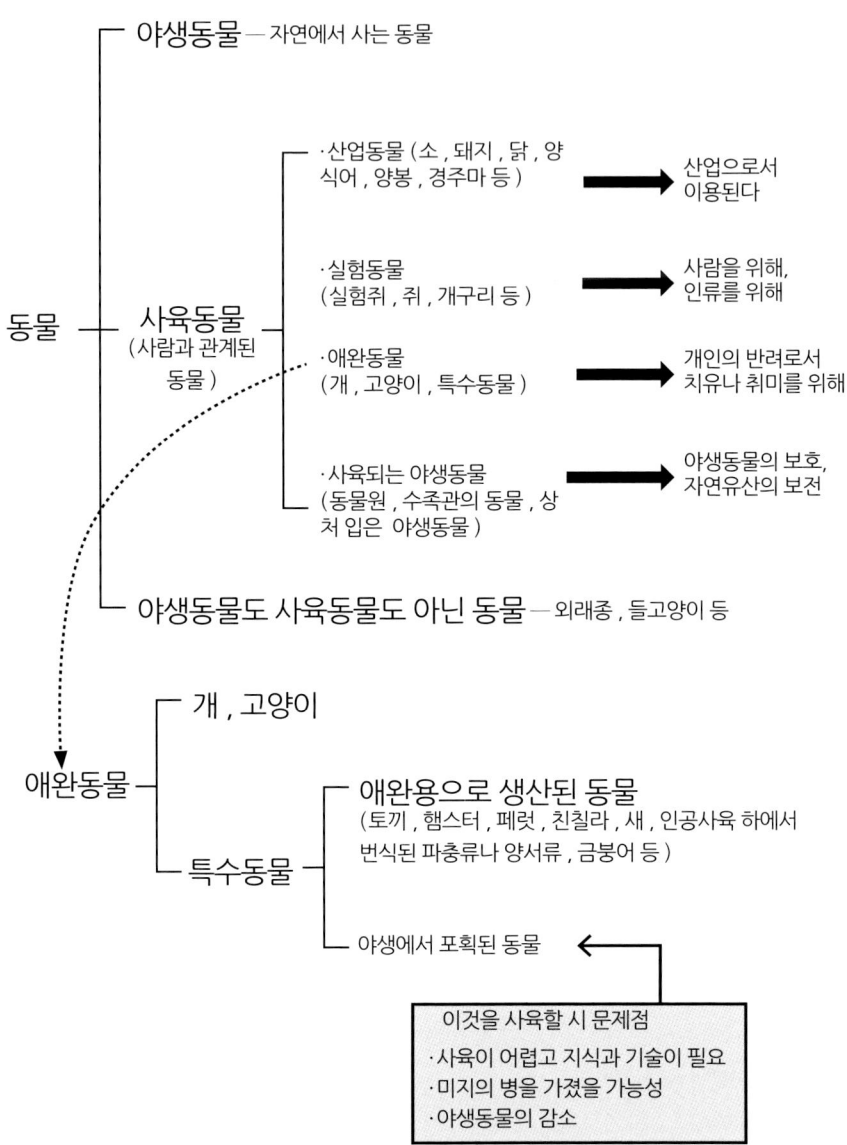

된다. 그것은 주위의 건강한 소를 병으로부터 보호하고 고기나 우유의 생산성을 유지하기 위해서 필요한 일이다. 그러나 사람이 불치병에 걸려, 설령 그것이 사람에게 옮기는 병이라 할지라도 생명을 빼앗기는 경우는 없다.

 실험동물은 사육 환경의 온도, 습도, 먹이, 물, 공기에 이르기까지 매우 엄밀히 관리된다. 이 혈통의 쥐를 사용하여 이 결과가 나왔다는 것을 보여주지 않으면 안된다. 애완동물의 혼교배처럼 혈통이 섞여 버리면 그 동물로부터 얻을 수 있는 데이터는 과학적인 의미가 없어지기 때문이다. 그리고 실험이 끝나면 그들은 죽게 된다.
 그러나 같은 쥐라도 사람에게 귀여움을 받는 쥐는 애완동물이 되며 수술도 받고, 병을 치료해서 하루라도 더 살도록 하는 것을 추구한다.
 오키나와에서 반시뱀의 퇴치를 위해 인위적으로 방사하여 귀화된 망구스는 실제로 반시뱀보다도 간단히 잡을 수 있는 얌바루 흰눈썹뜸부기 등의 재래 조수를 먹어버린다는 사실이 판명되어 현재는 적극적으로 구제되고 있다. 이처럼 생명은 평등히 취급되지 않는다.
 이전에 등딱지에 페인트로 '거북이입니다'라고 쓰인 공원 연못의 거북이를 보호하기 위해 공원을 관리하는 직원이 며칠이나 쫓아다녔던 일이 있었다. 하지만 수서 거북이의 등딱지는 탈피하여 자연히 벗겨진다. 냉정히 생각하면 '거북이입니다'라고 쓰여 있었다고 해도 본인은 알지 못하며 다른 거북이에게 웃음거리가 되는 일도 없다.
 거북이에게 그런 괴롭힘은 절대로 하면 안 되지만 문제는 그것만으로 공무원을 몇 명이나 포획에 투입한다는 것은 말이 안 된다. 며칠이나 쫓아다니는 편이 거북이에게는 스트레스이며 더구나 보호된 거북이는 연못보다 좁은 곳에서 길러지기 때문에 거북이의 복지적 관점에서 어느 쪽이 더 좋은지는 말할 필요도 없다.

그 반대로 이전에 초등학교에서 기르던 돼지를 먹느냐 안 먹느냐는 이야기가 문제가 되었다. 어떤 초등학교 4학년 반이 돼지 한 마리를 키우기로 했다. 이름을 짓고 급식의 잔반을 주며 애완동물처럼 애정을 가지고 예뻐했다. 6학년이 되어 졸업식이 임박한 어느 날, 의논 끝에 더 이상 키울 수 없다는 이유로 식육 센터에 보내기로 결단한다.

대부분 축산 농가 사람들은 돼지를 한 마리만 키우거나 이름을 지어서 애완동물처럼 대하지 않는다. 돼지에게는 돼지 전용 사료를 준다. 도축한다면 반년 정도 키우다가 출하한다. 음식으로서 돼지와 애완동물로서의 돼지가 혼동되어 구별하지 못한 예이다.

축산 농가처럼 효율적으로 사육하고, 좋은 고기를 만들기 위해 매일 아침부터 밤까지 열심히 일하며, 최종적으로 먹는 것을 목적으로 키운다면 이해할 수 있다. 하지만 자신의 아이에게 병아리를 사다 주어 '삐약이'라고 이름을 지어주고 매일 귀여워하다가 어느 날 병아리가 커졌기 때문에 먹자고 하는 것과 같은 것이다. 아이에게 그 사건은 잊을 수 없는 기억이 될 것이다.

식용 닭은 전용 시설에서 키워져 시기가 되면 식용 고기가 된다. 그것이 가축으로서 올바른 닭의 삶이며, 애완동물처럼 길러진 후 그것을 먹는다는 것은 생명의 귀중함을 배운다거나 목숨을 받드는 식생활 교육이라고는 말하지 못할 것이라고 나는 생각한다. 그것이 마치 미담처럼 이야기되는 면이 있다. 뭐라고 말할 수 없는 이야기다.

🐎 수의업계에서도 혼동되곤 하는 특수동물과 야생동물

'애완동물'이라고 한마디로 말하지만 수의분야에서는 '개와 고양이'와

그 외의 애완동물에 상당하는 '특수동물'로 크게 구분 짓는다. 또한 특수동물에는 '애완용 동물'과 '야생동물'이 있다.

전자는 토끼, 햄스터, 페럿, 친칠라, 새, 인공 사육 하에서 번식된 파충류나 양서류, 금붕어 등을 말한다. 이것들은 인공 번식에 의해 사람의 완전한 컨트롤 아래에서 생산되며 도망가지 않는 이상 야생 생태계에는 거의 영향을 주지 않는다.

우파루파도 그중 하나이다. 덧붙여서 우파루파는 상품명이며, 생물학적으로 호칭한다면 '멕시코 샐러맨더 유형성숙 개체'라고 말해야 한다. 유형성숙은 니오타니(neoteny)라고도 하며 신체적으로 아직 미숙하여 형태는 아이인 채로 번식하는 것이 가능한 동물계에서 손꼽히는 별종이다. 어떤 기회로 드물게 '제대로 어른이 되었다'고 그 트레이드 마크인 아가미가 들어가고 상륙하게 되며 도롱뇽 같은 전혀 다른 모습이 된다.

지식은 차치하고 이 우파루파는 사실 고향 멕시코에서는 멸종 직전의 아주 귀중한 동물이다. 워싱턴 조약(86쪽 참조)의 부속서 II에 들어가 있다. 하지만 번식 기술이 확립되고 대량으로 번식된 우파루파가 애완동물로 유통되고 있다. 따라서 이 종을 키우는 것은 법적으로는 전혀 문제가 없다. 마찬가지로 쥐목인 친칠라도 현지 안데스 지방에서는 멸종 위기에 처해 있고 이 또한 워싱턴 조약 부속서 I에 들어가 있다. 하지만 애완동물로 나도는 것은 100% 번식종이다.

그러나 이외의 '애완용 야생동물'은 야생에서 직접 포획된 개체이다. 사육이 어려운데다가 무분별한 남획이 계속되면 개체 수는 줄어들고 말 것이다.

지금 육지거북이는 인기 있는 애완동물로 여성 사육자도 많다. 그렇지만 그 대부분의 개체가 아직까지도 야생에서 온 것이다. 바로 몇 개월 전에 (혹은 바로 전 주일 경우도 있다!) 어슬렁어슬렁 대지를 걷던 것이 현지 사

남아메리카의 안데스 산맥에서 서식하는 쥐목 친칠라.

톱니별거북. 아프리카 칼라하리 사막에서 서식하는 매우 희귀한 육지거북의 일종.

보르네오의 정글에서 촬영한 100% 천연 모엠렌캄피 장수풍뎅이.

람에 의해 돌멩이 줍듯 주워져 큰 상자에 갇혀 일본에 보내졌다.

그것이 펫샵이나 홈센터에서 팔려 거리를 걷던 젊은 아가씨들이 '와~, 거북이 귀엽다! 그러고 보니 나 어릴 적부터 거북이를 좋아했어. 육지에서도 키울 수 있구나~ 채소를 먹는구나~ 와~ 좋다~~' 하며 키우게 된다.

당연히 별다른 공부도 하지 않은 채 인터넷의 정보를 그대로 받아들여 키우기 때문에 결국 병에 걸리고 만다. 그리고 병원에 와서 운다. 아니 일단 우는 제일의 포인트는 자연의 정든 집을 떠나 일본에 끌려온 시점이지 않을까 생각한다.

'특수동물 사육'의 옳고 그름에 대해 자주 질문 받는데, 그러한 물음에는 '특수동물을 기른다, 기르지 않는다'가 아닌 '진짜 야생동물을 키운다, 키우지 않는다'라는 의논이 필요하다.

하지만 실은 수의업계에서도 '특수동물'에서 '애완용으로 번식

시킨 것'과 '야생에서 포획한 것'이 있다는 것은 충분히 이해되지 않고 있다.

2011년에 많은 수의사가 모이는 큰 학회가 있었다. 내가 소속된 연구회도 강연을 위해 참가하게 됐다. 학회 신청서에는 '내과', '외과', '종양과', '안과', '비뇨기과' 등 다양한 카테고리가 있었으며 어느 분야에 해당하는지 동그라미를 치는 곳이 있었다. 그곳에는 '특수동물'은 없었고 굳이 가까운 것이라고 한다면 '야생동물' 혹은 '그 외'였다.

학회 사무국에서 "저희 연구회는 '그 외'입니까?" 하고 물어서 "'야생동물'일까요?" 하고 말했다. 내가 예정한 강연 내용은 '토끼의 질병'이기 때문에 '야생동물'은 아니었다.

일전에 어떤 신문에서 '야생동물을 애완용으로 키우는 것에 반대한다.'는 광고가 게재되었다. 여기에는 '애완동물로 적합하지 않은 다양한 외래생물'이 애완용으로 사육되는 것에 대한 문제를 말하고 있었다.

그 '애완동물로 적합하지 않은 외래종'으로 들 수 있는 것은 '희귀한 포유류, 파충류, 또 투구벌레, 하늘가재 등의 곤충류나 열대어' 등이 있다. 이런 것들을 키우는 것은 '선조들의 심려를 무시한 채 사람 본래의 욕망으로 키우는 풍조'이며 '동물 유래의 치사율이 높은 새로운 질병이 발생하는 것도 배제할 수 없다', '동물 학대와 이어지는 동시에 자연 섭리를 무시하고 많은 사람들에게 피해를 주는 행위밖에 되지 않는다'고 말한다.

말하고자 하는 것은 어쨌든 이해할 수 있다. 그러나 그런 간단한 표현으로는 사람들에게 희귀한 포유류나 파충류 전부가 야생동물이라고 오해할 만한 인식을 심어줄 수 있다.

질병의 발생 가능성이 있기 때문에 키워서는 안 된다고 연결 짓는 생각은 '냄새나는 물건에 뚜껑을 덮는다'는 이론에 지나지 않는다고 생각하는 것은 나쁜일까? 요즘 장수풍뎅이나 하늘가재, 열대어 등의 다수는 완전히 양식된 것으로 사육 설비도 꽤 충실히 갖춰져 있다. 기르는 것 자체가 학대로 이어지고 자연의 섭리를 무시하는 것이며 기르는 것은 선조의 심려를 무시한다는 것이라는 논지에 이론의 비약은 없는 것일까?

야생동물을 키우는 경우의 위험성

그렇다고는 해도 최근 동물유래감염증이 화제가 되는 경우도 많기 때문에 그것에 대한 리스크 관리는 필요하다. 동물유래감염증은 인수공통감염증이라고도 하고 주노시스(Zoonosis) 라고도 한다. 이것은 최근에 시작한 이야기가 아니라 예전부터 있었던 문제이다. 가까운 동물에게서 옮는 병은 많이 있다. 강아지나 새끼 고양이가 잘 걸리는 피부사상균증이라는 곰팡이 질환은 밀접하게 접촉하는 사람에게 옮긴다. 증상은 피부가 빨갛게 되는 것이지만 감염된 사람이 죽는 일은 없다.

최근에 개와 고양이의 캡노사이트퍼거(Capnocytophaga canimorsus)이라는 세균을 원인으로 한 새로운 감염증이 화제가 되었다. 이 질병은 동물(주로 개나 고양이 등)의 구강 내에 상재하며 물리거나 할퀴면 감염된다. 면역력이 저하된 사람 등이 감염, 발증하면 사망률은 30%에 이른다. 거북이가 살모넬라균을 가졌다는 사실은 유명하지만 거북이만이 아니고 소, 돼지, 닭 등은 10~30%, 개나 고양이는 3~10% 비율로 보유한다는 보고도 있다. 확실히 아이가 연못거북을 입에 넣거나 한다면 살모넬라증으로 설사나 발열, 최악의 경우에는 죽음에 이를 것이다. 그 때문에 미국에서는 FDA(식품의약국)가 아이의 입에 들어갈 만한 4인치 이하의 작은 거북이의 판매를 금지하고 있다.

특수동물, 특히 잘 알지 못하는 특수동물은 동물유래감염증의 위험성에 대해 이해해 둬야 한다. AIDS의 원인인 사람면역결핍바이러스(HIV)는 아프리카 원숭이가 기원이라고도 하며 SARS(중증급성호흡기증후군)는 유라시아 대륙에 분포하는 박쥐의 일종이 자연 숙주라고 추측된다. 본래 자연 숙주의 신체에서는 병원성을 보이지 않는 병도 다른 동물, 예를 들면 사람에게 감염되면 병원성이 발현되기도 한다.

따라서 가능성이 낮다고 해도 야생동물을 사육할 때는 이런 위험을 충분히 이해한 뒤에 사육을 시작해야 한다. 그러나 확률론으로 말하면 평소 접촉할 확률이라고 해도 사람의 병은 사람에게서 옮을 가능성이 더 높다. 바꿔 말하면 혈통을 알 수 없는 상대에게 유혹되어 충동적으로 하룻밤을 보내는 사람이 훨씬 더 위험할 것이다.

그 또한 포함하여 잘 생각한 뒤 특수동물을 키워야한다. 특수동물 사육에서 try&error는 용납되지 않는다. 여행자제지역이나 가이드북이 없는 장소에 해외여행을 가는 것과 마찬가지다. 자신의 책임은 스스로 짊어질 수밖에 없다. 언제나 상대를 잘 알고 상식적인 거리를 유지하는 것은 중요하다. 특수동물은 초심자가 키워서는 안된다.

하지만 '애완동물로 적합하지 않은 외국산 야생동물'도 이전에 비해 시장에 유통되는 종류는 꽤 줄고 있다. 최근에는 페스트를 매개하는 프레리독의 수입이 금지되었다. 프레리독에 열심인 애호가도 많고 수입 재개를 바라는 사람들도 많다. 하지만 현 상태로는 어려울 것이다. 박쥐나 여우, 야생 쥐목도 동물유래감염증을 가지고 있을 수 있어서 수입에 규제가 걸렸다. 또 사람에 가까워 같은 병에 걸리는 애완용 원숭이의 수입도 멈췄다. 현재 원숭이가 팔린다면 그것은 계속 일본에서 키워졌거나 인공 번식된 개체, 혹은 밀수 중 하나일 것이다.

1990년 초쯤은 특수동물 버블이라고 불리던 시대였다. 그때는 호랑이꼬리여우원숭이에 피그미마모셋(세계에서 가장 작은 원숭이), 나무늘보, 아르마딜로에 스컹크 등 동물원에서만 볼 수 있는 상당히 보기 드문 '특수동물'이 일반적으로 팔렸다. 하지만 진짜 '특수동물'은 매우 악취가 나거나 특수한 것만 먹거나 결코 친해지지 않거나 하여 키우는 것이 힘들고 어려워서 극히 일부 사람밖에 키우지 못했다.

　그것을 알고 펫샵에서도 팔리지 않는 동물은 점점 취급하지 않게 됐다. 그래서 지금 일반적으로 팔리는 동물은 그런 규제나 시대의 풍조를 받아들여 어느 정도 걸러지고 남은 것들이 많다. 이렇듯 우리들 개인이 걱정할 것까지도 없고, 사회에 의해 어느 정도 판별되어 갈 것이다.

　애초에 야생동물을 기르는 것의 옳고 그름에 관하여 말한다면 아마 키우지 않는 편이 낫다고 나는 생각한다. 또한 사고방식으로는 두 가지가 있는데, 사람은 지구 안에서 어떤 위치이냐는 이야기가 된다. 생태계 피라미드 중 하나라고 생각한다면 야생동물을 키워선 안 된다. 그러나 사람은 초월한 존재로 자연 생태계 따위는 고려하지 않고 키우고 싶은 것은 키운다는 생각이라면 그것은 '사람의 업'일 것이다. 어쩔 수 없는 것이라고 생각한다.

　나도 여러 동물을 키웠고 지금도 키우고 있다. 그것은 동물을 매우 좋아하기 때문이지만, 기본적으로는 사육 중에 늘어난 동물을 키운다든지 너무 별난 생물은 키우지 않도록 하고 있다.

　흔히 야생동물을 소중히 하자거나, 보호하자고 말한다. 하지만 보호하는 것도 하지 않는 것도 사람의 생각에 지나지 않는다. 또 '키운다, 안 키운다'는 것도 사람만의 사정이며 야생동물에게는 괴로운 이야기일 뿐이다. 그들에게 혹시 감정이라는 게 있다면 '이제 와서 그런 말해도 늦었어.'라고 생각할 것이다. 야생동물은 절대 사람을 받아들이지 않는다. 그렇다면 사람은 사람대로 모순투성이이지만 그 '업'을 일관할 수밖에 없다고 생각한다.

'귀여워~!' 하고 안이하게 길렀다가 영양실조에 걸린 슬로로리스

본래 야생동물을 사육할 경우에는 그 동물이 야생에서 포획되어 왔다는 사실을 인지한 후에 제대로 보살펴야 한다. 그러나 신기하다는 이유로 충분한 지식도 없이 키워서 병에 걸리게 하여 병원에 오는 사람이 아주 많다.

슬로로리스 등이 그렇다. 너무나 귀여워서 TV에 나오기도 한다. 슬로로리스는 인기를 끄는 여성 탤런트가 키운다고 하여 인지도가 더욱 올라갔다.

그러나 슬로로리스는 2007년에 '사이테스(CITES) I 종'으로 등록되었다. '사이테스'란 정식명칭을 '멸종 우려가 있는 야생동식물 종의 국제 거래에 관한 조약'이라고 하며 '워싱턴 조약'이라는 명칭이 더욱 알려져 있다. I 종에서 III종까지 순위가 있으며 I 종에 등록된 동물은 학술 목적 등 일부 예외적인 이유를 빼고 국제 거래가 금지된 것이다. 그러므로 슬로로리스는 자이언트판다나 오랑우탄과 같이 취급하며 국제 거래가 엄격하게 규제되고 있다.

단, 인공 사육 하에서 번식된 개체는 증명서가 있으면 상거래가 가능하다. 그래서 밀수된 것을 번식 개체로 속여 판매하기도 한다.

이전에 이런 개체는 다양한 종류의 특수동물을 키우는, 극히 일부의 '특수동물 마니아'가 몰래 소중히 키웠다. 그랬던 것이 지금은 슬로로리스도 대중화 되어 탤런트가 아무렇지도 않게 TV에 데리고 나오곤 한다. 그리고 그것을 본 젊은 여성이 '귀여워~!'라며 펫샵에 사러 간다. 가격은 20만~30

만 엔 정도이다. 저렴하지도 않지만 그렇다고 살 수 없는 금액도 아니다.

펫샵에 가면 대부분 '이건 일본에서 태어난 것입니다.'라고 말하지만 사실은 알 수 없다. 슬로로리스는 한 번에 한 마리나 두 마리밖에 새끼를 낳지 못한다. 매우 인기가 많은 특수동물이지만 펫샵 앞에 늘어설 만큼 번식 공급이 충분한 것인지 의문스럽다. 지금 당신이 키우고 있는 슬로로리스에게 등록 증명서는 있는가? 아마 전 세계에서 슬로로리스를 애완동물로 가장 많이 소유한 나라는 일본일 것이다. 구매자는 가게에서 파는 것이니까 의심 없이 산다. 어쩔 도리가 없는 일인지도 모르지만 더욱 안타까운 일은 생태 조성도, 키우는 방법도 모르는 채 구입하는 사람이 많다.

그리고 귀여운 원숭이니까 '귀여운 먹이'만 먹는다고 생각해서 바나나 등의 과일밖에 주지 않는다. 그러나 야생에서의 슬로로리스는 도마뱀이나 메뚜기를 머리부터 통째로 씹어 먹는다.

'귀여운 먹이'만 계속 주다 보면 영양실조에 걸려 병원에 찾아오게 된다. 이것은 최근에 유행하는 유대하늘다람쥐도 마찬가지다. 유대하늘다람쥐도 야생에서는 벌레 등을 잡아먹으며 먹이의 약 30~50%는 동물성 단백질을 섭취한다. 그러나 역시 외형이 너무나 귀여워서 과일과 견과류만 줬다는 사람들이 많이 찾아온다. 그럴 땐 '먹이 선택이 완전 틀렸어!'라고 속으로 생각한다. 게다가 이른바 하늘다람쥐는 설치류 다람쥐과이지만 유대하늘다람쥐는 유대류 유대하늘다람쥐과로, 캥거루와 더 가깝다. 영양실조 때문에 뼈가 굽는 구루병에 걸린 환자가 끊이지 않는다.

이런 동물을 키우는 사람에게는 그런 동물이 야생에서 메뚜기 등을 잡아먹는 사진을 보여준다.

"식용 귀뚜라미 같은 벌레도 꼭 주셔야 합니다."

"무리예요! 절대 못하겠어요!"

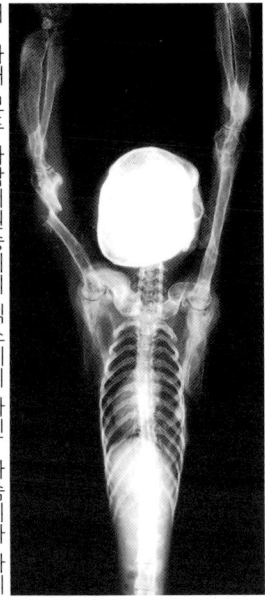

위, 아래 모두 다람쥐원숭이의 엑스레이 사진. 가슴이나 다리의 뼈는 부풀어 숭숭 구멍이 나 있다. 골반도 원형이 남아 있지 않다.

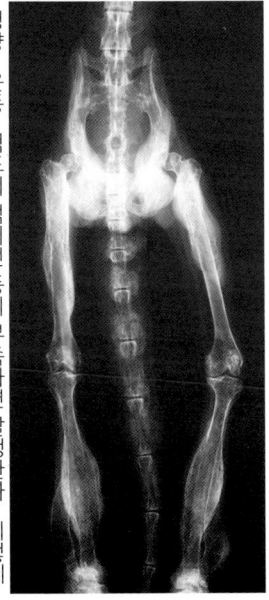

영양, 운동, 적도의 적외선 등이 부족하면 발생한다. 이렇게 된 뼈는 원래대로 되지 않는다.

슬로로리스는 동남아시아에 분포하는 원원류의 일종이다. '다람쥐'가 아니라 원숭이의 일종이다.

제왕절개로 낳은 생후 5분 된 다람쥐원숭이의 새끼. 적절하게 사육한다면 번식도 가능하다.

슬로로리스나 다람쥐원숭이는 야생에서 과일보다 곤충류를 더 많이 먹는다. 이것은 식용 귀뚜라미 캔.

제 4 장 생명을 '기르는' 것   87

"이런 특수한 동물을 기르려면 당신도 냉장고에 귀뚜라미 캔을 평범하게 넣어두는 특수한 사람이 되어야 합니다."

혹은

"귀뚜라미가 싫다면 최소한 유대하늘다람쥐 전용 먹이를 급여하세요."

"아, 그거라면 줬는데요. 싫은지 전혀 먹지 않네요……"

이런 대화가 일상적으로 일어난다.

'XX야 미안해.'라며 눈물을 보이며 사육에 더욱 최선을 다하려는 사람이 있는 반면, '못해요!'라고 우겨대며 두 번 다시 찾아오지 않는 사람도 있다.

야생동물은 귀여운 외모와는 달리, 키워보면 흉포해서 감당하기 힘든 경우도 있다. 특히 원숭이는 표정이 풍부하여 무언가 초월한 귀여움이 있기 때문에 그런 사랑스러운 모습이 독신 여성의 마음 속 빈틈에 확 들어와 '한 번 키워 볼까?'라는 생각이 들게 만든다.

그러나 실제로는 바로 달려들어 물고 화장실은 기억하지 못한다. 물리고 물려도 매일 신경 써주지 않으면, 안거나 쓰다듬을 수 있는 베타적응상태가 되기 힘들다. 길들여지지 않으면 재미도 없고 관리도 못하게 되어서 결국 우리에 가둔 채 지내게 된다. 우리 병원에 내원한 다람쥐원숭이 중 몇 마리는 우리에 갇혀 있어서 근력도 저하되고 바나나만 먹어서 구루병에 걸려 등뼈가 구불구불 휘어 있었다.

원숭이가 너무 난폭해서 목줄을 빼지 못했는데, 그대로 점점 몸집이 커져서 병원에 찾아온 사람이 있었다. 마취를 한 뒤 목줄을 벗겼지만 꽉 조였던 탓에 목 부분은 근육까지 푹 패여 있었다.

원숭이 사육은 매우 어렵다. 지능도 높고 입체적으로 움직이기 때문에 넓은 장소도 필요하다. 나는 어떤 원숭이 조련사가 기르는 원숭이의 주치의여서 그 연습장에 왕진하러 간 적이 있다. 그곳에서 사람과 동물이 대등하게, 정말 목숨을 걸고 매일 엄격한 연습을 거듭하는 모습을 보았다. TV에 나오는 기예를 하는 원숭이들은 사육된 원숭이 중에서 최고의 선수인 것이다. 당연히 일반인이 기를 수 있는 것이 아니다. 자신의 생활 대부분을 희생할 정도의 각오가 필요한 것이다.

동물 사육에는 단계가 필요하다

일본은 원숭이 등에 한정하지 않고 돈을 내면 누구나 어떤 특수동물이라도 살 수 있는 상황이다. 태어난 이래 금붕어조차 키워본 적 없는 사람이 갑자기 사육하기 까다로운 카멜레온을 사거나 강아지를 만져본 적도 없는 중학생이 '강한 개가 갖고 싶어!'라며 핏불을 선택하기도 한다. 그러나 핏불은 미국의 일부 주나 영국, 덴마크 등에서 사육이 금지된 동물이다. 독일에서는 주에 따라 투견 사육 규제, 사육에 대한 면허제 등을 도입하고 있다.

한편 일본은 사람에게 위해를 가할 수 있는 동물에 대해서 동물애호법의 '특정 동물의 사육·보관허가제도'라는 것이 있어서 사육에 대해 규정이 법률로 정해져 있지만 현재 단계에서는 그 효과나 유효성이 충분히 발휘된다고 하긴 힘들다.

보아라는 남미산 뱀도 '특정 동물(위험한 동물)'에 지정되어 있다. 보아 뱀을 사육하려면 정부기관의 허가가 필요하며 엄격한 사육 설비를 준비해야 한다. 그러나 보아 뱀은 얌전한 성격을 가진 개체가 많아서 만약 도망쳤다고 해도 사람을 살상하는 능력은 매우 낮다. 하지만 핏불이 도망쳐서 사람을 문다면 경우에 따라 죽음에 이를 수도 있다. 실제로 도사견으로 인한 사망사건이 일어나지만 이런 개를 키우는 것은 법률로 규제되어 있지 않다.

'사육'은 기술이다. 생물을 키우는 감각은 어렸을 때 금붕어 등으로 먼저 시작하여 귀찮더라도 물을 갈아주고 잘 돌봐주지 않으면 결국 죽어버린다는 것을 체감하면서 생기는 것이다. 그렇지 않고 아무것도 키워본 적 없는 사람이 성인이 되어 갑자기 2개월 정도의 어린 강아지를 키우기 시작하면 인터넷에서 강아지 사료는 아침, 밤 2번 주면 된다는 정보를 있는 그대로 받아들이고 만다. 어린 강아지도 사람의 아기처럼 하루에 몇 번씩이나 먹이를 주어야 한다. 그런 것을 하루에 1~2번 밖에 주지 않으면 당연히 저혈당을 일으켜 쓰러지게 되는 것이다.

사육에는 단계와 경험이 필요하다. 면허는 아니더라도 예를 들어 금붕어부터 시작해서 치와와를 잘 키웠다면 시베리안 허스키를 키워도 된다든지, 시베리안 허스키를 제대로 키울 수 있다면 핏불까지 키워도 된다는 식으로 말이다. 그런데 개를 전혀 키워본 적 없는 사람이 갑자기 핏불을 키운다는 것은 장롱면허를 가진 사람이 람보르기니 스포츠카를 몰고 다니는 거나 마찬가지다. 몰면 안 된다는 법은 없지만, 몰지 않는 편이 낫다.

충동적으로 구매하는 것이 가장 위험하다. 차는 충동적으로 사도 차에게 피해를 주진 않지만 생명은 매일 살아있는 것이다. 충동적으로 구매해서 제대로 돌봐주지 못한다면 한 생명에게 피해를 주는 것이며, 결국 키우는 사람 또한 피해를 받게 된다.

🐕 '친숙해지는 것'과 '익숙해지는 것'은 기본적으로 다르다

몇 번이나 설명하는 것처럼 특수동물은 일반적으로 키우기 힘들다. 특수동물은 때때로 갑자기 허무하게 죽어버리곤 한다. 특수동물의 대부분은 대자연의 작은 생태적 환경에서 오밀조밀하게 살아간다. 따라서 환경이나 식량에 대한 집착이 강하며 궁극적으로는 그 생태계 안에서밖에 살아갈 수 없다.

'아무리 환경이 안 좋아도 힘내서 살아가자!'가 아니라 '이렇게 환경이 열악하다면 죽게 된다고~'가 되는 것이다. 특히 희귀한 파충류나 양서류 등은 거금을 들여 샀는데 한 번도 먹이를 먹지 않아 죽는 경우가 있다.

또 가축 중 초식동물인 토끼도 오늘 건강히 밥을 먹었어도 다음 날 갑자기 죽기도 한다. 아마 생명력(이런 때만 비과학적인 표현을 사용해서 죄송하지만)이 약하며, 약점을 보이면 육식동물에게 잡아먹히기 때문에 아슬아슬하게까지 보통처럼 행동하는 것이라고 생각한다. 그래서 키우는 사람도 우리 수의사들도 토끼에 대해서는 항상 '죽음과 이웃하는 느낌'이 강하다.

햄스터는 몸이 작기 때문에 급격한 환경의 변화를 견디지 못한다. 더운 여름날 혹은 추운 겨울날, 에어컨을 반나절 밖에 틀지 않는 방 안에 두는 것만으로 열사 혹은 동사해 버리는 경우가 흔히 있다.

그럼 키우기 쉬운 특수동물은 없느냐고 묻는다면, 물론 있다.

인공 번식으로 태어난 뱀이다. 사료는 냉동 생쥐면 된다. 일주일이나 2주에 한 번 해동한 먹이용 쥐를 주고, 물을 주면 된다. 평생 그것만으로도 20년 정도는 가볍게 산다. 대변도 사료와 마찬가지로 2주에 한 번 정도밖에 배출하지 않는다.

게다가 뱀은 수조에서 살아가도 좁다고 느끼지 않는다. 번식 시즌에 수컷과 암컷을 함께 두면 바로 교미를 하여 알을 낳는다.

타란툴라도 종류를 고를 수 있다면 사육하기 쉬운 동물이다. 타란툴라는 독거미로 유명하지만 실제로는 맹독성이 아니며 타란툴라로 사람이 사망한 정식 기록은 없다. 미국이나 독일에서는 매우 인기가 높은 애완동물이다.

　먹이는 일주일에 한 번 정도 귀뚜라미를 휙 넣어준다. 그 다음은 그냥 보면서 귀여워하면 된다. 타란툴라는 자신을 보고 있는 것조차 알지 못한다. 그러나 '친숙해지는' 일은 없다. 기껏해야 사육되는 것에 '익숙해지는' 것일 뿐이다. 나도 2mm 정도의 타란툴라를 구입하여 3년 걸려 20cm까지 키웠다. 참고로 수명은 20년 정도 된다. 오만한 생각일지도 모르지만 생물학적으로 보아도 아마 뱀이나 거미는 평범하게 사육하기만 하면 별로 스트레스를 받지 않는 것 같다.

　흔히 뱀이나 거미에 대해 '친해지나요?'라고 묻는 사람이 있지만 대답은 '친해지지 않아요.'이다. 혹은 '애초에 친해질 것 같다고 생각하면 안돼요.', 하지만 조금씩은 '친해진다'고 이야기하기도 한다. 친해지기만 하는 것이 애완동물이 아니라는 것을 알고 있다면 자신의 성격이나 라이프스타일에 맞는 애완동물을 찾는데 도움이 될 것이다.

　그렇기는 하지만 친밀해지는지의 요소를 원하는 사람이 많다. 뱀도 여성이 키우면 찰싹 달라붙는다고 한다. 큰 뱀은 머리가 좋아서 주인이 다가오면 뱀도 스윽 다가오는데, '먹을 것 없어~'라고 말하면 스윽 돌아간다고 한다.

　카멜레온도 여성에게 인기가 있는 특수동물이다. 들어 올려서 팔에 올려 놓으면 발톱을 세워 꽉 잡아 원래는 매우 아프지만 주인을 잡을 때는 적당히 덜 아프게 잡는다고 한다. 그러나 그것은 단지 주인이 그들을 다루는 법에 '익숙해져' 있기 때문일 것이다. 카멜레온도 마음 편히 잡히니까 굳이 발톱을 세우지 않는 것일지도 모른다. 뱀도 실은 언제나 먹이를 주는 사람을 인식하는 것만으로 '익숙해져' 있는지도 모른다.

　커뮤니케이션을 하기 힘든 특수동물이어서 키우는 사람 중에는 스토커처럼 동물을 계속 보고 있는 사람도 있다. 그렇게 하면 어떤 동물이냐에 따라서 누군가 보고 있는 것에 큰 스트레스를 받기도 한다. 토끼는 원래 큰 동물의 눈에 띄는 것을 꺼려한다. 매가 자신을 노리고 있는 듯한 느낌을 받기 때문이다. 그래서 병으로 허약해져 있을 때는 최소한으로만 다루고 가만히 두는 것이 좋다.

계속 지켜보며 만지는 것은 주인이 안심할 수 있는 행동이지, 동물에게는 힘든 일이 될 수 있다. '가만히 둬 보죠.'라고 말해도 가만히 두지 못해서 건들면 건들수록 동물은 싫어한다. 그야말로 스토커인 것이다.

이렇게 말하는 나도 초등학교 시절 소중히 길렀던 일본얼룩배영원을 괴롭히다가 넘어뜨려 죽인 적이 있다. 겨울이 되어서 동면하게 해야 한다고 생각하여 흙이 들어간 수조에 넣었지만 숨어들지 않았다. 당연히 바로 들어가지 않는 것인데, 들어가는 모습을 보고 싶어서 구멍을 파 묻어주거나 하면서 만지작거리던 사이 결국 그 영원은 죽고 말았다. 내 기억에 강렬히 남은 것은 배를 뒤집은 영원이 죽음으로써 나에게 호소한 것이다. 그 일로 배운 것은 영원이 내 생각처럼 흙으로 들어가지 않아도 냉정히 눈으로 동물을 관찰하고 자신의 욕구를 참아야만 한다는 것이다.

조금 거친 말이지만 강아지와 고양이의 '사육'은 다소 엉성해도 괜찮다. 먹이는 시판 전용 사료를 주면 되고, 오늘 건강하다면 내일도 대부분 건강하게 있어 준다. 젊고 건강한 강아지가 어느 날 갑자기 상태가 나빠져 반나절 만에 죽는 일은 어지간한 일이 없는 한 일어나지 않는다. 만에 하나 갑자기 상태가 나빠져도 근처 동물병원에 빨리 데려가면 된다.

그 대신 접하는 시간이 많이 필요하고 보다 많은 커뮤니케이션을 해야 한다. 개와 사람은 옛날부터 함께 해 온 벗이다. 고양이는 사람 사회와 떼려야 뗄 수 없는 존재로 공존해 왔다. 개와 고양이는 애완동물로서 다양한 부분에서 안정되어 있다고 할 수 있다. 개와 고양이와 사람의 긴 역사를 애완용 특수동물은 쉽게 넘지 못한다. 아쉽지만 기본적으로 개와 고양이 대신이 될 수 없다는 것이다.

🐾 생명을 '기르는' 것

애완동물을 기르는 일은 동물을 제대로 된 하나의 생명으로서 보는 것이다. 당연한 말이지만 애완동물은 물건이 아니고 사람이 생각하는 것처럼 동물이 생각하지도 않는다.

귀여워해 주며 애정을 쏟는 게 중요하고 그것이 때로는 치료 이상이 되기도 한다. 그러나 애완동물을 생물로 보지 않고 사람의 방자한 상상으로 '우리 아이는 이렇게 생각하고 있을 거야.' 라고 말한다면 상황이 이상해지는 것이다.

예를 들어 육지거북이를 사육하는 사람이 "케이지를 덜컹덜컹 흔드는데, 나가고 싶어 하는 것 같아요."라고 말한 적이 있다. 시중에 팔고 있는 대부분의 육지거북이는 야생에서 온 개체다. 최근까지 벽이 없는 대지를 걷던 거북이이기 때문에 유리에 부딪치면 앞으로 나가려고 덜컹거리는 것이다.

그 중에서는 출구를 기억하고 있어서 나가고 싶어 할 때도 있을지 모른다. 하지만 대부분은 단순히 투명한 유리의 의미를 알지 못하고 앞으로 나아가려고 하고 있을 뿐이다. 그것을 보고 "나가고 싶어 하는데 왜 그러는 거죠?"라고 묻는 것은 '상상력이 지나치지 않나?' 하는 생각이 든다.

바로 수치화하려는 사람도 있다. 토끼의 대변이 오늘은 몇 알이었다든가, 거북이가 먹은 먹이가 "어제는 25알이었는데 오늘은 20알이에요. 괜찮나요?"라든지 말이다.

특수동물의 '죽음과 이웃하는 느낌'으로 인해 주인이 대변까지 세어 두려는 마음은 이해한다. 그러나 수치를 보면 확실히 어제와 달라도, 동물을 하루하루 관찰한다면 그것이 이상한지 어떤지는 구별할 수 있을 것이다. 상대는 아날로그적인 존재인데 그것을 디지털로 변환하는 사고방식을 강요하는 것은 정말로 동물을 위한 일이 아니다.

요전에 날개를 쥐어뜯는 새가 찾아 왔다. 큰유황앵무라는 커다란 잉꼬인데, 12년 동안 키웠다고 한다. 그중 10년간은 문제가 없었는데, 2년 전부터 개와 고양이를 키우기 시작하며 풀어놓고 키우던 것을 케이지 사육으로 바꿨더니 날개를 쥐어뜯게 되었다는 내용의 상담이었다. 다른 병원에서는 날개를 건들지 못하도록 목에 고리를 씌우고 비타민제를 처방받았지만 스트레스 원인을 제거하지 않는 한 치료하기 어려웠을 것이다.

친한 조류 전문의에게 상담해보니 사실 이 날개를 뜯는 행위는 스트레스 해소의 일종으로 뇌 안에 각성물질이 나와 쥐어뜯는 것이 본인에게 매우 기분 좋은 일이라는 것이다. "이른바 자위행위인 거야. 그러니까 그만두게 하면 불쌍한 거잖아."라는 이야기를 들었다. '주인이 생각하는 것'과 '동물이 생각하는 것'은 반드시 일치하지는 않는 것이다.

동물을 키운다면 좋은 것도 나쁜 것도 모두 포함해서 현실과 마주하지 않으면 안 된다. 학교에서 사육되는 토끼나 닭이 때때로 문제가 되는 경우가 있다. 교내 구석의 햇빛이 잘 들지 않는 사육 가옥에서 키우는데, 왜인지 월요일에 사망하는 비율이 높다고 한다. 토요일은 수업이 없으니까 금요일에 먹이를 수북이 두고 간다고 한다.

원래는 토요일이라도, 여름방학이라도 생명에는 쉬는 날이 없으니 키우고 있을 때는 매일 누군가 당번으로 가보아야 한다. 이런 식으로는 '자신이 쉴 때는 전날에 먹이를 많이 두면 된다'고 어릴 때부터 가르치는 것 밖에 되지 않을 것이다.

'살아 있는 것을 키우는 건 힘든 일이야. 이것이 현실이야.'라는 것을 가르쳐야 하는 선생님들도 초등학교 시절에는 같은 경험을 해 온 것이다. 그렇기 때문에 '금요일에 물과 먹이를 많이 두고 월요일에 돌봐주자'는 것이 자연스러운 흐름이 된 것이다. 이렇게 계속 같은 일이 반복된다면 과연 학교에서 동물을 키우는 것이 생명의 소중함을 배우는 교재가 되는 것일까?

　동물은 아무리 애정을 쏟아서 키워도 수명은 대부분 사람보다 짧다. 어떤 동물도 작을 때는 귀엽고 즐거운 일뿐이다. 하지만 몇 년이 지나서 늙으면 머지않아 수명이 다한다. 체력도 쇠퇴하고 병에 걸리기 쉬워진다. 암에 걸리기도 한다. 병에 걸리면 안쓰러운 모습도 봐야 하고 돈도 든다. 이런 모든 현실을 감수할 마음가짐이 없다면 키우지 않는 것이 낫다.

　'더 장수할 수 있으면 좋은데……'라는 말을 하는 사람이 있다. 그 기분은 아주 잘 이해한다. 하지만 순서가 바뀌었다. 그 정도로 수명이 짧은 것을 키운다는 사실을 처음부터 고려하고 와야 할 시간이 오면 우왕좌왕하지 않도록 자신이 어떻게 하고 싶은지를 생각해 두어야 한다.

제 5 장 거북이의 수술 방법과 동물의 결석

🐢 거북이의 생식기를 가위로 싹둑!

"선생님! 우리 거북이 엉덩이에 뭔가 이상한 것이 튀어나와 있어요!"
"아아, 이건 거북이의 생식기예요."
"앗...... 어쩌면 좋죠?"
"그러네요. 이 생식기는 이미 죽어가니까 절단해야만 합니다."
"절단이라니, 절단해도 괜찮은 건가요?"
"전혀 문제없습니다. 살아간다고 하는 의미에서는요."

보통 파충류의 음경은 체내에 들어가 있다가 번식 때만 밖으로 튀어나온다. 음경이 나와 있는 채로 있는 증상은 도마뱀도 일으키지만 특히 거북이에서 많이 보인다. 원인은 과도한 성적 흥분이나 영양실조로 인하며 매월 1~2회 정도는 이런 증상의 거북이를 진찰한다.

이 인도별거북도 꼬리가 달린 부분의 엉덩이의 구멍에서 음경이 나와서 괴사해 있었다. 육지거북이의 음경은 몸에 비해 크다. 거북이의 음경은 대부분 그 거북이의 머리와 비슷하다고 생각해도 문제없을 것이다. 그러고 보니 귀두(龜頭)라고 흔히 말하는 것처럼 말이다. 건강한 음경은 탄력이 있다. 그게 괴사하면 헐렁하게 갈색으로 변색된다. 외형은 사람으로 따지면 '추운 겨울날의 생식기'처럼 된다. 괴사한 음경은 유감스럽게도 절단해야만 한다. 수술 자체는 어렵지 않으나 지혈을 잘 하지 않으면 피가 철철

흐른다.

그래서 일단 음경의 뿌리에 국부 마취를 하고 혈관을 실로 묶어 지혈한 다음 잘라낸다.

절단에 대해 이전에는 레이저 메스로 멋지게 해냈지만, 긴 시간 동안 음경을 잘라 보니 '가위로 잘라도 다를 게 없다'는 사실을 깨달아서 지금은 가위로 싹둑 잘라버린다.

거북이의 음경의 절단한 단면을 보면 도랑(통로)을 건너 정자를 내보내는 구조로 되어 있다는 걸 알 수 있다. 이것은 교미 때에 정자를 흘려서 넣기 위한 기관이며 배뇨와는 관계없다. 그래서 절단해도 문제없으며 생명과 관련된 것도 아니다.

또 괴사되지 않았다면 절단하지 않고 다시 돌려놓는 것도 가능하다. 거북이의 음경은 보통 때는 총배설강이라는 엉덩이의 구멍에 들어 있다. 그곳에 밀어 넣고 또 튀어 나오지 않도록 구멍을 실로 반 정도 묶어 둔다. '반 정도'라는 것의 의미는 총배설강은 소변이나 대변을 배출하는 구멍이기 때문에 배설을 할 수 있도록 틈을 남겨두는 것이다. 이렇게 한 뒤, 일주일 후에 실을 풀면 원래대로 돌아가 있는 경우가 많다.

저번에 "튀어 나와 있는 거북이의 음경을 하룻밤 설탕물에 담가 두었는데 원래대로 돌아가기는커녕 거북이가 축 늘어져 있었어요."라고 거북이를 키우는 사람이 찾아 왔다. 인터넷에는 '설탕물에 두면 음경이 수축하여 원래대로 돌아간다'는 내용이 소개되어 있었다. 실제로 병원에서도 이용하는 방법이다. 설탕물은 농도가 진하기 때문에 삼투압 현상으로 음경의 점막에서 수분을 빼앗아 간다. 그래서 음경을 담가 두면 오므라든다는 원리이다.

그러나 그렇게 한다고 반드시 오므라들지는 않는다. 보통은 10분 정도 해보았다가 수축하지 않으면 그만둔다. 음경을 몇 시간이나 설탕물에 담

그면 거기서 체내 수분이 대량으로 손실되어 매우 위험한 상태가 된다. 이 거북이도 심한 탈수증상을 일으켜 결국 구해내지 못했다.

인터넷 정보에는 상세한 것까지 쓰여 있지 않다. 애매한 정보를 있는 그대로 받아들이면 돌이킬 수 없는 상황이 될 수 있다.

엉덩이의 구멍에서 '나온' 것은 음경뿐 아니라 창자(장)인 경우도 많다. 탈장은 도마뱀이나 거북이 말고 다른 동물들에게서도 볼 수 있다. 개나 고양이도 그렇고 페럿이나 친칠라 등도 그렇다. 심하게 설사를 하면서 이제 나올 것도 없는데도, 힘을 주면 장이 튀어나오게 된다.

그중에서도 개구리의 탈장이 많이 일어난다. 개나 고양이의 탈장은 손가락으로 집어넣으면 되지만 개구리는 손가락이 들어가지 않아서 면봉을 사용한다. 개구리의 엉덩이도 거북이와 마찬가지로 총배설강이기 때문에 배설할 수 있을 만큼 반 정도만 실로 꿰매 둔다. 이것 또한 일주일 정도 지나면 원래대로 돌아가는 경우가 많다.

하지만 너무 심한 탈장은 넣어서 되돌려 놓을 수 없기 때문에 개복하여 안쪽에서 장을 잡아당겨 다시 튀어나가지 않게 복부 벽에 장을 꿰매어 붙인다. 또 장을 절단하는 경우에는 음경처럼 잘라내는 것이 끝이 아니다. 장은 대롱 모양이므로 잘라낸 뒤 원통 형태로 꿰매어 줄 필요가 있다.

장중첩증(장의 일부가 인접한 장에 함입(陷入)되는 장폐색증의 하나)은 더욱 큰일이다. 탈장과 장중첩증은 의학적으로 엄연히 다르지만 겉으로 보기에는 엉덩이의 구멍에서 장이 삐죽 나와 있는 것이 비슷하다. 장중첩증이 골치 아픈 이유는 장의 일부가 장 안에 깊이 박혀서 막혀 있는 상태이기 때문이다. 즉 뒤집어 벗어 둔 양말처럼 되어 있는 것이다. 단순한 탈장처럼 삐죽 튀어나온 끝을 집어넣기만 해서는 안 된다. 개복수술을 하여 뒤집어진 장을 되돌려 놓고 정상적인 상태로 만들어야 한다.

거북이 음경 절단 방법

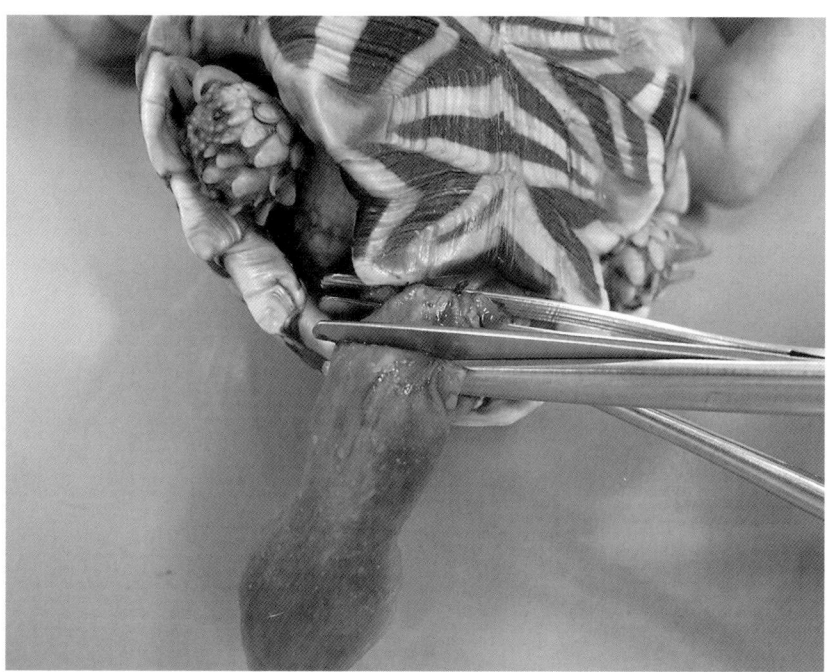

음경근(음경뿌리)에 국부마취를 한다. 음경근을 겸자로 누르고 가위로 싹둑! 남성들에게는 소름 돋는 사진일 것이다. (②)

음경탈이가 발병된 인도별거북. '그것'의 크기는 머리만큼이나 된다. (①)

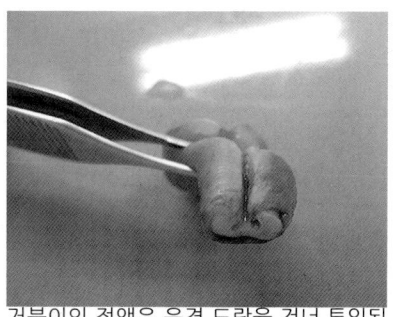

거북이의 정액은 음경 도랑을 건너 투입된다. 음경의 역할은 그것뿐이다. (③)

아르헨티나뿔개구리 탈장교정법

① 개구리의 탈장은 자주 있는 일이다.

② 살살 면봉으로 밀어 넣어 되돌려 놓는다.

③ 밀어 넣은 뒤 배변, 배뇨를 할 수 있도록 헐렁하게 엉덩이 구멍을 꿰맨다.

🐢 등딱지가 있는 거북이는 어떻게 진찰할까?

내원했던 파충류 중 9할은 거북이다. 연일 팔리는 작은 연못거북부터 시작해서 체중이 60kg 이상이나 되는 거대한 코끼리거북 등 크고 작은 다양한 거북이가 찾아온다. 큰 거북이는 기저귀를 차고 오기도 한다. 대형종은 배설도 대량으로 하기 때문에 배설 실수를 방지하기 위해서이다.

여담이지만 그런 육지거북이 좋은 방에서 풀어놓고 키우는 경우가 많다. 거북이는 화장실을 기억하지 못하기 때문에 갑자기 오줌을 냅다 지른다. 기저귀를 하지 않으면 방이 더러워지니까 기저귀를 채워 두는 것이다. 기저귀는 거북이의 크기에 따라 생리대, 아기용 기저귀, 또 노인용 기저귀로 점점 사이즈를 키워나간다.

거북이가 내원할 때는 '먹이를 먹지 않는다', '콧물이 나온다', '호흡에 이상이 있다', '배설할 때 힘을 준다', '변이 나오지 않는다' 등이 주소(主訴; 주요호소사항)일 때가 많다. 등딱지가 있는데 어떻게 진찰하느냐는 질문을 자주 받는다. 지금까지 합해서 거의 백 번 이상은 받았을 것이다. 하지만 거북이를 진찰하는 방법은 다른 동물과 기본적으로 다르지 않다. 진찰할 수 있는 것은 어떤 동물이라도 그렇게 달라지지 않는다는 것이다.

하지만 거북이의 진찰에는 한 가지 특별한 것이 있다. 그것은 바로 '기다림'이다. 진찰하려고 할 때 대부분의 거북이는 발이나 목을 안으로 움츠리고는 돌처럼 되어 버린다. 진찰실에서 발이나 목을 심드렁하게 내놓고 별로 움직이지 않는 경우에는 상당히 상태가 좋지 않다는 증거이다.

안으로 움츠린 발을 무리하게 빼내서 검사하려고 하면 거북이도 오기를 부려 더욱 움츠러들고 만다. 그래서 주인과 잡담을 나누며 기다릴 수밖에 없다. 무리하게 빼내려고 하기보다 거북이의 스트레스가 적은, 기다리는 방법을 택하는 것이 주인에게도 좋은 인상을 남길 수 있다. 그리고 거북이가 목을 내밀 때 잽싸게 잡는 것이다.

또 거북이는 앞다리를 밀어 넣으면 뒷다리가 튀어 나오고 뒷다리를 밀어 넣으면 앞다리가 튀어나오기 때문에 그걸 이용하기도 한다. 거북이는 등딱지 안쪽의 부피가 정해져 있다. 그래서 발이나 목을 넣고 있을 때 꾹 누르면 반대쪽이 삐쭉 튀어나온다. 그래서 진찰하고 싶은 쪽의 반대쪽을 쿡쿡 찔러 다리를 빼낸다.

앞 뒤 양다리를 동시에 꾹 누르면 목이 삐쭉 튀어나오는 개체도 있다. 또 앞다리를 잡아당겨 빼면 움츠리는 힘이 약해진다. 그다음에 주둥이에 고리를 걸어 머리를 빼내는 방법도 있다. 그러나 기본은 역시 그저 '기다리는' 것이다.

이런 것 외에 진행하는 검사는 다른 동물과 별로 다르지 않다. 아니 그보

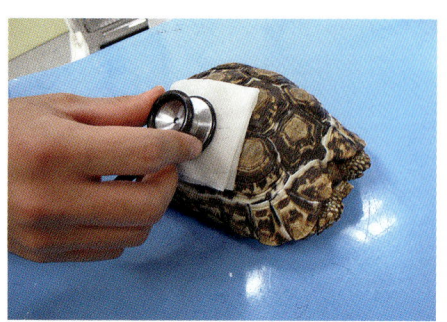
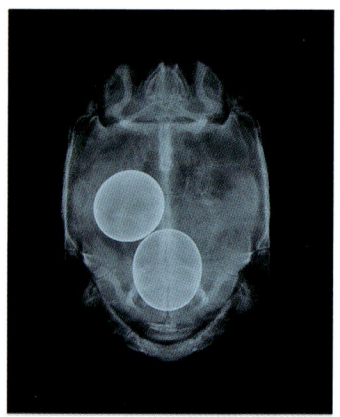

거북이의 등딱지에 청진기를 대면 딱딱거리는 소리 외에는 아무것도 들리지 않는다. 그래서 거즈를 대고 호흡음을 듣는다.

거북이는 등딱지가 있어서 기본적으로는 아무것도 찍히지 않는다. 확실히 찍히는 것이 있다면 무언가 이상이 있다는 것이다. 이것은 알이 너무 커서 알 막힘이 되어버린 육지거북이의 엑스레이 사진이다.

촬영자의 손가락이 엑스레이에 찍히지 않도록 플라스틱 집게로 잡아 엑스레이를 찍는다. 매우 편리하다.

다 거북이만의 특별한 검사는 없다고 하는 게 맞을 것이다. 혈액검사의 경우 채혈은 목정맥(경정맥)에서 진행한다. 정맥 점적 등도 마찬가지다. 사람처럼 혈관이 보이지 않기 때문에 혈관이 있어야 하는 위치를 떠올려서 그 근처를 찌른다.

대괴수 가메라(일본의 괴수 영화 시리즈에 나오는 거북이를 모토로 한 괴수)가 초음파 괴수 가오스(가메라 시리즈에 나오는 익룡 괴수)와 싸울 때 상처에서 녹색 피를 흘린다. 이러한 이미지도 있는 탓인지 가끔 파충류의 피가 파랗다고 생각하는 사람이 있다. 하지만 전혀 아니다. 거북이도 이구아나도 물고기도 혈액은 빨갛다. 빨간 이유는 혈액에 포함된 적혈구 안의 헤모글로빈이라는 단백질의 색 때문이다. 다른 점은 색이 아니라 혈구의 모양이다. 포유류의 적혈구는 깔끔한 원형으로 핵이 없다. 파충류의 적혈구는 타원형이며 가운데에 핵이 있다. 이것은 파충류만이 아니라 조류, 파충류, 양서류, 어류 모두 그렇다. 수의사에게는 당연한 지식이지만 사람을 치료하는 의사가 본다면 깜짝 놀랄 일일 것이다.

사람이 감기 등으로 내과에 갔을 때 일단 먼저 청진기를 댄다. 거북이도 마찬가지로 폐의 소리를 듣기도 한다. 단 딱딱한 등딱지에 청진기 막이 닿으면 딱딱거리는 잡음만 들린다. 그래서 적신 거즈를 등딱지에 대고 그 위에 청진기를 댄다. 정상적인 거북이의 호흡음은 별로 들리지 않는다. 그러나 폐렴, 기관지염 등 호흡기 질환에 걸렸다면 색색거리는 소리가 들린다.

또 엑스레이 검사도 거북이가 자주 받는 검사 중 하나이다.

'엥? 거북이가 엑스레이를 찍는다니. 등딱지가 있는데도?'라고 생각할 것이다. 그 말대로 등딱지를 사이에 두면 건강한 거북이는 거의 아무것도 찍히지 않는다. 반대로 뭔가 확인할 수 있는 것이 찍힌다면 이상 징후라는 뜻이다. 폐 영역에 그림자가 있다면 폐렴이다. 장 부분에 가스가 보인다면

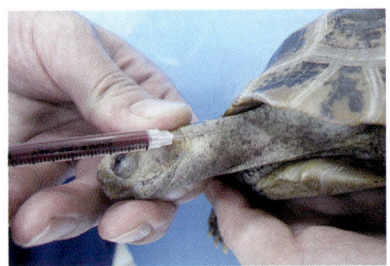

채혈은 목에 있는 정맥에서 한다. 혈관이 보이지 않기 때문에 경험과 감으로 한다.

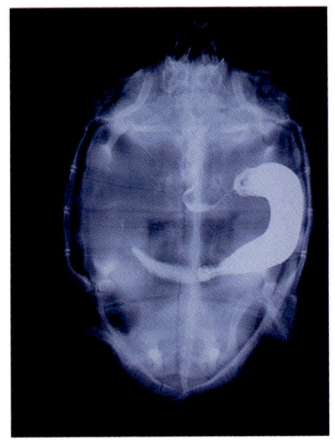

엑스레이에 찍히지 않는 부드러운 것을 잘못 먹었을 가능성이 있을 때는 바륨 검사를 실시한다.

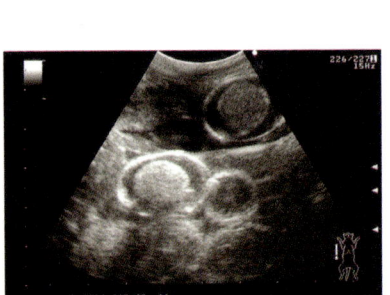

거북이의 초음파 검사 화면. 동그랗게 보이는 것이 알이다.

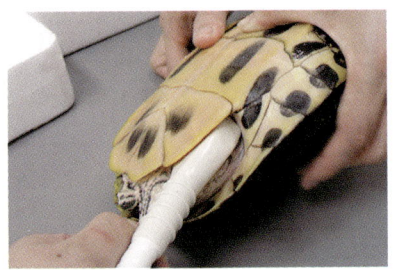

거북이에게 초음파 검사를 할 때는 뒷다리를 당겨서 등딱지와의 틈으로 프로브를 갖다 댄다.

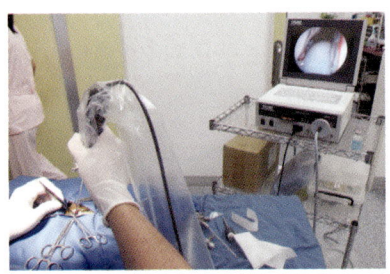

거북이의 복강경 검사. 뒷다리가 붙어 있는 쪽부터 카메라를 투입하여 내장을 눈으로 보며 검사한다.

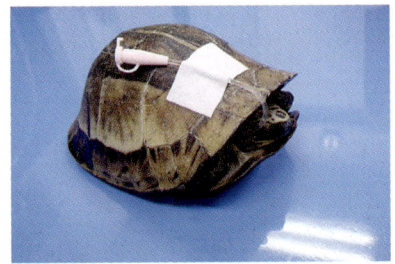

먹이를 먹지 않아 쇠약해졌을 경우에는 목에서 위까지 카테터로 연결하여 유동식을 준다.

고창(鼓腸)이다. 또 결석이나 알 막힘, 잘못 삼킨 딱딱한 것 등도 엑스레이에서 확인할 수 있다.

덧붙여서 우리 병원에서 거북이를 엑스레이 촬영할 때는 빵을 집는 집게를 사용한다. 왜냐하면 측면에서 촬영하려면 거북이가 쓰러지기 때문에 눌러 둘 필요가 있기 때문이다. 이전에는 거북이를 타올로 감싸서 손으로 잡았다. 하지만 이 방법은 촬영하기도 힘들고 잡는 사람이 방사선에 노출되기 때문에 방사선 취급 규정상 문제가 되었다.

무언가 좋은 방법이 없을까 고민하던 중 '그래! 그거야!' 하고 좋은 생각이 떠올랐는데, 바로 빵집에서 사용하는 집게였다. 금속성의 물질은 엑스레이에 찍히기 때문에 플라스틱 집게 끝에 거북이가 미끄러지지 않도록 천을 둘러서 사용하고 있다.

엑스레이는 기본적으로 단단한 것만 찍힌다. 천, 실, 비닐, 고무 등을 잘못 삼켰을 가능성이 있을 때는 바륨검사를 진행한다. 검사 후 바륨은 그대로 배출되기 때문에 설사약을 먹일 필요도 없다. 이것 또한 흔히 질문 받는 것인데, 개나 고양이, 토끼라도 똑같으며 기본적으로 바륨조영 검사를 한 동물에게는 거의 설사약을 먹이지 않는다.

거북이는 변온동물이기 때문에 온도에 따라 소화 속도가 달라진다. 거북이는 원래 소화 시간이 긴 동물이지만 어떤 거북이는 기온이 25도일 때 위에 들어간 바륨이 최종적으로 48시간이나 걸려 모두 장으로 이동한다. 그러나 15도에서는 24시간 후에 겨우 조금 내려가기 시작해서 48시간이 걸려도 위 안에 남아 있다. 이것은 즉 바깥 기온이 낮을 때는 대사가 떨어지기 때문에 병에 걸리기 쉬워진다는 것을 가리킨다.

엑스레이 검사로는 찍을 수 없는 장기인 심장이나 난소를 확인하고 싶을 때는 초음파 검사를 실시한다. 초음파 기기는 사람용을 유용한 것이다. 거북이의 초음파 검사는 팔이나 다리를 끌어당긴 틈에 프로브(소식자)를 투입하여 내장을 찍어내는 것이다.

　병으로 아무것도 먹을 수 없게 된 거북이에게 위 카테터를 설치하는 것도 흔히 실시하는 처치이다. 이것은 목에서 위까지 튜브를 통하게 하여 유동식을 흘려 넣는 것이다.

　병은 아니지만 부리깎기나 발톱깎기도 자주 실시한다. 거북이는 치아가 없고 새처럼 부리가 있다. 자연에서 먹는 들풀에 비해서 섬유질이 적은 야채 등을 일상적으로 먹으면 부리가 자라나서 먹이를 먹기 힘들어지기 때문에 류터(Leutor)로 깎는다.

　류터는 끝이 회전하는 펜 형의 절삭공구로, 치과 의사들이 자주 사용하는 것이다. 부리는 손톱과 비슷해서 깎아도 아프지 않으며 당연히 마취도 필요 없다.

　또한 발톱도 야생에서는 자연스럽게 닳아 없어지지만, 사육 환경에서는 어떻게 해도 자라난다. 그냥 두면 걷기 힘들어지며 발톱이 부러지기도 하기 때문에 니퍼로 잘라 줘야 한다. 이것은 도마뱀이나 이구아나에게도 흔히 실시하는 처치이다. 파충류를 키우는 사람은 평일에 일하는 사람이 많다. 그래서 일요일이 되면 사랑하는 반려동물의 발톱깎기나 부리깎기 등의 손질을 하러 오는 사람이 많다.

🐢 거북이의 결석을 제거하기 위해서는 등딱지를 활짝 열어 개복수술을 한다

　우리 병원 웹 사이트에 오는 분들의 방문 경로를 해석해 보면 '거북이, 결석'으로 검색해서 온 사람이 가장 많다.

　거북이도 결석이 생기냐고 생각할지 모르지만, 거북이도 결석이 생긴다. 우리 병원에서 거북이 방광결석 수술은 개나 고양이보다도 많을 정도이며 연간 약 20건에 달한다. 결석이 총배설강에 있을 경우에는 꺼낼 수 있지만 방광 내에서 나올 수 없을 만큼 크다고 판단되면 전신마취를 하여 개복수술을 하게 된다.

어느 날, 아프리카 가시거북이 '배뇨 중 배에 힘을 주며 소리를 낸다'며 내원했다. 아프리카 가시거북은 아프리카에 서식하는 등딱지 길이가 70cm 이상, 체중은 60kg 이상이나 되는 초대형 육지거북이다. 병원에 왔던 이 거북이는 체중이 10kg이 조금 넘는 '꼬마'였다.

거북이는 기본적으로 울지 않는다. 배에 힘을 주며 빼엑~, 뿌엑~ 하는 울음소리를 낼 때는 배설하고 싶어도 뭔가가 걸려 나오지 않을 때이거나 교미할 때 정도이다.

이 가시거북이도 엑스레이를 찍어보니 10cm가 넘는 결석이 방광에 쌓여 있었다. 이것은 수술하지 않으면 제거할 수 없는 것이었다. 전신마취를 하고 복부의 등딱지를 절개해야 한다. 하지만 거북이는 호흡을 30분 이상이나 멈추고 있을 수 있기 때문에 자주 이용하는 호흡마취만으로는 좀처럼 마취가 되지 않는다. 그래서 일단 사전투약이라는 주사에 의한 마취를 한다.

이 부분에서 의문이 들지도 모르겠다. '거북이는 주사를 어디로 맞는 걸까?'라는 의문 말이다. 이 질문도 '일평생 얼마나 듣는 것인가!'라는 생각이 들 만큼 많이 듣는다. 거북이에게 주사를 놓을 때는 앞다리를 당겨서 앞다리의 뿌리부분에 놓는다. 뒷다리에 놓으면 약이 전신으로 잘 퍼지지 않는다. 파충류에게는 '신문맥(腎門脈)'이라는 특수한 혈관계가 존재하여 하반신에 들어간 약물은 전신으로 퍼지지 않고 신장에서 소변으로 배설되기 때문이다. 채혈 부분에서도 설명했지만, 거북이가 머리와 발을 쏙 넣어버리면 하염없이 기다려야 한다. 그리고 머리와 발이 나올 때 잡아야 하지만 아프리카 대지에 큰 구멍을 파는 가시거북의 앞다리는 체중이 10kg이어도

사람을 치료하는 치과의사도 쓰는 류터(Leutor)로 부리를 자른다.

사육하는 거북이는 부리가 너무 길어져 먹이를 먹기 힘들어진다.

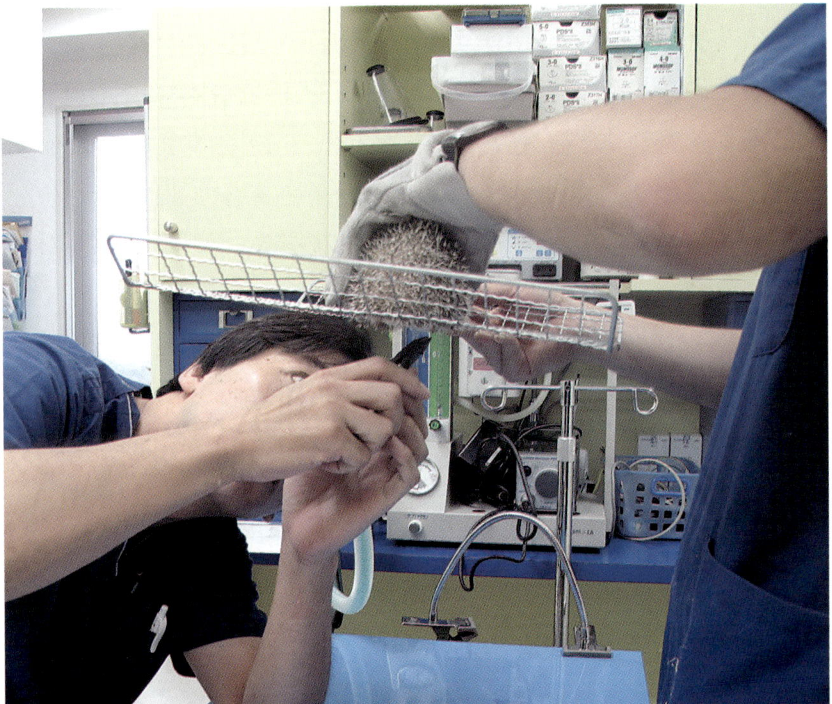

고슴도치 발톱을 자르는 모습. 둥글게 움츠러들면 가시가 나와 아파서 들 수 없기 때문에 생선을 굽는 망 위에 올려 밑으로 나오는 발톱을 자른다.

상당히 강력하다.

수술 중에는 개나 고양이와 똑같이 심전도, 혈중산소포화도 등을 측정하고 생체 모니터링을 한다. 거북이의 정상적인 심박수는 1분에 20번 정도이다. 하지만 모니터링 장치는 포유류용이기 때문에 장치가 이상으로 판단하여 경고 알람이 계속 울린다. 알람이 울릴 때마다 해제 버튼을 누르는 작업이 수술 스텝이 해야 할 일에 들어간다.

거북이 개복수술 시 등딱지는 메스로 자를 수 없다. 흔히 '거북이 등딱지의 구조는 어떻게 되어 있나요?', '소라게처럼 벗을 수 있나요?'라는 질문을 받곤 한다. 아쉽지만 거북이는 등딱지를 절대 벗을 수 없다. 왜냐하면 등딱지는 등뼈와 일체화되어 있기 때문이다.

다시 이야기로 돌아가서, 골조직인 등딱지를 자르는 데는 외과용 전동톱을 사용한다. 전동으로 톱니가 앞뒤로 고속 진동하는 특수한 도구이다. 그것을 사용하여 일단 복부 쪽 등딱지를 사다리꼴로 잘라내고, 그 아래에 붙어 있는 근육도 절개하여 개복한다. 등딱지를 자를 때 너무 머리 쪽으로 자르면 톱이 심장에 닿게 되며, 너무 엉덩이 쪽으로 치우치면 골반을 잘라버려 걷지 못하게 된다. 그래서 개복할 수 있는 범위는 자연스럽게 정해진다. 또 거북이는 횡격막이 없기 때문에 개복하면 심장이 고동치는 모습을 목격하게 된다.

가끔 개복한 범위보다 결석이 더 큰 경우가 있다. 체중이 10kg인 가시거북의 케이스에서도 결석이 너무 커서 개복한 범위에서는 도저히 꺼낼 수 없었다. 다른 동물인 경우 결석이 너무 크다면 복막에 다시 메스를 넣어 절개창(切開創)을 넓힐 수 있지만 거북이의 경우에는 일단 연 절개창을 나중에 넓히는 것은 불가능하다. 따라서 이런 경우에는 배 속에 있는 결석을 안에서 부숴서 꺼내야 한다. 그러기 위해서는 배 안에 겸자(피를 멈추는 가위같이 생긴 것)를 넣어 조금씩 끼우면서 부숴서 작게 만든 뒤 꺼낸다.

그러나 이 거북이의 결석은 야구공 정도의 크기여서 겸자를 최대로 벌린 것보다 훨씬 컸다. 이것을 조금씩 부수는 일은 시간이 많이 걸리는 것은 물론 본격적인 수술에 들어가기 전부터 힘들어진다.

그러던 중 갑자기 떠올랐다.

"아! 끌이랑 쇠망치를 써보자!"

그러나 큰 결석을 위에서부터 끌과 쇠망치로 두들겨도 등 쪽으로 가라앉아 버릴 뿐 깨지진 않을 것이다. 그래서 일단 토대를 셋팅했다. 숟가락의 머리를 L자로 구부려 둥글게 만든 뒤 결석 밑을 잘 받쳐준다. 그 다음 목수처럼 위에서부터 끌과 망치로 꽝꽝 친다. 내 아버지가 목수였기 때문에 나도 어렸을 때부터 손작업에는 익숙해져 있다. 거북이의 결석은 돌만큼 딱딱하진 않고 별 사탕 정도라서 머지않아 쫙 갈라져 빼낼 수 있었다.

결석을 적출한 뒤에는 방광, 근육을 꿰매고 마지막으로 등딱지를 닫아준다.

등딱지 안쪽의 수술이 끝나면 사다리꼴로 잘린 등딱지를 되돌려 놔야 한다. 이전에는 그것을 점조(粘稠)성이 있는 에폭시 수지를 발라 붙이는 것이 일반적인 방법이었다. 하지만 그렇게 하면 부러진 뼈를 수지로 잇는 꼴이다. 잘린 부분의 틈으로 수지가 들어가거나 수지에 의해 완전히 붙어버린 술창(術創)은 장액(漿液)이 외부로 흐르지 못해 장애를 일으킨다. 그 결과 자른 등딱지가 괴사하고 썩어버리는 문제가 흔히 일어나고 있다.

🐟 새로이 고안해 낸 거북이 수술법에 대해 미국에서도 문의가

이 방법은 40년간 실시되어 왔으나 등딱지가 괴사하거나 유합부전(癒合

不全)을 일으키는 등의 문제가 계속되었다. 특별히 수술 후 트러블 대처법도 연구될 만큼이었다. 나는 '그거 이상하지 않아?'라고 계속 생각해 왔다. 트러블 후 대처법보다도 처음부터 트러블이 일어나지 않는 수술 방법을 연구하면 좋을 텐데 말이다.

이번에 체중 10kg인 거대한 증례를 앞두고 수지를 바르는 것은 아무래도 꺼려진다는 느낌이 있었다. 수지는 바른 뒤 완전히 경화되기까지 수 시간이 걸리며 굳는 동안에는 제대로 누르고 있어야 한다. 하지만 가시거북이는 집 벽에 구멍을 뚫을 정도의 힘을 가졌다. 그렇다면 마취가 풀리고 수지가 경화되기까지 어떻게 누르고 있으면 좋을까?

그래서 생각한 것이 등딱지를 수지가 아닌 빨리 경화되는 퍼티(퍼티; 유리창 틀의 정착제[定着劑]등으로 쓰임)를 이용하여 붙이는 방법이었다. 또한 퍼티는 점토 같은 소재여서 겔 형태인 수지보다 다루기 쉬웠다.

그리고 이 방법과 동시에 생각한 것이 괴사를 없애기 위한 등딱지 절개법이다. 이것은 이전부터 머릿속으로 구상을 짜 놓고 있었는데, 이번에 그것을 실험해 보기로 했다.

일단 등딱지를 사각으로 절개하여 창을 내는 것은 이전의 방법과 같다. 이때 등딱지의 네 변을 자르긴 하지만 등딱지 뒤에 붙어 있는 근육은 머리 쪽 한 변만을 자르지 않고 남겨 둔다. 이 근육이 등딱지 덮개의 경첩과 같은 역할을 맡게 된다. 이 경첩에 의해 등딱지로 흐르는 혈류(혈관)가 온존되어 잘린 등딱지는 괴사하지 않고 원래대로 닫아 두었을 때 유합하기 쉬워진다.

그리고 닫았을 때는 등딱지의 덮개 부분을 위에서 적당히 압박하여 틈이 생기지 않도록 밀착시킨다. 마지막으로 네 모퉁이를 둥근 찹쌀떡처럼 만든 퍼티로 고정한다. 퍼티는 단 5분만에 굳는다. 이 10kg의 가시거북에게 처음으로 퍼티를 사용하여 등딱지를 고정했는데, 매우 간단한데다가 단단

예전 거북이 개복수술법

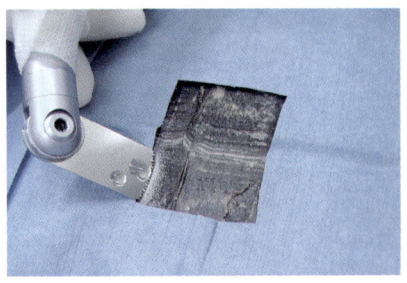

① 거북이 개복수술. 등딱지를 외과용 전동 톱을 사용해 사다리꼴로 잘라낸다.

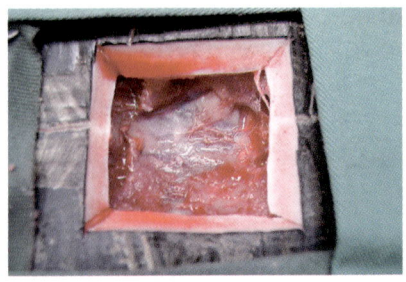

② 잘라낸 등딱지를 떼고 체강에 접근한다.

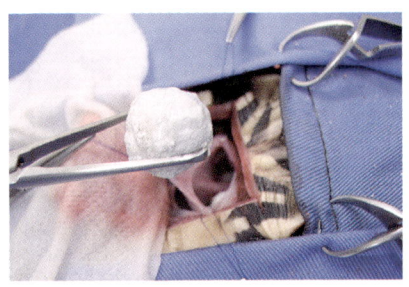

③ 지금까지 꺼낸 것 중 가장 큰 거북이 결석. 이 거북이는 체중이 약 10kg 인데, 결석의 직경이 12cm 에 달했다.

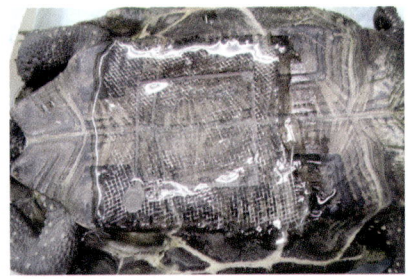

④ 잘라낸 등딱지를 되돌려 놓은 뒤에는 에폭시 수지를 발라 수지가 경화하기까지 눌러 둔다.

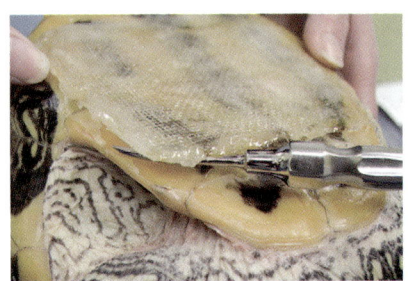

⑤ 1년 후 수지를 벗긴다. 대부분 등딱지가 성장하여 완전히 달라붙기까지 1~5년이나 걸린다고 한다.

⑥ 수지를 발라 굳히는 방법의 경우 이같이 등딱지가 썩어버리는 등의 문제가 많았다.

새로이 고안한 거북이 PE 법

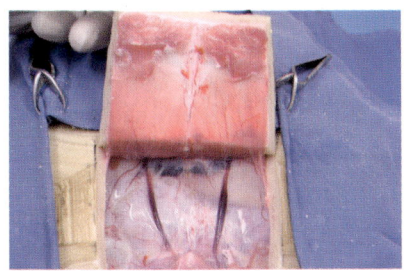

① 등딱지를 완전히 들어내지 않고 밑의 근육을 남겨둔 채로 둔다. 엉덩이 쪽 한 쌍의 근육을 자르면 등딱지는 관자를 잘라낸 조개처럼 쩍 벌어진다.

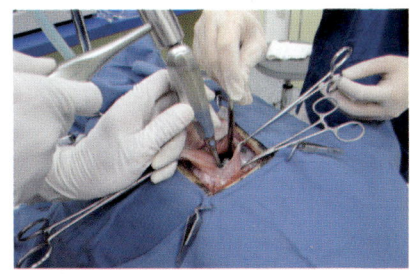

② 만들어낸 일명 '등딱지 창문'에서 나오지 못할 만큼 큰 결석은 끌과 망치로 부순다.

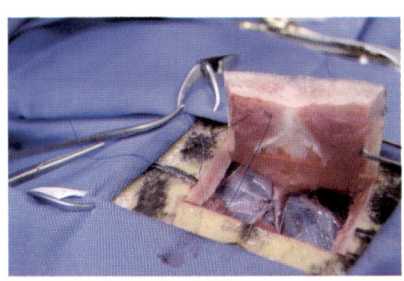

③ 수술 후 자른 근육을 꿰맨다. 이렇게 하면 자른 등딱지 한쪽에 혈류가 보존되어 유합하기 쉬워진다.

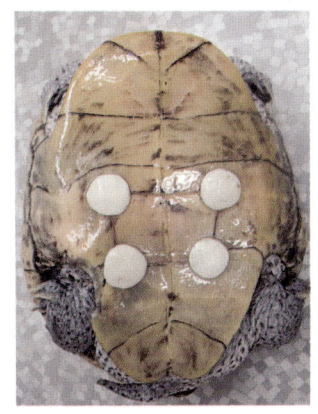

④ 세메다인 사의 금속용 퍼티로 고정한다. 사람 등에 붙은 파스처럼 보이지 않는가? PE 법 완성!

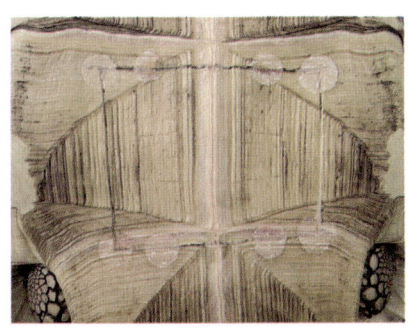

⑤ 예전 방법으로는 등딱지가 완전히 붙기까지 1년 이상이 걸렸지만 이 방법을 쓰면 2, 3개월 만에 붙는다!

⑥ 이 수술법은 미국 특수동물 진료전문지인 《Exotic DVM》에 소개됐다. 그 후에 최근 12년간의 우수논문 중 하나로 뽑혔다. 그 기사를 본 폴란드 수의잡지에서 폴란드어로 번역을 해도 괜찮겠느냐는 연락이 왔는데, 매우 영광으로 생각한다.

하게 고정할 수 있어서 아주 좋은 느낌으로 마무리했다. 1주일 후에는 완전히 건강해져서 병원 안을 유유자적하며 돌아다녔다.

그러나 이 퍼티를 사용한 방법에서, 수서 거북이의 경우에는 '자른 틈으로 물이 들어가지는 않나?'라고 생각할지도 모른다. 하지만 수술 후 5일 정만도 물에서 꺼내 두고 그 후에 물이 든 수조에 넣어주면 전혀 문제 없다.

더욱 전문적인 이야기를 해보면, 이때 복부 등딱지 중앙을 지나가는 한가운데 선은 등딱지가 성장하는 데에 중요한 부분이다. 이것이 성장하면서 절개한 등딱지도 붙을 수 있게 되는 것이다. 그러므로 정 가운데 선에 퍼티를 올려버리면 유합장애를 일으키고 만다. 그렇게 되지 않도록 중앙선을 피해 위에서 고정시키는 것이 바로 요령이다. 예전 방법의 수지로는 완전히 등딱지가 붙기까지 짧게는 반년에서 길게는 5년까지도 걸리지만 이 방법을 제대로 사용한다면 2개월 정도 만에도 붙는다는 것을 확인했다.

나는 이 새로운 수술법을 'PE 법'이라고 이름 붙였다. '패치에폭시법'의 줄임말이다. 그러나 등딱지에 붙인 패치는 어디까지나 어깨가 결린 사람이 등에 붙인 파스와 같다. 따라서 이 수술의 정식 명칭은 피프에폭시법이라고 이름을 붙인 내가 마음속으로 개명했다.

실은 이 퍼티는 일본인이라면 누구라도 한 번쯤은 사용해 본 접착제 회사인 세메다인 사가 만든 것이다. 가끔 홈 센터에서 '세메다인 금속용 퍼티'를 발견하면 '아 이거 거북이 등딱지에 사용할 수 있을지도 몰라.'라고 생각한 것을 실험한 것이 매우 잘 들어 먹혔다. 그 뒤에 이것의 시리즈로 '수중용 퍼티'를 발견했다.

'거북이라면 《수중용》을 써야지!'

라고 생각하여 실제로 사용해보니 경화 시간이 긴데다가 부드러워서 역시 '금속용'이 단연 뛰어난 것을 확인했다.

이 PE 법으로 실시한 결석 적출 수술은 미국 특수동물 수의학 전문지에도 발표했다. 그 논문에서 금속용 퍼티에 대해 'kinzoku-you'라고 로마자로 써두었더니, '훌륭한 방법이다. 그러나 그 퍼티는 무엇인가? 해외에서도 살 수 있는가?'라는 내용의 메일을 미국 수의사에게 받았다. 그와 몇 번이나 메일을 주고 받은 결과, 미국에서는 세메다인 제 금속용 퍼티를 팔지 않는 듯 했다. 다른 퍼티를 써도 될지에 대한 질문에 나는 '다른 회사의 퍼티를 사용해 본 적이 없어 모르겠다'고 사실만을 전했다.

어쨌든 증례의 체중 10kg, 지름 12cm의 방광결석인 가시거북을 수술하는 것 자체의 곤란함 때문에 끌과 망치를 사용한 방법을 생각해 낸 것이 결국 PE 법을 고안해 낼 수 있었던 계기가 되었다고 생각한다.

🐢 토끼는 칼슘, 거북이는 요산 결석이 생긴다

요결석이라는 것은 오줌 속에 있는 미네랄이 굳어서 결정화되어 돌처럼 변하는 것이다. 결석이라는 한 단어로 말하지만, 신장결석, 요관결석, 방광결석, 요도결석처럼 생기는 부위에 따라 병명이 달라진다. 그 성분도 다양하여 요산, 칼슘, 옥살산, 인산 등 여러 가지다.

육지거북이의 거대결석 적출은 물론 중노동이지만 그렇다고 작은 결석 수술이 쉬운 것도 아니다. 꽤 손이 많이 가는 것이 고양이의 요도결석이다. 방광결석이라면 배를 연 뒤 방광을 열어 빼내면 된다. 하지만 고양이 요도는 매우 가늘어서 1mm 정도의 결석으로도 막힌다. 그것을 처리할 때는 음경 끝에서 가는 카테터를 넣어서 방광으로 밀어 되돌린 뒤 방광을 몇 번이나 씻어 결석의 원인이 되는 결정을 흘려낸다. 또는 가는 금속 봉을 넣어 초음파로 분쇄하기도 하고 경우에 따라서는 요도를 절개하여 빼내기도 한다.

또 강아지의 경우 자주 방광 내에 비드(작은 구슬) 정도의 작은 결석이 다량으로 축적되기도 한다. 이런 경우에는 카레라이스를 먹을 때 쓸 법한 스푼으로 떠내거나 석션이라는 작은 청소기 같은 기계로 빨아낸다.

토끼도 요결석이 생기기 쉬운 동물이다. 특히 까다로운 것은 요관결석이다. 신장에서 이어진 요관은 수 미리에 불과하다. 그 요관에 쌓인 돌을 수술로 빼내야 한다. 사용하는 바늘이나 실은 그보다 더욱 가늘어야 한다. '그게 보이나요?'라는 질문을 받기도 하는데, 지금은 보인다. 아직 노안이 오지 않아서 수술은 맨눈으로 하고 있다. 조만간 확대경이 필요하게 될 거라고 생각하면 왠지 쓸쓸하다.

요결석의 원인은 동물에 따라 다르다. 토끼는 소변으로 칼슘이 배설되기 때문에 거의 대부분 칼슘결석이다. 거북이의 경우 소변은 요산이라는 하얗고 걸쭉한 것으로 배설하기 때문에 요산결석이 된다.

척추동물이 단백질을 섭취하여 대사하면 최종적으로는 요산, 요소, 암모니아 3종류가 된다. 생물에 따라 그 주체가 되는 것이 다르다. 사람의 경우는 요소가 주체로 암모니아가 조금 함유되어 있다. 물고기는 암모니아로 배출한다. 거북이는 종류에 따라 요산이 주인 경우와 요소가 주인 경우로 나뉘며 그 비율은 종류에 따라 다르다. 이 때문에 결석이 생기기 쉬운 거북이와 잘 생기지 않는 거북이로 나뉜다.

개와 고양이는 주로 요소로 배설하지만, 결석의 성분에는 여러 종류가 있다. 결석의 형성은 먹이의 종류에 따라 달라진다고 한다. 때문에 결석의 예방이나 치료용으로 나온 전용 사료가 많이 개발되었다.

먹이의 성분에 나트륨을 늘리면 갈증이 나기 때문에 물을 많이 마시게 된다. 그래서 결석이 생기기 전에 소변으로 내보내는 것이다. 또 사료에 함유된 마그네슘과 인이 원인으로 결석이 생기는 경우가 많아서 그 성분을 줄인 전용 사료로 예방과 치료를 한다. 소변이 알칼리성일 때 생기기 쉬운 결석에는 소변을 산성에 가까이 만들어 결석을 녹이는 전용 사료도 있다.

한편, 육지거북의 결석 원인은 연구가 별로 진행되지 않아서 지금 시점에서는 단백질 과다 섭취와 탈수라는 정보가 유력한 상황이다. 단백질을 섭취하면 요산이 늘어난다. 요산은 체내 수분이 적을 때 농축된다. 처음에는 작은 결석 핵이 눈덩이처럼 불어나는 것이다.

사육하는 분에게 종종 '매일 저단백질 식사와 물도 잘 주고 있는데 이렇게 요산이 나오는 이유는 뭔가요?', '이런 결석이 나왔는데, 이 이상으로 어떻게 개선하면 좋을까요?'라는 질문을 받는다.

하지만 생물이라는 것은 언제나 같은 상태가 아닌, 항상 변화가 있으며 그것을 받아들이며 사는 존재이다. 그 때문에 완벽히 이상적인 상태를 유지하려고 해도 그렇게 되지 않는다. 아무리 환경이나 식사에 주의를 기울여도 결석이 생기는 개체가 있다. 사람도 담배를 피우지 않는 사람이 폐암에 걸리거나 술을 마시지 않는 사람이 간경화에 걸리기도 하는 것처럼 말이다.

원인을 알고 사전에 예방한다고 해서 절대로 병에 걸리지 않는 것도 아니다. 질병에는 반드시 확실한 원인이 있는 것도 아니고 원인을 제대로 제거한다고 절대 걸리지 않는 것도 아니다. 게다가 질병의 원인은 전부 먹이 때문만도 아니며 또한 먹이에 의해 모든 질병을 예방할 수 있는 것도 아니다.

그러나 최근 일본에서는 애완동물을 키우는 게 사치를 부리는 일도 아니며 보다 좋은 먹이를 계속해서 찾는데다가, 무엇보다 음식으로 병을 예방하려는 풍조가 있다. 하지만 그것은 건강 프로그램의 영향을 너무 많이 받은 현상이라고 나는 생각한다.

일부러 나쁜 것을 동물에게 주는 것은 안 좋지만 현시점에서 밝혀진 올바른 정보를 수집하고, 그렇게 해도 병에 걸렸다면 '어쩔 수 없는 일'로서 받아들여야 한다. '어쩔 수 없다'는 현실을 받아들이지 않으면 막상 병에 걸렸을 때 우왕좌왕해서, 그 동물이 더 불행해지는 것이다.

제6장 주의는 1초 부상은 일생.
대부분은 주인의 부주의로 인한 것

🐢 베란다에서 다이빙하여 등딱지가 깨진 거북이

어느 날 등딱지가 빠끔히 깨진 거북이가 내원했다. 베란다에서 기르던 남생이가 수조에서 도망쳐 나와 난간 밑으로 빠져 나가 공중으로 다이빙해 버렸다고 한다. 거북이는 기본적으로 수평 방향이나 수중을 이동하기 위해 진화된 동물이기 때문에 이동 범위도 수직이 아닌 수평방향이다. 따라서 '높다'는 개념을 기본적으로 가지고 있지 않다. 그래서 수조에서 도망쳐 나오면 어느 샌가 공중 산책을 하게 되고, 곧 지상으로 낙하하게 되는 것이다. 연간 몇 번이나 이런 '다이빙 거북이'가 내원한다.

거북이의 등딱지는 껍데기(殼)가 아닌 골 조직이다. 즉 등딱지 손상은 일종의 골절이라는 소리가 되는데, 등딱지는 거북이에게 피부 겸 뼈이기 때문에 깨지면 내장이 튀어나올 정도로 큰 부상이 된다. 사람으로 치면 개방골절이나 내장파열에 상당하며 깨진 곳에 따라 사망에 이르기도 한다. 또한 (배쪽이 아닌)등쪽 등딱지(배갑)의 중심에는 등뼈가 대어져 있어서 일자로 배갑이 깨지면 하반신마비가 된다. 응급처치는 신속하고 적절한 처치가 중요한데, 그것은 거북이도 마찬가지다.

일단 다이빙거북이가 실려 오면 산소 흡입을 하게 하고 항쇼크제, 항생제 전신투여를 실시한다. 깨진 등딱지에는 멸균 거즈를 씌우고 식품용 랩으로 둘러 장기가 건조하는 것을 막는다. 긴급 상태에서 벗어나기까지는 물속에 넣지 않는다. 탈수를 막기 위해 점적으로 수분을 보급한다.

48시간 후 간신히 고비를 넘기고 상태가 안정되었다. 나의 특기인 퍼티(115쪽 참조)로 등딱지를 이어 붙였다. 이렇게 하면 깨진 등딱지가 고정되어 상처 입구로 물이 들어가지 않는다. 사람도 마찬가지지만 위중한 외상 사고의 경우 상처를 통한 감염증을 막은 후 '잇고, 막는' 처치를 실시한다. 다음은 개체의 회복력에 맡기는 수밖에 없다. 이 다이빙 거북이는 다행히 7일 후 수중 생활을 할 수 있을 만큼 회복했다.

이같이 사육 환경에서는 조금의 부주의나 사건에 의해 뜻밖의 사고가 일어나고 만다. 또 마주치는 순간에 일어나는 사고도 있다. 그리고 다양한 부상을 입은 동물들이 병원에 찾아오는 것이다.

① 베란다에서 다이빙한 거북이. 무참하게 내장이 다 보이고 있다.

② 응급조치를 취한 후에는 건조를 막기 위해 식품용 랩으로 보호한다.

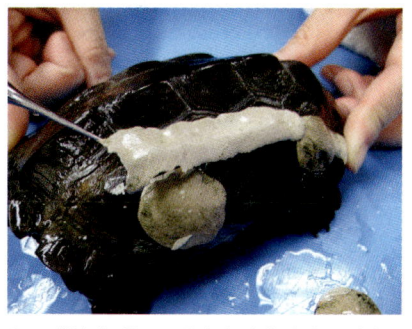

③ 6개월 후에는 고정하기 위한 퍼티도 떼어 내었고, 무사히 완치됐다.

"선생님, 큰일났어요! 시골 펜션에 놀러 갔는데, 그곳을 지키는 경비견인 기슈견에게 우리 강아지가 습격당했어요! 죽을 힘을 다해 구해냈지만 이런 꼴이 되었어요……"

뛰어 들어온 견주가 데려온 토이 푸들은 등 중앙이 물어 뜯겨 쫙 찢어져 있었다.

다행히 척추는 무사했지만 혹시 척추까지 물렸다면 즉사했을 것이다. 불행 중 다행이라고는 하지만 그래도 등에 뚫린 구멍처럼 큰 상처가 너무나 딱했다. 전신 마취를 하고 결손 된 피부를 성형했다.

개나 고양이의 피부는 사람보다도 헐렁해서 당기면 꽤 늘어난다. 그 성질을 이용하여 크게 결손 된 피부의 구멍을 막는 것이다. 마치 제봉할 때 쓰는 형지(型紙)같은 느낌으로, 피부에 몇 개의 눈금을 그린다. 피부를 자르거나 붙이거나 꿰매는 일을 하는 곳을 피부성형외과라고 하는데, 보다 큰 결손을 막는 데는 피부 자르는 법, 꿰매는 법, 그리고 피부의 혈관분포를 알아두어야 한다.

이리하여 피부가 크게 도려내진 토이 푸들의 등도 잘 봉합했다. 실밥제거(발사; 拔絲)는 2주 후에 했다. 털이 자라서 채워지면 상처도 보이지 않아 다치기 전처럼 돌아간다.

🐇 아가미 호흡을 하는 우파루파용 마취 장치를 고안하다

"우리 우파의 꼬리가 떨어져 나갈 것 같아요!"

꼬리가 끊어질 듯 너덜너덜해진 우파루파가 찾아왔다. 수조 청소 중 물 정화기를 잘못해서 떨어뜨려 버렸다고 한다. 운 나쁘게도 밑에는 우파루파가…… 꼬리의 뿌리 부분이 벌어져 상처가 뼈까지 도달해 있었다.

날뛰면 너덜너덜한 꼬리가 끊어져 버리기 때문에 전신마취를 하여 일단

피부 결손에 대한 성형 패턴 예시

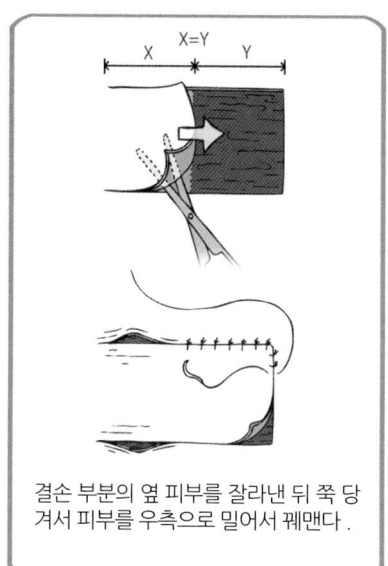

결손 부분의 옆 피부를 잘라낸 뒤 쭉 당겨서 피부를 우측으로 밀어서 꿰맨다.

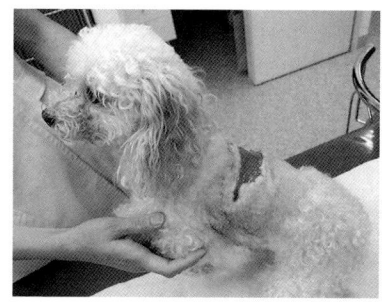

등을 물어뜯긴 토이푸들. 너무 딱하지만 척추에 도달하지 않은 것은 불행 중 다행이었다.

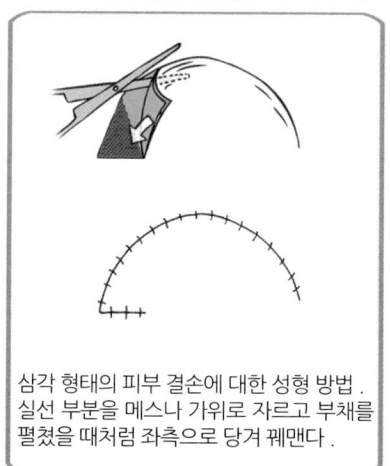

삼각 형태의 피부 결손에 대한 성형 방법. 실선 부분을 메스나 가위로 자르고 부채를 펼쳤을 때처럼 좌측으로 당겨 꿰맨다.

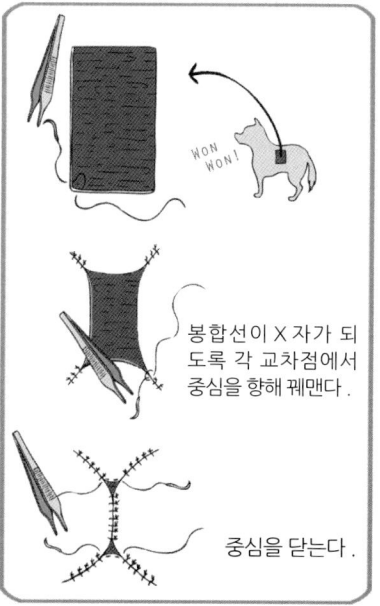

봉합선이 X 자가 되도록 각 교차점에서 중심을 향해 꿰맨다.

중심을 닫는다.

동물의 피부는 사람의 피부보다 헐렁해서 피하조직에서 떼어낸 뒤 당겨서 늘릴 수 있다. 이 성질을 이용하여 다양한 형태의 피부 결손 부분에 대한 몇 가지 패턴을 조합하여 성형한다.

척추 손상이 없는지 엑스레이를 찍어 체크한다. 다행히 이 증례에서는 꼬리 근육만 손상되어 있었다. 육서동물을 마취할 때는 가스를 쓰지만 아가미호흡을 하는 우파루파에게는 당연히 사용할 수 없다. 이전에 배가 종양으로 빵빵해진 우파루파를 수술 했을 때 전용 마취 장치를 고안했다.

일단 사육 수(水)에 마취약을 넣어 우파루파를 잠들게 한다. 그리고 완전히 잠들었을 때 우파루파를 스폰지 위로 올려 재운다. 스폰지 밑에는 마취약이 든 수용기가 놓여져 있다. 그 물을 스폰지로 빨아올리며 우파루파의 아가미에 걸치도록 한다. 아가미 호흡 동물은 아가미에 마취를 걸어야 하는데, 이것은 물고기도 마찬가지다.

또한 우파루파의 아가미를 거친 물은 그대로 스폰지를 통해 밑의 용기에 떨어져 순환하도록 되어있다. 이것에 의해 수술하는 동안 우파루파는 잠들어 있을 수 있다.

단, 평평한 스폰지 위에 우파루파를 올려 두면 굴러 떨어질 수 있어 좋지 않다. 그래서 스폰지는 중앙 부분을 미리 조각하여 오목하게 만들어 둔다.

수술 전에 스폰지를 조각하니 스텝으로부터 '뭐 하고 계신 겁니까?'라며 비웃음 당했지만 이 아가미 전용 마취 장치는 그 후에 일부 특수동물 수의사 사이에서 '표준'이 되어 있었다. 물론 시판되지 않았으니 선생님들이 모두 아가미 호흡을 하는 동물의 수술 전에 스폰지를 조각하는 것이다.

참고로 꼬리가 끊어질 뻔한 우파루파는 다행히 뼈가 부러지지 않아서 연부조직, 즉 근육을 봉합하는 것으로 끝났다. 하지만 꽤 중상이었기 때문에 상처 안과 밖을 이중으로 봉합하는 작전을 실시했다.

다람쥐 등의 설치류나 최근 인기를 끌고 있는 유대하늘다람쥐 등이 상처를 입었을 때 자신의 상처를 깨물어 더욱 악화 시키는 '자교증(자해증)'을 자주 일으킨다. 프레리독은 꼬리를 다치면 스스로 꼬리를 깨물어 꼬리가

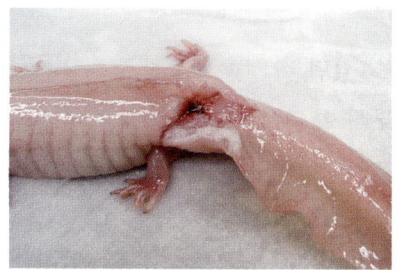

① 수조 청소 중 실수로 여과 장치를 떨어뜨려서 꼬리 뿌리가 댕강 잘릴 뻔한 우파루파.

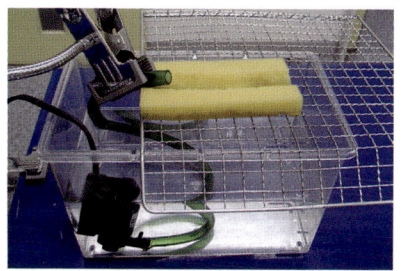

② 우파루파용 마취 장치. 우파루파 모양에 맞춰 스펀지를 잘라 둔다 (수의사는 무엇이든 한다).

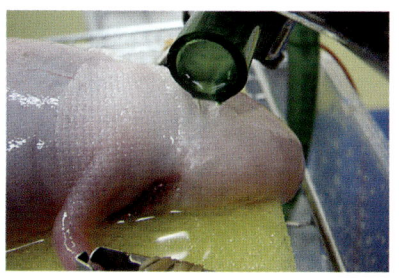

③ 우파루파는 아가미 호흡을 하기 때문에 마취 용액을 순환시켜 아가미에 걸친다.

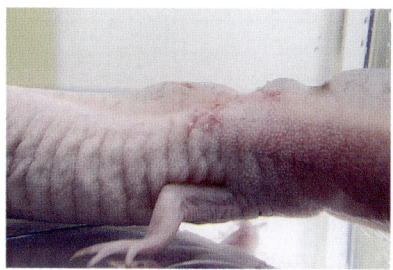

④ 수술 후의 모습. 상처는 남았지만 기능에 문제는 없다.

실수로 옆 수조에 넣어 동종에게 보복당한 왕도마뱀.

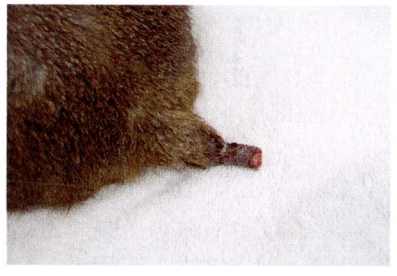

자해증(자교증)으로 자신의 꼬리를 먹어 버린 프레리독.

제 6 장 주의는 1 초 부상은 일생. 대부분은 주인의 부주의로 인한 것

피부 봉합법 패턴 예시

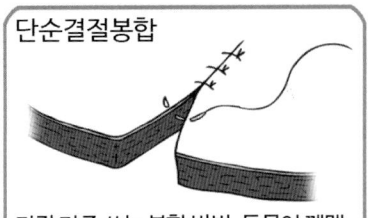

단순결절봉합

가장 자주 쓰는 봉합 방법. 동물이 꿰맨 곳을 물어 실이 끊어져도 한 바늘씩 꿰매어 봉합하여 상처 입구가 쉽게 열리지 않는다.

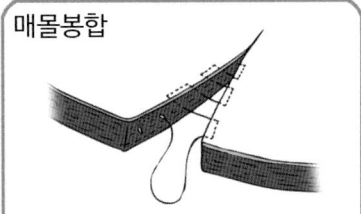

매몰봉합

피부표면에 실이 나오지 않도록 피부 밑에서 봉합한다. 동물이 핥거나 해도 봉합 부분에는 영향이 가기 어렵다.

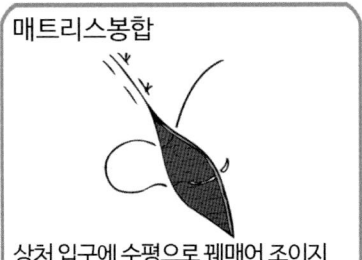

매트리스봉합

상처 입구에 수평으로 꿰매어 조이지 않으며 피부에 대한 장력이 분산된다. 단순결절봉합보다 강하게 폐쇄할 수 있다. 근육에도 사용할 수 있다.

점점 짧아지는 경우가 있다. 또 피부병이 있었던 유대하늘다람쥐도 갑자기 피부가 안 좋은 부분을 스스로 물어뜯어서 내장이 튀어나와 사망에 이르렀던 경우도 있다.

또한 수술 봉합실 같은 이물도 마찬가지로 피부 표면에 실 등이 있으면 그것을 빼내려고 스스로 자신의 피부를 갉아댄다. 수의사를 아주 괴롭히는 일이다. 수의사에 따라서는 물어도 잘리지 않는 가는 금속 와이어로 봉합하거나 외과용 접착제로 피부를 닫거나 한다. 하지만 나는 되도록 가는 실로 매몰법이라는, 바깥쪽에 실이 나오지 않도록 안쪽으로 봉합하는 방법을 실시하고 있다.

🐰 토끼의 뼈는 나무젓가락보다도 가늘고 무르다

골절은 병원에 많이 찾아오는 외상 중 하나이다. 그중에서도 소동물은 뼈가 가늘고 부러지기 쉽다. 부러지기 쉬운 뼈를 잇는 것도 어렵지만 동물이 수술 후에 환부를 움직이지 않고 안정을 취해주지도 않는다. 그 때문에 동물의 골절상은 사람의 골절과 비교하여 꽤 어려운 치료이다. 이것이 개나 고양이의 감당할 수 없는 골절상인 경우, 성형외과 골절 전문의도 있으며 대학병원으로 돌리는 것도 가능하다. 그러나 특수동물 분야는 그렇게 할 수 없어서 '여기서 못한다면 더 이상 방법이 없음'이라는 벼랑 끝에 내몰리게 된다. 스스로 여러 가지를 고려해야만 하는 일이다.

요전에 사랑앵무가 '다리가 골절된 것 같은데, 일어서질 못해요.'라는 이유로 찾아왔다. 가는 뼈의 뿌리가 내출혈로 부어 있었다. 엑스레이를 찍으니 역시 골절이었다.

골절 치료는 플레이트를 대고 스크류(나사)로 고정시키는 방법이나 수내(髓內) 핀이라는 뼈 속에 핀을 넣는 방법이 흔히 사용된다. 플레이트는 사이즈의 한계가 있는데, 아주 작은 것이 없기 때문에 개나 고양이 등 비교적 뼈가 굵은 동물에게 사용된다. 한편 작은 새, 햄스터 같은 아주 작은 동물의 골절에는 각각의 동물에 알맞은 플레이트가 없어서 주사침을 이용하여 골수 내에 핀을 투입하기도 한다.

이 골절상을 입은 작은 새도 부러진 뼈 정중앙에 주사침을 통과시켜 골수 내부터 고정하는 방법을 썼다. 주사침은 앞 끝 반대쪽에 주사기에 꽂는 허브가 달려 있다. 이곳을 잡고 빙글빙글 돌리며 박는다. 아주 알맞게 들어갔다.

토끼도 골절상을 잘 입는다. 다른 병원의 소개로 오는 경우가 많은데, 토끼의 골절 수술에는 아주 약간의 요령이 필요하다.

토끼는 깡충깡충 뛰어다니는 것으로 보다 빨리 외적에게서 도망가야 하는 동물이다. 그래서 신체를 보다 가볍게 하기 위해 뼈도 가볍게 이루어져 있다. 고양이 뼈의 무게가 체중의 13%인 것에 비해 토끼 뼈는 8%에 불과하다. 그 때문에 토끼 뼈는 매우 무르다.

① 골절상을 입고 내출혈을 일으킨 사랑앵무.

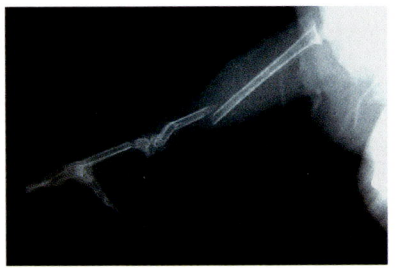

② 사랑앵무의 다리뼈 두께는 이쑤시개 정도이다. 풀어놓고 키워서 실수로 밟는 사고가 많이 일어난다.

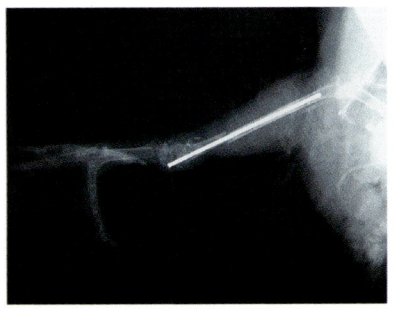

③ 사랑앵무의 가느다란 다리에 깁스를 두르기 어려워서 뼛속에 주사침을 넣어 고정한다.

개나 고양이의 골절을 고정하기 위해 사용하는 판(플레이트)은 토끼에게는 역시 너무 크다. 게다가 뼈 중앙을 통과하는 수내 핀은 토끼가 움직일 때 충격으로 뼈가 핀을 이기지 못하고 부서질 위험성이 있다.

이런 경우 내가 선호하는 외고정이라는 방법을 사용한다. 이것은 사람의 손가락 골절이나 복잡 골절 등에서 뼈를 고정할 때 실시하는 방법이다. 뼈가 부러진 부분에 피부 위에서 뼈 중앙을 관통하듯이 핀 몇 개를 꽂는다. 뼈를 꼬챙이에 꿰는 것 같은 요령이다.

겉보기에 물리적인 기구가 피부를 관통하여 찌르고 있기 때문에 매우 안쓰러워 보인다. 그러나 외고정은 강한 고정이 가능하여 골절 부분을 절개하지 않고 실시할 수 있기 때문에 근육 손상도 적고 뼈 유합도 빠르다.

우리 병원에서 사용하는 외고정 기구는 의료기 업자가 특수동물용으로 극소 사이즈로 제작 해

주어 '선생님 한번 써보세요.'라며 가져다 준 것이다. 그것을 선발부대로 쓰고 있다.

단, 외고정은 기술적으로 수내 핀보다 어렵다. 큰 병원이라면 실시간으로 핀의 투입 상황이 보이는 투시 엑스레이 장치를 사용하며 하지만, 우리 병원에는 그런 장치가 없다. 그래서 부러진 뼈를 밖에서 만져 본 감각으로 뼈 중앙을 겨냥하여 핀을 투입하는 것이다. 이 때 핀이 뼈 중심을 제대로 관통하지 않으면 뼈가 부러져 버린다. 핀 투입에는 감각적인 부분이 강해서 어느 정도의 센스를 요하는 작업이다.

어느 날, 오른쪽 앞다리와 왼쪽 뒷다리가 대롱거리는 페넥여우가 찾아왔다. 문에 실수로 끼여 버렸다고 한다.

여기서 조금 보충하자면, 소동물 골절의 9할이 주인에게 원인이 있다. 떨어뜨렸다, 밟았다, 문에 끼었다, 너무 세게 잡았다 등 여러 가지다.

아무튼 이 페넥여우의 엑스레이를 찍어 보니 오른쪽 발목이 댕강 부러져 있었다. 게다가 왼쪽 뒷다리는 발가락이 달린 부분이 완전히 찌부러져 발가락뼈가 네 개나 부러져 있었다.

이렇게 되면 수술 시간도 수고도 평균보다 3배 이상 든다. 시간을 신경 쓰지 않고 수술에 집중할 수 있도록 외래 진료가 끝난 밤에 수술을 하기로 했다.

체중 1kg이 되지 않는 페넥여우의 뼈는 토끼와 마찬가지로 가늘고 물러서 수술 중 힘 조절을 잘못하면 더욱 큰 골절을 일으키게 된다.

특히 4개인 발가락뼈는 대꼬치처럼 가늘다. 이것은 수내핀 방법으로 진중하게 발가락 하나하나 핀을 넣어야 한다. 발목은 외고정법을 실시하기로 했다. 완치까지는 2개월 정도 걸리는데, '안정'을 취하면 무사히 유합될 것이다.

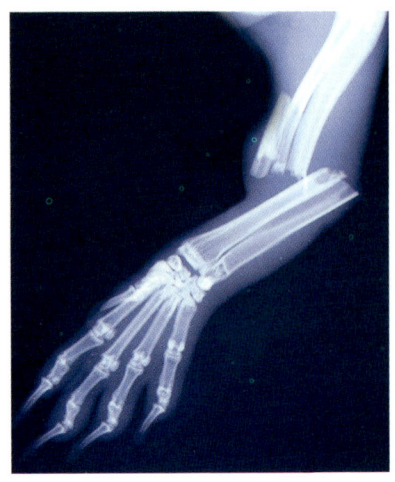

① 토끼의 골절. 똑 부러진데다가 박리골절도 생겼다.

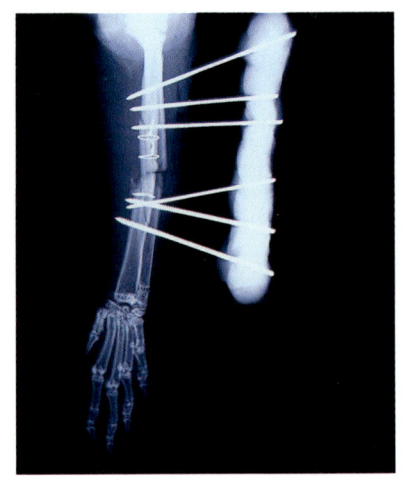

② 토끼의 골절 외고정. 뼈 중앙을 옆에서 관통하듯 핀을 꽂고 피부 바깥으로 나와 있는 핀을 퍼티로 고정한다.

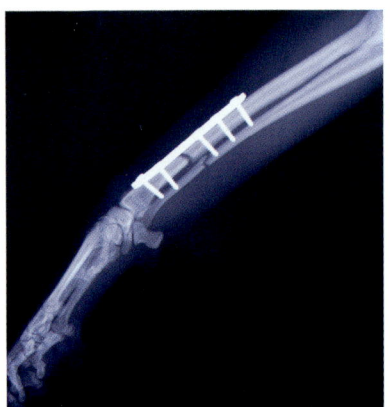

플레이트 법으로 고정한 토이푸들의 다리 골절. 플레이트를 대고 스크류로 고정한다.

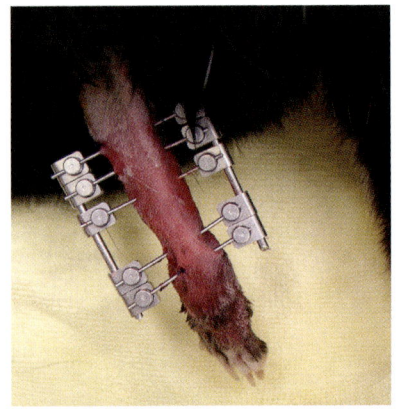

특별 주문한 극소외고정기를 사용한 토끼 골절 치유법.

① 앞다리, 뒷다리가 동시에 골절된 페넥여우. 페넥여우의 뼈도 토끼처럼 매우 무르다.

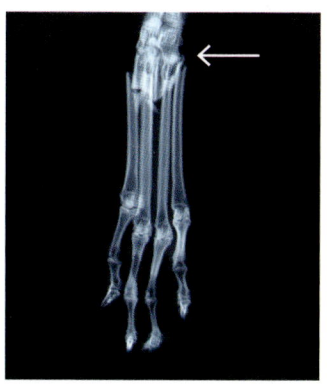

② 발가락뼈가 네 개나 부러진 왼쪽 뒷다리.

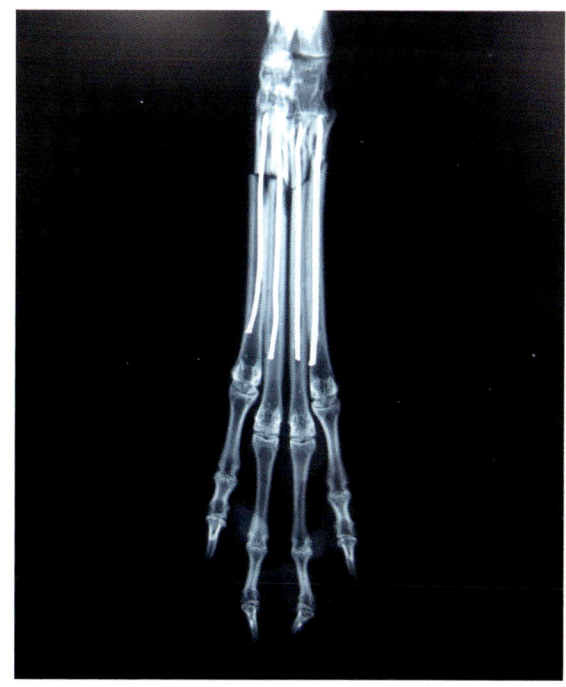

③ 원래 대꼬치처럼 가는 뼈를 더욱 가는 수내핀으로 고정.

두 다리 골절의 장시간 수술이 무사히 마무리되어 '내가 해냈어!'라고 생각했는데, 1개월 후 진찰 받으러 왔을 때,

"선생님 수술 후에는 상태가 좋았는데, 어제부터 갑자기 다리를 쓰지 못하게 되었어요."

"엥!? 보여주세요!"

"……"

저번에 잘 고정한 앞다리가 또 부러져 있었다……

자연에서 구멍을 파서 생활하는 페넥여우는 사육하는 개체라도 그 습성이 남아있어 앞다리를 사용하여 케이지 모퉁이를 짤가닥짤가닥 파는 흉내를 낸다. 이 페넥여우는 수술로 다리를 고정해 놓은 탓으로 기분 좋게 다시 구멍을 파는 흉내를 시작했다고 한다. 이 때문에 외고정 핀이 들어간 부분이 피로골절을 일으켰던 것이다.

나는 맥이 풀렸지만 다시 기운을 내서 외고정을 실시하고, 주인에게 절대안정을 취하도록 이야기 했고 3개월 후에는 완전히 유합되었다. 전치 2개월 예정이었던 것이 총 4개월이나 걸렸지만 지금은 다행히도 건강히 뛰어다니고 있다.

🐇 어려운 골절일 경우 '다리절단'이라는 선택사항도 있다

사람이 골절상을 입었을 땐 깁스로 고정하는 것이 일반적이지만, 동물은 꼭 그렇지 않다. 동물에 따라서는 스트레스를 받거나 처음부터 깁스를 할 수 없는 상황이 왕왕 있다. 깁스 고정을 잘 할 수 있다면 그것 이상의 것이 없겠지만 다람쥐나 개구리는 깁스를 하기 곤란한 경우가 대부분이다. 또 프레리독 등 깁스를 마음에 들어 해서 계속 갉아 먹는 동물에게도 맞지 않다.

덧붙여서 깁스를 두르는 정도를 가늠하기가 어려워, 느슨하면 풀어지고 꽉 조이면 혈행장애로 괴사를 일으킨다. 특히 크기가 작고 활동성이 많은 동물은 더욱 그렇다. 사실 깁스로 동물의 뼈를 치료하고자 하는 것은 난이도가 높은 처치이다.

동물은 일반적으로 수술한 상처를 핥는 경향이 있다. 그 때문에 '엘리자베스 칼라'라는 접시형 안테나 모양의 보호대를 목에 두르고 상처를 핥지 못하도록 보호한다.

하지만 이것이 스트레스가 되는 동물도 있어서 토끼 등은 먹이도 먹지 않기도 한다. 하지만 수의사도 칼라를 장착하지 않아 동물이 상처 부위를 핥아서 상처가 열리면 스트레스가 쌓인다.

우리 병원에서는 기본적으로 엘리자베스 칼라를 거의 씌우지 않는다. 그 대신 핥아도 괜찮도록 깨끗이 제대로 봉합한다. 가는 실을 사용하면 위화감이 더욱 적어지고 앞서 설명했던 매몰법으로 표면에 실이 나오지 않도록 한다.

그러나 그런 방법은 일반적인 봉합보다 조금 번거롭고 시간도 걸린다. 수의사에 따라서는 마취시간이 짧을수록 좋다는 사람도 있고, 다소 길어져도 깨끗이 봉합하여 수술 후에 목 주변에는 아무것도 씌우지 않는 편이 결과적으로 동물에게 좋다는 사람도 있다. 무엇을 더 중요시 할지 균형을 잡는 것이 어렵다.

골절상을 입으면 치료하는 게 당연하다고 생각할지 모른다. 하지만 동물의 골절은 '치료하는 게 당연한' 일이 절대 아니다. 골절 수술은 수의계에서도 굉장히 어려운 외과 분야에 들어간다. 왜냐하면 동물의 움직임을 컨트롤하기가 어렵기 때문이다. '안정을 취한다'거나 '다리를 매달고 1개월

① 수조 뚜껑에 끼어 복합골절을 입은 하늘유대다람쥐. 다리를 절단했지만 나무에도 재빨리 올라갈 정도로 생활에는 지장이 없다.

② 이렇게 자세히 보지 않으면 다리가 하나 없다는 것을 알기 힘들다.

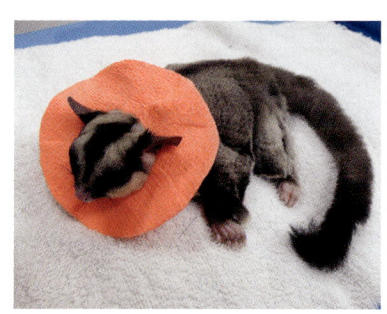

③ 하늘 유대 다람쥐는 '자교증'을 일으켜서 수술 후에 점착포대를 이용한 특수 엘리자베스 칼라를 장착한다.

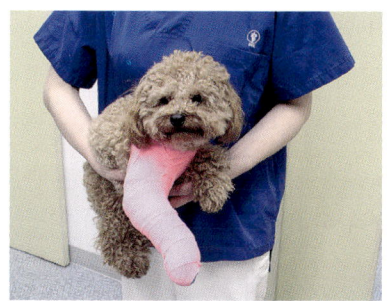
동물에게 깁스를 하는 것은 어렵다. 이 아이의 이름은 모모. 핑크색 깁스를 해주었다.

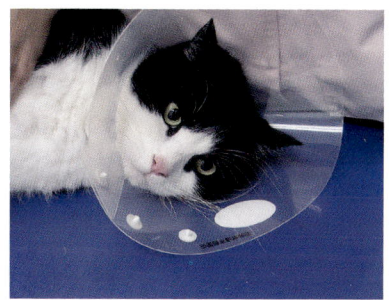
엘리자베스 여왕의 목도리와 닮아서 '엘리자베스 칼라'라고 부른다.

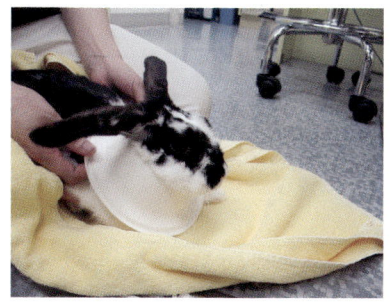
토끼에게는 종이 접시를 이용하여 핥지 못하도록 환부를 보호하기도 한다.

왼쪽 뒷다리를 절단한 토끼. 이 케이스는 악성종양이 원인이었다.

① 다리에 감염증을 일으켜 뼈가 녹아버린 두꺼비.

② 감염증이 퍼지지 않도록 절단 수술을 실시했다.

동안 움직이지 말라'거나 하는 것이 전혀 불가능하다.

　조금 삔 것 정도의 골절인 경우, 움직이지 않는다면 자연히 낫는다. 그러나 계속 뛰어다니며 동요한다든지, 골절된 곳으로 세균이 들어가면 '뼈가 아물 의욕'이 안 보이게 되는 것이다. 그렇게 되면 뼈는 평생 붙지 않게 되어 유합부전을 일으킨다. 뼈의 '의욕'이 없어지지 않게 하기 위해 되도록 빠른 단계로 적절한 고정을 실시해야 한다. 그래서 동물의 골절을 제대로 치료하는 것은 엄청나게 대단한 일인 것이다.

　골절의 치료법에는 플레이트법, 수내핀법, 외고정법 외에 또 하나의 방법이 있다. 그것은 바로 다리를 자르는 다리절단이다. 고정할 수가 없고 흔들거리는 다리를 계속 질질 끌고 다녀야 한다면 잘라버린다. 이렇게 말하면 매우 난폭한 방법이라고 생각할지 모르나, 체중이 가벼운 특수동물의 경우에는 다리를 하나 잘라도 큰 문제가 없다.

　햄스터 같은 작은 동물의 골절은 수술도 어려운데다가 수술 후 관리도 매우 힘들다. 이 때문에 수술로 뼈를 잇기보다도 다리를 자르는 편이 햄스터에게도 위험이 적은 것이다. 다리가 3개만 남아도 그 사실을 모르는 사람이 본다면 다리가 없는 것을 모를 정도로 자연스럽게 뛰어다니며 놀 수 있다.

　당연한 이야기지만 다리 절단을 제안하면 싫어하는 사람이 아주 많다.
　'다리가 없어지면 불쌍하잖아요……'
　다리가 없어서 아픔이 계속된다거나 자유롭게 움직이지 못해서 견디지 못하거나 장래에도 문제가 발생한다면 그건 정말 불쌍하다.
　그러나 햄스터는 다리가 3개만 남아도 아픔을 계속 느끼지도 않으며 다리가 없어서 실망하지도 않는다. 다리가 하나 없는 햄스터의 모습은 확실히 불쌍해 보이긴 하지만 낫지 않는 부러진 다리를 질질 끄는 편이 햄스터의 입장에선 더 고통스럽다.

어떻게든 복잡골절이 있는 햄스터를 치료하려는 노력과 애정도 중요하지만 햄스터의 보다 나은 생활을 가장 먼저 생각하는 것도 때때로는 중요하다.

🐰 수의사는 외과의도 내과의도 치과의도 된다

"선생님 우리 아이의 송곳니를 빼 주세요."

"위험하니까 이를 잘라 주세요."

슬로로리스나 긴팔원숭이, 다람쥐원숭이, 미국너구리…… 이러한 동물들을 키우는 사람들이 예리하고 뾰족한 송곳니 처리를 위해 내원하곤 한다. 이런 때 수의사는 치과의사가 된다. 여러 해 다양한 동물의 송곳니를 빼왔기 때문에 지금은 발치가 숙련된 처치 중 하나가 되었다.

미국너구리의 송곳니를 잘라달라고 찾아온 사람이 있었다. 미국너구리라고 하면 귀여운 이미지를 흔히 떠올리지만 악동 이미지는 별로 없다. 그러나 실제로는 매우 난폭하다. 업계에서는 미국너구리가 아니고 '미친너구리'라고도 불린다. 그 미국너구리도 도망치지 못하도록 뚜껑을 덮은 옷 케이스에 넣어 왔다. 병원에 도착했을 때는 까딱하면 질식사하기 직전의 상태였다.

송곳니 처리는 크게 '자르기'와 '빼기' 두 가지 방법으로 나뉜다. 자르는 경우는 잇몸에서 나와 있는 부분을 다이아몬드 커터로 자르는 것이다. 단, 자르는 것만 하면 치수가 유출되어 버리니까 치수에 치과용 시멘트를 넣는다. 이 방법은 그렇게 수고롭지 않다.

그러나 큰 송곳니를 빼는 것은 꽤 힘들다. 송곳니는 외부로 나와 있는 부분이 수 cm에 불과하고 그 배 이상의 길이의 치근이 잇몸 속에 파묻혀 있

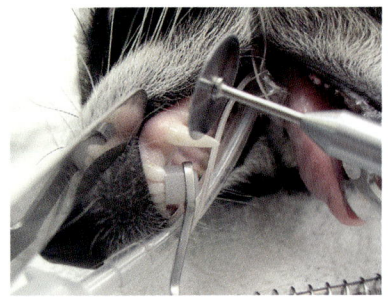

① 미국너구리의 송곳니를 자른다. 다이아몬드 커터로 절단한다.

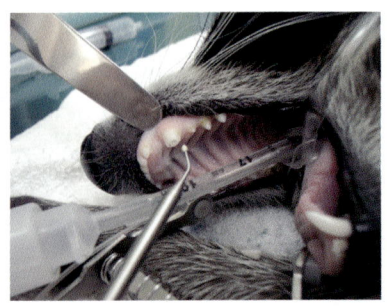

② 이를 자른 후 치수(齒髓)를 빼고 그곳을 치과용 시멘트로 채운다.

송곳니의 부적절한 처치로 얼굴이 부은 다람쥐원숭이. 이런 증례는 정말 많다.

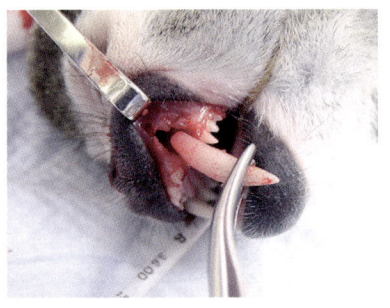

다람쥐원숭이의 발치. 보이는 것의 배 이상인 길이의 치근이 잇몸 안에 가득 차 있다.

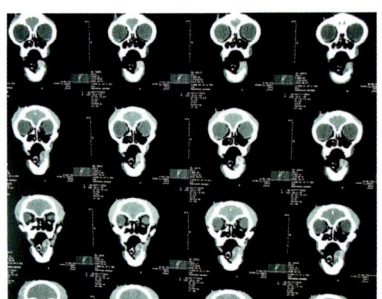

① 이를 불완전히 치료한 탓에 얼굴에 구멍이 뚫린 긴팔원숭이. CT 촬영으로 남아 있을 치근을 찾는다.

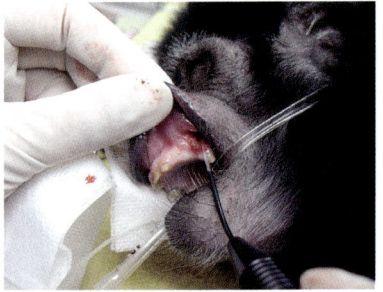

② 수의치과전문의와 2시간에 걸친 치근 적출. 3년 만에 환부가 거짓말처럼 깔끔하게 나왔다.

다. 이것을 빼려면 일단 잇몸을 잘라 내고 치조골을 깎은 뒤 송곳니를 뽑는 작업을 해야 한다. 익숙하지 않으면 매우 시간이 걸리는 작업이다.

절단하는 것이 더 편한 처치이지만 절단 후 채워둔 치과용 시멘트가 떨어지면 그곳으로 세균이 들어가 염증을 일으킬 가능성이 있다. 송곳니를 꼭 처리하고 싶은 경우에는 빼는 편이 나중에 썩을 우려가 없다.

주인은 '빼는 게 더 불쌍하다'고 절단을 희망하는 쪽이 더 많다.

또한 니퍼 등으로 적당히 잘라 잘 처치하지 않아서 그곳을 통해 곪는 경우가 흔히 있다.

턱이 부어오른 다람쥐원숭이나 슬로로리스가 종종 찾아온다. 이 또한 송곳니를 절단할 때 어중간한 처치를 해서 남은 치수가 곪아 붓는 것이다. 게다가 염증이 심해지면 그 부분이 썩어 들어가 얼굴에 구멍이 생기는 상태까지 진행된다.

어느 날, 눈 밑에 구멍이 뚫려 농이 흘러나오는 긴팔원숭이가 왔다. 그 원숭이는 원래 펫샵에서 가혹한 상황 속에 팔리고 있던 것을 마음씨 좋은 사람이 사서 거두었다고 한다.

팔릴 때는 이미 송곳니가 잘려 있었는데, 아마 그 처치가 잘못됐을 것이다. 치수에서 들어간 세균이 염증을 일으켜 그것이 원인으로 눈 밑에 구멍이 뚫렸다. 펫샵에서도 3년간이나 그 상태로 항상 농이 흘러나오고 있었다고 한다.

원숭이의 치료경험이 풍부한 선생님에게도 찾아가 봤지만 낫지 않았다. 그래서 '어떻게 안 될까요?'라며 우리 병원에 찾아 온 것이다. 항생제의 감수성 시험을 실시하고 그것에 따라 투약을 했지만 아무래도 낫지 않는다. 아마 원인은 자른 치근이 어딘가에 남아 있어서 그것이 안 좋은 작용을 하고 있을 것이라고 추측된다. 그러나 엑스레이를 찍어도 무엇을 해도 그 치근이 발견되지 않았던 것이다.

치근이 파묻힌 채 있는 것은 바다에 잠긴 테트라포트(방파제에 사용되는 다리 네 개 달린 콘크리트 덩어리)에 물고기가 모여드는 것과 같은 것이다. 테트라포트에 모여든 물고기를 아무리 내쫓아도 내쫓아지지 않는 것처럼 치근에도 세균이 더욱 모여든다. 아무리 항생제를 투여해도 치근이 남아있는 한 완치는 불가능하다.

그래도 주인은 '어떻게든 해주길 바란다'고 재차 내원했다. 그래서 '한번 CT 스캔으로 자세한 검사를 해보기'로 했다. 하지만 우리 병원에는 CT가 없어서 CT설비가 있는 전문병원까지 가서 촬영을 하기로 했다. 영상진단 전문병원에 전화를 하고 예약을 잡았다.

"실례합니다. CT를 찍을 증례가 있어서 말인데요. 원숭이입니다."

"앗 원숭이요? 촬영은 할 수 있는데, 주치의 선생님도 함께 오셔야 합니다."

이 말이 의미하는 것은 이런 것이다. 동물 CT 촬영을 위해서는 전신마취를 할 필요가 있다. 하지만 그런 전문 병원에서는 물론 원숭이에게 마취를 한 적이 없다. 따라서 촬영은 하지만 마취 및 원숭이에 관한 주변의 여러 가지는 주치의가 해달라는 의미다. 뭐, 이렇다 할 방법이 없는 일이다. 나는 휴진일을 이용해서 그 긴팔원숭이를 데리고 전문 병원에 갔다.

우여곡절 끝에 CT 스캔을 찍어 보니 3mm정도에 불과한 치근이 눈 밑 뼈 안에 파묻혀 있음이 판명되었다.

"있다! 이거야 이거! 낫지 않는 원인이 말이야!"

기쁜 것도 잠시 뿐, 이 3mm의 치근이 또 문제다. 나의 기술로는 얼굴 깊숙한 곳에 파묻혀 있는 극소 치근 파편을 제거하기 어렵다.

그래서 이번에는 수의치과 전문의에게 상담을 하러 갔다. 수의치과는 주로 개나 고양이의 치아를 전문으로 다루는 수의치과의사가 있다. 다행히 나의 대학시절 동기 중에 수의치과의사가 있다. 전화로 사정을 설명하고

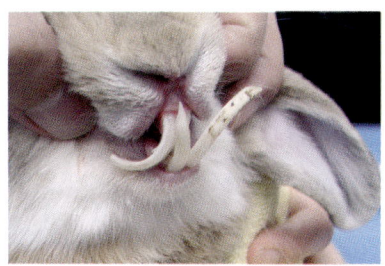

① 토끼의 부정교합은 흔히 볼 수 있는 증례. 앞니만이 아니라 어금니도 자라기 때문에 잘라줄 필요가 있다.

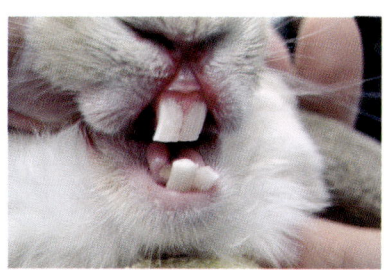

② 앞니를 자른 후. 매우 깔끔해진 인상. 한번 부정교합을 일으키면 완치는 힘들기 때문에 정기적으로 잘라줘야 한다.

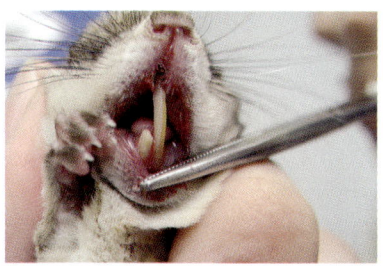

얼룩다람쥐의 절치 부정교합. 아랫니가 너무 자라서 윗입술을 찔러 출혈이 있었다.

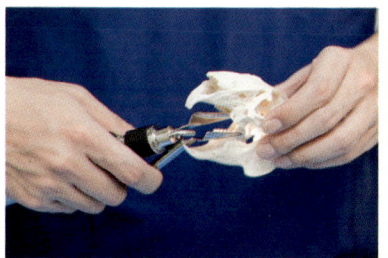

토끼 입을 벌리는 것은 이비인후과에서 콧구멍을 벌릴 때 쓰는 '그것' (비경 [鼻鏡]).

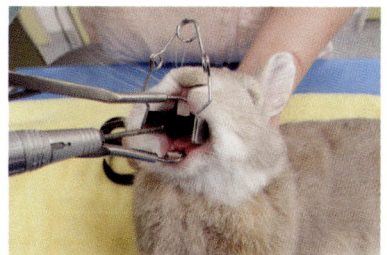

토끼 등의 어금니를 완전히 치료할 경우에는 이처럼 전신마취를 하여 개구기를 사용해 실시한다.

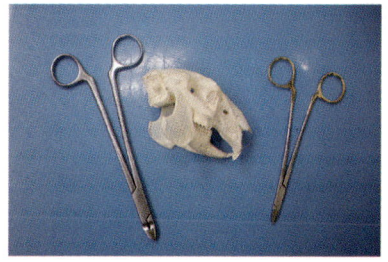

토끼 입이 작은 탓에 기구로 입안이 꽉 차서 무엇도 보이지 않게 된다. 좌측이 원래 쓰는 커터 우측이 타무카이식 어금니커터.

부탁을 하기로 했다.

"음, 긴팔원숭이의 치근(치아뿌리)? 원숭이의 치아 치료는 해 본 적이 없어서 말이지. 타무카이 군의 부탁이라도 좀 곤란해......."라며 주저했다. 그것도 그럴 것이 나라도 긴팔원숭이 치아는 치료해본 적이 없다. 하지만 긴팔원숭이의 주인이 난처한 상황이니까 어떻게든 머리를 짜내는 것이다.

"원숭이라는 사실은 잊어도 좋으니까 그건 나한테 맡겨둬. 뼈에 파묻혀 있는 3mm 짜리 치근만 뽑아주면 되니까 부탁해! 도와줘!"

그렇게 설득해서 겨우 허락을 받았다. 수의치과의와 나, 둘이서 두 시간에 걸쳐 긴팔원숭이 머리에 파묻힌 3mm 짜리 치근을 제거할 수 있었다.

제거하고 일주일 뒤에 몇 년씩이나 어떤 방법으로도 낫지 않았던 농이 딱 멈추고 완치됐다. 주인은 아주 기뻐했고 나도 큰일을 하나 끝내서 어깨의 짐을 내려놓은 듯 했다. 나 혼자서는 절대 치료하지 못했을 거라고 깊이 추억하는 증례 중 하나이다.

결국 특수동물의 치료에서는 반드시 동물 전문일 필요는 없다는 것이다. 오히려 수의학의 기본적인 것부터 모든 것을 생각해야 하며, 응용력을 가지고 대응하는 것이 중요하다.

🐰 부정교합을 일으킨 토끼의 치아를 자르다

사육 환경에서의 치아 트러블은 많다. 개나 고양이 등 식육목은 원래 다른 동물을 먹으며 살아가는 동물이었다. 다른 동물의 근육이나 뼈, 내장을 찢어 먹고 그대로 삼키며 생활하는 동물이다. 그래서 애완용 사료를 먹으며 자란 개와 고양이는 치구(齒垢)가 치석이 되어 치주병이 되는 경우를 매우 많이 볼 수 있다. 치주병에 걸리면 잇몸은 치조농루(齒槽膿漏)를 일으켜 치아가 흔들거리게 된다. 이렇게 되지 않도록 평소에 손질하는 것이 중요하다. 하지만 쉽게 관리를 받지 못하는 개와 고양이도 많아서 노령이 되어 치아를 빼는 경우도 흔히 있다.

토끼나 기니피그, 친칠라 같은 동물은 앞니(문치[切齒]), 어금니(구치)가 평생 자란다. 따라서 이런 동물들은 이가 맞물리는 상태가 나빠지는 부정교합을 일으키면 앞니는 엉뚱한 방향으로 자라고 어금니도 이상한 방향으로 길어져서 구강 내 점막에 상처를 입히기도 한다. 이렇게 되면 통증으로 먹이를 먹지 못하게 된다.

부정교합의 원인에는 여러 가지 설이 있지만 아마 가장 유력한 이유는 케이지의 금속 망을 심하게 갉으며 씹는 것이라고 추정된다. 이로 인해 치근에 부하가 걸려 휘게 된다. 혹은 일단 부러져서 교합에 문제가 생겨 엉뚱한 방향으로 자라고 만다. 또 맞물림이 안 좋은 유전형질을 지니는 경우도 추정할 수 있다. 한번 부정교합이 되면 완치는 힘들고 안 좋은 치아를 발치하거나 정기적으로 잘라줄 필요가 있다.

우리 병원에서도 토끼, 기니피그, 친칠라 등의 치아 치료를 자주 시행한다. 이상한 방향으로 자란 앞니를 자르거나 어금니를 치과용 드릴로 깎거나 한다.

특히 어금니를 깎을 때는 마구 날뛰기 때문에 일반적으로 전신마취를 한 뒤 실시한다. 그러나 어금니의 길이가 짧다든지 몸 상태가 안 좋아서 마취를 못하는 경우에는 무마취로 진행해야 한다.

최근에는 소형 토끼나 친칠라가 인기를 끌고 있어서 예전의 토끼용 어금니 커터는 크기가 너무 커서 사용할 수 없는 경우가 늘고 있다. 1kg이 채 되지 않는 작은 네덜란드 드워프(토끼 품종 중 하나)의 입안에 어금니 커터를 넣어 자르려고 하면 입안이 커터로 가득차서 구석에 있는 어금니가 전혀 보이지 않는다.

그래서 의료기구를 개발하는 분에게 의뢰하여 소형 토끼, 친칠라나 기니

프레리독은 사람과 친숙해지기 쉬워 꽤 많은 수가 사육되었던 시기가 있었는데, 수입 금지로 인해 내원 수도 줄었다.

치아종으로 괴로워서 흰자를 보이고 있다.

지금까지 뺀 치아종의 수. 소동물 구강외과는 환자의 크기가 작은 만큼 기술적으로 꽤 어렵다.

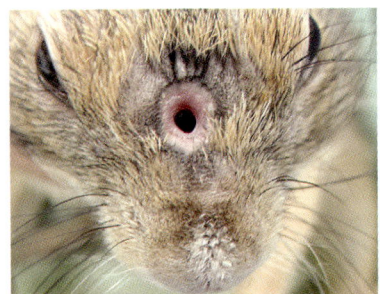

치아종이 커지면 기도를 압박하여 호흡곤란이 되기 때문에 미간에 구멍을 뚫어 호흡 통로를 만든다.

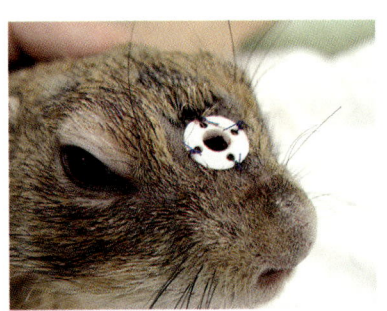

피부를 동그랗게 잘라내고 드릴로 뼈에 구멍을 낸다. 구멍이 안정될 때까지 플라스틱 커버를 꿰매어 둔다.

피그에게도 통용되는 작은 커터를 제작했다. 이름하여 '타무카이식 어금니 커터'이다. 매우 단순한 기구인데도 상품화까지 1년 이상 걸렸다. 이것이라면 작은 토끼의 좁은 입에 들어가도 어금니를 스트레스 없이 자를 수 있다. 지금은 인터넷으로 구입이 가능하다.

특수동물의 진료에서는 항상 '이런 도구가 있다면 좋을 텐데'라는 생각이 드는 것이 있다. 지금 가장 갖고 싶은 것은 청소기가 동물을 빨아들이지 않도록 청소기 끝에 장착하는 커버다.

수술 전 동물의 털을 깎으면서 동시에 청소기로 털을 빨아들인다. 햄스터처럼 작은 동물을 잘못해서 빨아들이면 안 되기 때문에 청소기 노즐을 손으로 가리고 진중하게 진행한다. 수의사들 사이에서는 '빨아들이는 건 생각만 해도 무섭네!'라고 우스갯소리로 말하지만 언젠간 실수 할 것 같아서 무섭다.

그래서 '털은 빨아들이지만 동물은 빨아들이지 않는 청소기 노즐 커버'가 생기지 않을까 하는 생각을 한다. 엄청 잘 팔릴 것이다. 어딘가 이걸 보고 계실 업자 분, 제품화할 생각 없으신가요? 일본에 동물병원은 1만개 정도 있으니까 1만개 가까이 팔 수 있을 거라고 생각합니다.

그리고 보니 요전에 가정용 청소기에 빨려 들어간 햄스터가 내원했다. 뇌진탕을 일으켜 심각한 상태였는데, 잠시 맡아서 처치를 해서 건강히 퇴원했다. 청소할 때는 햄스터를 케이지에서 꺼내면 안 된다.

🐰 치근이 경단(瓊團) 모양이 되어 기도를 막는 난치병

토끼의 치아질환 중 안면이나 턱에 농이 차는 '치근농양'이라는 병이 있다. 치근에서 세균이 들어가 농이 차고 붓는다. 안타깝지만 80%는 낫지 못한다.

이 병에 걸리면 항생제를 먹이거나 절개해서 농을 빼내거나 하는 치료를 하지만 완치는 어렵다. 완치를 바라기는 힘들어서 악화되지 않도록 간호하고 현 상태를 유지하거나 조금 더 개선되는 것으로 만족해야 한다. 단지 치근농양 때문에 죽는 경우는 거의 없기 때문에 완치되면 행운이라는 정도로만 생각하고 질병과 친해지는 편이 좋다.

키우는 사람에게 있어서도 괴로운 병이다. 병원에 올 때마다 '좀처럼 좋아지질 않네요~'라는 소리를 듣는데 나도 참 괴롭다. 병을 앓는 동물을 볼 때마다 가슴이 아프고 할 수만 있다면 완치되도록 해주고 싶다. 하지만 현대 수의료에서는 고칠 수 없다. 그래서 가장 힘들 동물이 고통스럽지 않도록 주인과 힘을 합쳐 돌보는 수밖에 없다.

나을 수 없는 병으로 말하자면 사육하는 프레리독에게 많은 치아종이라는 난치병을 들 수 있다.

프레리독에게는 4개의 앞니가 있는데 상악앞니의 치근이 경단 모양이 되어 그 밑을 지나는 기도를 막아 버리는 병이다. 경단 모양인 것이 커지면 숨을 쉬기가 어려워지고 점점 기도가 좁아져 최종적으로 질식해서 죽는다.

이것의 원인은 사실 '사육 환경'과 관련 있다. 프레리독은 앞니가 평생 계속해서 자라는 설치류다. 평생 자라는 치아의 치근에는 치아를 만들어 내는 세포가 있으며 치아를 앞으로 계속 내보내어 이가 자라는 구조로 되어 있다.

그런데 금속 망을 붙인 케이지 등에서 키우면 그것을 갉게 되고, 그 불필요한 진동이 치근으로 전해진다거나 어떠한 원인으로 앞니가 부러지는 등의 자극이 있으면 치아를 내보내는 세포에 이상이 생겨 치근이 경단 모양으로 되어 버리는 것이라고 추측하고 있다.

현재는 프레리독의 수입이 금지되어서 사육되고 있는 개체수도 줄었기 때문에 그 질병에 접할 기회는 줄었다. 그러나 수년 전까지는 일상적으로 보던 난치병이었다. 우리 병원에도 호흡을 할 수 없어 너무 괴로운 나머지 눈의 흰자를 보인 프레리독이 자주 찾아왔다.

항생제나 소염제, 흡입에 의한 약물 투여 등도 실시했지만 기본적으로 물리적인 공기 통과장애이기 때문에 내과적 치료에는 한계가 있다.

따라서 외과적인 치료를 몇 가지 실시했다. 일단 그 원인이 되는 치아를 뽑는 방법이 있다. 하지만 프레리독의 앞니는 3cm 정도의 길이인데 그중 밖으로 나온 부분은 5mm 정도에 불과하다. 게다가 치근부는 경단 모양으로 변형되어 있어서 정면에서 잡아당기는 정공법으로는 절대 뺄 수 없다. 때문에 상악 뼈를 깎아 슬라이드 시켜 뺀다. 하지만 원래 프레리독의 구강은 매우 좁아서 내 손가락 하나가 들어갈까 말까한 크기이다. 기술적으로 아주 어려운 수술이다.

또 하나의 방법으로 미간 뼈에 드릴로 호흡 구멍을 뚫어서 마치 돌고래처럼 기도를 확보하는 수술을 한다. 하지만 이것도 출혈이 많은데다 시간 경과에 따라 막히거나 너무 커진 치근의 경단 부분을 우회할 수 없는 경우도 있다. 이 두 가지 수술은 내가 하는 여러 수술 중에서도 '하기 싫음'의 정도로 말하자면 가장 하기 싫은 수술이다.

전 세계 수의사가 치료법을 고안하고 있지만 아직 결정적인 치료법은 개발되지 않았다. 동물이 바뀌면 질병도 다양하게 바뀐다. 평생 공부해도 따라가지 못할 것이다.

| 제 7 장 | 왜 이렇게 먹을 수 없는 것을 먹을까?

🐀 배변패드를 삼킨 3m짜리 큰 뱀

오음(誤飮)이란 글자 그대로 '실수로' 이물을 '삼키는' 것을 말한다. 사람이라면 어린아이 이외에는 이상한 것을 오음하는 일은 거의 없을 것이다. 동물병원에는 다양한 동물들이 더욱 다양한 것을 먹고는 찾아온다. 증상이 가벼운 경우는 '수의사의 특권'이라며 조금 즐거운 순간이다.

페럿은 오음이 많은 동물이다. 그들은 말랑말랑한 것을 좋아하는데, 예를 들면 지우개나 고무줄, 욕조 매트, 스폰지, 직물 등을 깨물며 놀다가 삼켜버린다. 그 결과 장폐색이 된다. 장폐색도 완전히 막혀 버리면 응급수술을 한다. 방치하면 죽음에 이른다.

한편, 토끼는 오음이 적다. 조심성이 많은 성격과 저작을 잘하기 때문에 아주 이상한 것을 삼키거나 하지는 않는다. 그 대신 자주 털 손질(그루밍)을 하기 때문에 털이 위 안에 쌓여 털망울증(毛球症, 위장울체) 이라는 병을 일으킨다. 대부분의 짐승이 털 뭉치를 토해낼 수 있지만 토끼는 위 출구의 근육이 발달되어 있지 않아서 구토를 할 수 없다. 이것은 말도 마찬가지다.

또 거북이 등은 오음해도 거의 대변에 섞여 나온다. 소화관 구조가 단순하기 때문이다. 만약 작은 돌이나 압정을 삼켜도 몇 달 후에 배설되는 경우가 많다.

　거북이만이 아니라 파충류 사육에서는 수조 안에 자잘한 모래를 깔고 멋있게 꾸미는 사람이 있다. 확실히 보기에는 야생 같은 분위기가 난다. 그러나 그 모래는 자연계의 것과는 다르며 사람이 체로 걸러서 크기를 균일하게 한 것이다. 먹이에 붙은 모래를 계속 먹으면 파충류라고 해도 장폐색을 일으킨다. 사람의 '야생 같은' 이미지만으로 키우면 호된 경험을 할 것이다.

　또한 사육 환경에서는 아주 뜻밖의 것을 실수로 먹기도 한다.
　"우리 아이가 배변패드를 먹은 것 같아요!"
　어느 날 이렇게 말하며 큰 뱀을 데리고 온 사람이 있었다. 보아뱀이라는 종으로, 성장하면 3~4m 정도 된다. 데려온 보아뱀은 3m였다. 겉모습은 거대하지만 TV 등에서 외국인이 목에 두르거나 하는 것을 볼 수 있는 아주 얌전한 뱀이다.
　이 뱀은 주인에 의하면 '아주 신경질적으로 편식'을 한다고 한다. 뱀에서는 가끔 그런 개체가 있다. 그런데 왜 배변패드를 삼킨 것일까?
　보통 뱀의 먹이는 냉동 쥐이지만 이 뱀은 쥐를 싫어해서 병아리만 먹는다고 한다. 게다가 일반적으로 뱀은 핀셋으로 먹이를 집어 내밀면 슬금 다가와 먹는데 이 뱀은 주인이 보고 있는 앞에서는 먹지 않는다고 한다. 밤에 해동한 병아리를 케이지에 살짝 넣어두고 아침에 보면 없어진다고 한다.
　그런데 어느 날 먹이를 넣어두고 다음 날 아침 일어나 보니 병아리와 함께 케이지에 깔려 있던 배변패드도 없어진 것이다. 뱀 케이지에 배변패드를 까는 것은 일반적인 일로, 이것을 오음하는 경우는 지금까지 없었다.
　그러나 이 뱀은 아마 병아리를 먹으려다가 배변패드도 끌어 와서 그것을 그대로 병아리라고 생각하여 먹었다고 추측된다. 데려왔을 때는 배 일부가 불룩 튀어나와 있었다.

뱀의 오음은 대변과 함께 나오거나 토하는 경우가 많다. 이전에 자신의 꼬리를 삼킨 바보 뱀이 찾아왔는데, 이것 또한 조금 기다리니 토해냈다.

주인도 어떤 식으로든 나오지 않을까 하고 2주일간 모습을 살폈다고 한다. 나라도 그렇게 했을 것이라고 생각한다. 그러나 다음 번 먹이를 줄 때가 되어도 배출될 기미가 보이지 않았다. 배변패드가 물을 흡수하여 부풀어서 배 안에서 빵빵해진 것이다.

이대로라면 먹이를 먹을 수 없게 되며 결국 아사할 것이다. 그래서 개복수술을 하기로 했다. 그렇지만 이 뱀은 아주 크다. 두 개를 이은 수술대에 올려도 꼬리가 밖으로 나왔다.

배를 절개하니 하얀 덩어리가 가득 차 있었다. 끝을 핀셋으로 잡고 끌어내니 배변패드가 점점 나타났다.

알고는 있었지만 패드의 거대함에 조금 웃음이 나왔다.

🐢 거북이에게서 흔히 볼 수 있는 오음(誤飮)
몸길이가 2cm에 불과한 청개구리의 개복수술

개구리나 우파루파 등 양서류는 눈이 나빠서 움직이는 것이면 무엇이든 먹이라고 생각하고 반응한다. 그래서 수조 안의 물 흐름으로 조금이라도 돌이 움직이거나 하면 먹이라고 오해하여 덥석 먹어버린다. 때문에 오음이 흔히 일어난다. 특히 개구리가 오음을 하여 내원하는 수는 굉장히 많다. 아마 나는 세계에서 제일 많이 개구리 위에서 이물을 빼낸 수의사일 것이다.

버젯프로그라는 개구리가 있다. 별명은 마루메타피오카개구리라고 하

도마뱀 모양 장난감을 삼킨 아르헨티나뿔개구리. 마취를 하고 입에서 끌어 당겨 빼냈다.

자신과 같은 크기의 장난감을 삼켰다.

며 남미 산으로 몸길이 10cm 정도로 비교적 큰 개구리다.

이 이등신의 바보스러운 얼굴을 한 귀여운 개구리는 물속을 어슬렁어슬렁 떠돌며 눈앞에 보이는 사냥감을 그 큰 입으로 먹어버린다. 수조에 들어 있는 것도 먹이라고 오해하여 뭐든지 먹는 덤벙이다(이 책의 표지도 이 개구리다).

삼킨 것은 마취를 하고 배 안에서 꺼내야 한다. 버젯프로그는 불행인지 다행인지 그 큰 입이 단어 그대로 '동전지갑'처럼 딱 열린다. 게다가 식도가 짧아서 입에서 위로 바로 들어가기 때문에 입으로 핀셋을 넣어 위 내용물을 집어서 꺼낼 수 있다.

우리 병원에서 적출수술로 꺼낸 이물질의 예로는 수조 바닥에 깔린 큰 돌, 예쁜 유리구슬 여섯 개, 수온을 측정하기 위한 수온계, 물을 정화하기 위한 필터의 스폰지……

주인의 호소사항 또한 '수조에 깔린 돌이 없어지고 있다.', '온도계가 보이지 않는다.' 등이다…… 유리구슬을 삼킨 버젯프로그는 '무거워서 뜨지 않는다'며 찾아왔다. 바보라면 바보겠지만 뜨지 못하면 물에 빠지기 때문에 개구리에게는 심각한 문제다.

버젯프로그처럼 입을 벌려 꺼낼 수 있으면 좋겠지만 적출을 위해 개복수술을 해야하는 경우도 있다. 이렇게 되면 오음은 전혀 '즐거운' 증례가 아니다.

겨우 2.8g밖에 안 되는 청개구리를 키우는 사람이 '수조에 깔린 돌을 먹은 것 같아요. 배가 통통합니다.'라며 찾아왔다. 청개구리는 논이나 밭에서도 흔히 볼 수 있는 그 청개구리다. 야채에 붙어 있는 것을 초등학생 아이가 애완동물로 키우게 되었다고 한다.

엑스레이를 찍으니 위 속에 큰 돌이 두 개나 들어 있었다. 크다고 해도

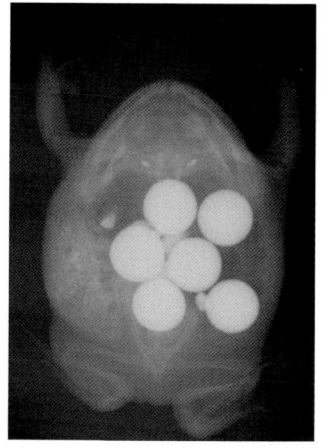
유리구슬을 6개나 삼킨 버젯프로그.

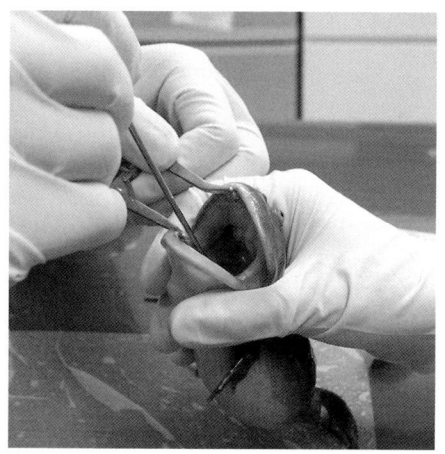
버젯프로그는 오음을 해도 대부분 입에서 빼낼 수 있다.

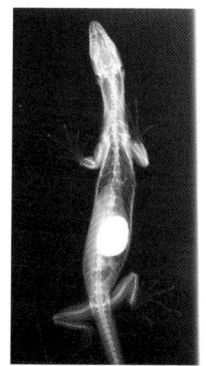
수조에 깔린 예쁜 색의 유리구슬을 삼킨 그린트리모니터라는 도마뱀.

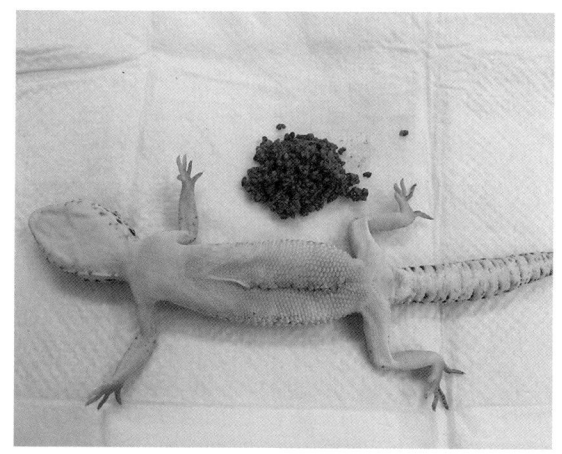
수조에 깔린 모래를 삼킨 표범도마뱀붙이.

상대적인 것인데, 돌 자체는 5mm 정도였을 것이다. 들어갈 수 있었다면 입으로 나오지 않을까 하고도 생각했지만 가장 작은 핀셋도 청개구리에게 너무 커서 들어가지 않았다. 그러나 그대로는 절대로 나오지 않으니까 꺼내려면 수술밖에 방법이 없다. 하지만 크기가 너무 작아서 수술을 잘 할 수 있을지 의문이었다.

"수술 중에 죽을 지도 모릅니다……"

주인에게 솔직히 말했다. 더욱 솔직히 말한다면 '아이가 자는 사이에 정원에서 다른 청개구리를 잡아 바꿔 두는 것이……'라고 나쁜 농담을 하고 싶었다. 하지만 주인에게 필요한 때 그것에 응하는 것이 우리의 일이다.

멀리서 온 주인에게 수술의 위험성을 설명했지만 그럼에도 수술을 하여 꺼내고 싶다고 희망했다. 실제로 이 개구리가 살 수 있는 길은 개복수술밖에 없다.

전신마취를 하고 진중히 배를 열었다. 개구리라고 간단하게 생각해선 안 된다. 그냥 딱 열어서 딱 빼내고 끝이 아니라는 것이다.

다른 동물의 위 절개수술과 순서는 똑같다. 일단 피부를 자르고, 복근(腹筋)을 노출하고, 그것을 절개한 뒤, 위를 자르고, 위에서 돌을 적출한다. 적출이 완료되면 그 반대 순서대로 진행한다. 위, 복벽근, 피부 순으로 봉합한다.

봉합 실은 머리카락보다 가는 실을 사용하는 그야말로 마이크로 수술이다. 게다가 개구리가 너무 가벼워서 꿰맬 때 실을 끌어 올리면 피부와 실의 저항으로 개구리의 몸이 들어 올려지게 된다.

나는 신기한 증례가 있을 때는 수술 중에 사진을 찍어 기록을 남겨 두지만 이 경우에는 너무나 여유가 없었기 때문에 사진도 찍지 못했다. 게다가 수술부위도 1cm 사방이 채 되지 않는다. 나는 엄청나게 진지했지만 청개구리가 너무 작아 스탭에게는 내 손밖에 보이지 않았다.

① 일본의 자연에서 흔히 볼 수 있는 보통 청개구리가 찾아왔다.

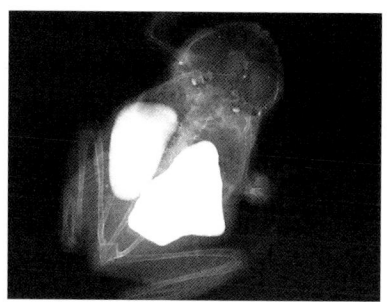
② 엑스레이를 찍으니 자신의 몸 대부분이 삼킨 돌로 가득하다.

③ 피부를 자르고, 근육을 자르고, 위를 잘라서 돌을 꺼내고 그 반대 순으로 꿰매었다.

④ 적출한 작은 돌.

제 7 장 왜 이렇게 먹을 수 없는 것을 먹을까?

굉장히 긴장을 한 수술이었다. 결과적으로 무사히 적출에 성공했다. 개구리도 주인도 나도 정말 다행이었다.

동물의 주인은 대부분의 경우 수술실에서 수술을 참관하는 경우는 없기 때문에 무슨 일이 일어나는지 전혀 모를 것이다. 이 청개구리의 수술은 잘 해냈지만, 만약 잘 되지 않았다고 해도 모든 힘을 쏟아 한 고생이 전해질까? 그렇다면 이런 수술의 모습을 실시간으로 대합실 모니터로 보여주면 주인에게도 수의사가 하는 일의 내용이 조금이라도 전해질 수 있지는 않을까 생각하기도 한다.

단, 수술도 여러 가지다. 세심하게 주의를 기울여 종양에 연결된 혈관을 끊는 경우에는 숨도 쉬지 않고 눈도 깜빡이지 않는다. 언제 잘라버릴지 모르는 혈관을 피하기 위해서다. 등산으로 말하면 핵심부다. 어떻게든 핵심부를 넘으면 긴장도 풀린다. 그 다음엔 지금까지 온 길을 되돌아가면 된다. 하산을 시작하는 것이다. 배도 고프다. 큰 수술을 했을 때는 큰 수술창이 기다린다. 장장 100바늘 이상이나 피부를 봉합할 때 미싱처럼 규칙적으로 손을 움직이다가도 스탭과는 다른 이야기를 하고 있는 경우도 있다.

"그저께 먹은 라면 맛있었는데~"

음성만은 중계하지 않을 것이다.

🐾 연근을 너무 많이 먹어 수술하게 된 강아지

연근을 산더미만큼 먹어 위에 가득 찬 강아지를 데리고 온 일이 있었다. 싸게 파는 연근을 많이 사 와서 연근조림을 만들어 테이블 위에 올려 두었더니 어느샌가 한 접시를 먹어버렸다고 한다.

처음엔 '먹는 것이니까 소화할거에요. 괜찮을 겁니다.'라고 이야기하고 돌려보냈다. 우리 병원에 오기 전 다른 병원에서도 '뭐 괜찮을 것 같은데 상황을 지켜봅시다.'라는 말을 들었다고 한다.

 덧붙여서 강아지가 오음을 한 경우 토하게 하는 방법도 있다. 토할 수 있는 조건으로는 먹은 직후에, 이물이 아직 위 속에 있을 때이다. 또한 이물이 부드러운 것이어야 한다. 단단한 것일 경우에는 토할 때 식도에 걸려 식도경색을 일으킬 가능성이 있다. 식도경색은 나중에 설명하겠지만, 처치가 까다롭고 위험하다.

 지금까지 토해내게 한 것으로는 챠슈(중국식의 돼지고기 구이. 돼지의 넓적다리나 등살을 술·향신료를 친 간장에 절여서 구운 것. 또는 처음에 구워서 뭉근한 불에 찐 것.)에 둘린 망사 같은 것, 과자에 들어있는 방습제, 최근엔 손수건하고 장갑 등도 있었다.

 토해 내게 할 때는 일단 강아지 사료를 조금 먹인 뒤 구토를 유발하는 약을 주사하거나 먹인다. 조금 있으면 막 먹은 사료를 힘껏 토해 낸다. 그 안에 오음한 이물이 섞여 나오는 경우가 많다. 또 독극물을 오음한 경우는 마취를 하여 입안에 튜브를 넣고 물을 흘려보내 위를 헹구는 위세척을 실시한다.

 주인에게 개복수술을 하고 안 하고는 천국과 지옥의 경계와 같은 것이다. 토해 낸다면 그게 제일 좋겠지만 토해 내는 것은 식도에 걸릴 위험성을 동반한다. 다행히 지금까지 걸린 적은 없으며 걸렸다는 이야기도 들은 적이 없지만 역시 실시할 때는 내심 긴장된다. 토한 순간 식도에 걸려 기절하면 어쩌나 하는 걱정이 드는, 심장에 안 좋은 처치다.

 아무튼 연근을 산더미만큼 먹은 강아지 이야기로 돌아가자. 어떻게 됐느냐 하면, 다음날 또 내원하여 '물을 먹어도 토하고, 먹을 것을 먹어도 바로 토해버려요. 아무래도 안 될 것 같은데, 수술로 꺼내주세요.'라고 말했다.

수술은 동물 몸에 부담이 되고 수술 비용도 든다. 안하고 넘어가는 것보다 좋은 것은 없다고 생각하는 나는, 연근을 먹어 개복을 해야 하나~라고 망설였다. 하지만 구토 등의 증상이 나오고 있고, 바륨 검사를 했을 때 뭔가 안 좋은 예감이 들어서 개복을 하기로 했다.

정작 개복을 하니 위는 평상시의 두 배 이상 확대되어 있었고 위 표면에 울퉁불퉁한 연근의 실루엣이 드러났다.

'역시 이건 아무리 기다려도 소화되지 않았을 거야. 저절로 나오지 않을 만하네.'라는 생각이 들었다. 수술로 연근 전부를 빼내고 수술 후에 원래대로 건강한 모습이 되어 퇴원했다.

연근 강아지의 주인은 빼낸 연근을 알코올에 넣어 기념으로 가지고 있다고 한다. 결과적으론 이렇게 웃긴 에피소드라도 수술 전에는 해야 하나 말아야 하나 정말 진지한 고민을 한다.

원래 육식동물은 '먹어두는 것'이 특기인 동물이다. 그래서 '먹을 것'을 너무 많이 먹어 위가 가득 차는 일은 거의 듣지 못했다. 하지만 이번 같은 경우에는 육식동물이 소화하기 힘든 식물성 음식이었던 것이 화근이었을지 모른다. 하지만 보통 육식동물은 연근을 선호하지도 먹지도 않는다. 아마 연근조림의 매콤하고 달달한 향이 식욕을 돋게 했을 것이다. 만약 이것이 스테이크 열 그릇이었다면 문제없이 소화했을 것이다. 결국 싼값에 산 연근 때문에 훨씬 비싼 값을 치른 것이다.

실이나 끈을 실수로 먹는 것에 주의해야 한다. 개나 고양이는 끈 모양의 물건을 좋아해서 입으로 장난치며 놀다가 먹어버려 장에 걸리는 일이 종종 일어난다.

장은 애벌레가 움직이는 것처럼 파도를 치며 장 내용물을 이동시키는 연동운동을 한다. 그런데 끈이 장에 들어가 어딘가에 걸리면 장이 삐걱거리며 움직여서 오그라들어서 결국 아코디언을 오므린 모양처럼 된다.

수술도 까다로운 데다가 때를 놓치면 장에 혈액이 통하지 않아 괴사하여 구멍이 뚫리고, 결국 복막염을 일으켜서 죽는다. 끈을 깔보면 안 된다. '끈'을 자신의 여자 친구처럼 소중히 보관하는 것이 좋다.

또한 황급히 아무거나 먹어서 식도에 뭔가가 걸리는 경우가 있다. 이것을 식도경색이라고 한다. 이것에 대한 처치도 꽤 까다롭다.

식도를 막는다는 것은 토해내지도 못하고 위에도 들어가지 않는 상태를 말한다. 식도를 자르면 된다고 생각할지도 모르나 식도라는 것은 위나 장처럼 개폐하여 내용물을 꺼내는 것이 매우 곤란한 부위이다. 첫째로, 식도는 조직 성질상 자른 부위는 다시 붙기가 힘들다. 게다가 식도로 접근하는 것은 가슴을 여는 개흉수술이 되기 때문에 개복수술처럼 간단하게 되지 않는다.

왜 개흉수술이 어려운가 하면, 일단 포유류 체강은 횡격막으로 흉부와 복부가 나뉘어져 있고 흉강은 음압으로 되어 있다. 즉 대기압보다 낮은 압력으로 되어 있어서 호흡하면 수욱하고 자연스럽게 가슴이 부풀어 편하게 호흡할 수 있게 되어 있다. 따라서 흉부에 주사침을 찌르거나 흉부를 열거나 하면 그곳으로 공기가 들어가 폐가 부풀지 못해 호흡이 불가능해진다. 또한 흉강에는 큰 심장이 끊임없이 고동치기 때문에 수술 부위에 방해가 된다. 그래서 식도 수술은 아주 어려워진다.

그럼 식도에 걸린 것은 어떻게 해야 하는 것인가 하면, 입으로 튜브를 넣어 음식물을 구석에 밀어 넣고 위로 내려 보낸다. 이렇게 설명하면 간단해 보이지만 사실은 이런 식으로 순조롭게 진행되진 않는다.

막혔다고 해도 식도에 딱 맞게 끼어있지는 않다. 일부만 걸려 위로 넘어가지 않는 상황도 많다. 이 때문에 입으로 튜브를 넣어 막혀 있는 것을 밀어내려고 해도 식도와 이물 틈을 통과 해버려서 전혀 밀어내지 못하기도

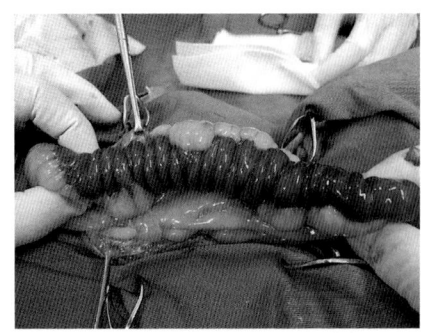

끈을 실수로 삼킨 강아지의 장. 끈이 장을 끌어당겨 오므라진 아코디언처럼 되었다.

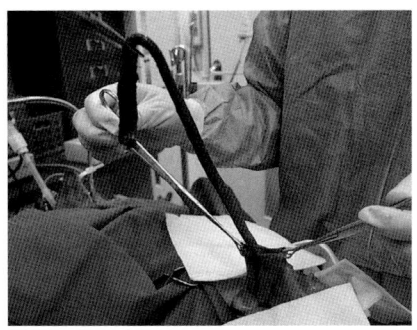

위장에 감긴 '끈'을 적출하는 모습. 그냥 당기면 위장이 따라오기 때문에 안 된다. 위장의 2, 3군데에 칼자국을 내서 천천히 잡아 당겨 뺀다.

한다. 딱 맞게 끼어있어도 식도는 헐렁해서 튜브로 이물을 눌러도 식도도 함께 상하로 움직여 전혀 눌러지지 않는 경우도 있다.

또 너무 많이 시도해서 식도에 구멍이 뻥 뚫리면 끝이기 때문에 신중하게 인내심을 가지고 진행해야 한다.

식도에 걸린 육포가 어떻게 해도 안 떨어져 내시경을 이용해 4시간이나 걸려 자잘하게 부숴서 떼어낸 아는 수의사의 이야기도 있다. 언제 끝날지 모르는 육포 부수기를 계속해서 하는 것이다. 귀찮음을 도외시해도 '내가 꼭 해야만 해!'라는 기분이 되어야 할 수 있는 작업이다.

요전에는 자른 고구마가 목에 걸린 프레리독이 주사위 판에 실려 왔던 적이 있다. 거품을 물고 있어서 주인은 몹시 당황해 있었다. 그 상황이라면 나라도 당황했을 것이다. 전 세계 어떤 교과서에도 프레리독의 식도경색 치료법은 나와 있지 않다. 이런 때는 강아지용 카테터를 입으로 투입하여 위까지 잘 밀어 넣어서 이 위기를 넘어갈 수 있었다.

실은 프레리독의 식도경색은 벌써 2건이나 더 있었다. 하나는 말린 멸치가, 또 하나는 직사각형 모양으로 자른 양배추가 걸려 있었다. 이들도 거품을 물고 왔지만 한 번 경험해본 나는 더 강해졌다. 강아지용 요도 카테터를 이용해 무사히 끝냈다. 특수동물 증례는 전례없는 일 투성이다. 순간적인 발상과 번뜩이는 아이디어가 중요하다.

🐾 구토를 계속하는 60kg 짜리 '미니돼지'와의 격투

두 번 다시 겪고 싶지 않은 일도 있다. 바로 돼지의 이물섭취다.

구토가 멈추지 않는다는 이유로 아주 먼 지방에서 찾아 온, 체중 60kg짜리 '미니돼지'이다. 참고로 '미니'가 아닌 돼지는 체중이 200kg 정도이다. 그래서 60kg이면 충분히 '미니'의 자격이 된다. 근처 병원에서는 '위염인 것 같다'고 진단하여 위장약을 먹였지만 조금도 나아지지 않았다고 한다.

돼지는 진찰하기 힘든 동물이다. 왜냐하면 일단 모든 것에 비협조적이기 때문이다.

뭘 할 때마다 빼액거리며 울고 한순간도 조용히 있지 않는다. 움직이며 몸을 마구 흔들기 때문에 엑스레이도 찍을 수 없다. 그게 아니더라도 이 미니돼지는 너무 커서 우리 병원에 있는 엑스레이 촬영대 위에 올리지 못한다.

혈액검사 또한 지방이 너무 두꺼운 탓에 혈관까지 바늘이 닿지 않는다. 초음파검사도 빼액 거리며 울어서 할 수 없다. 결국 무엇도 할 수 없는 것이다. 정보를 얻을 수 없는 것에는 어떤 처치도 할 수 없다.

결국 전신마취를 하여 검사를 진행하기로 했다. 일단 진정제 주사를 엉덩이에 놓는다. 피부가 무척 단단해서 주사 바늘이 구부러질 정도였다.

겨우 마취에 성공했기 때문에 한번에 결판을 짓고 싶다. 내시경(위 카메라) 전문가에게 부탁하여 위 안을 살펴보기로 했다. 카메라는 입으로 들어가 식도를 거쳐 위로 진입했다. 그러나 위 안에는 진흙처럼 황토색의 액체가 가득했다. 물론 내시경은 완전히 방수가 되긴 하지만 오수 안에서는 무엇도 보이지 않았다. 내시경에 액체 흡입 장치도 달려 있었지만 위 안의 오수는 바로 흡입구를 막아버렸다. 두 시간이나 걸려 살펴보았지만 결국 본 것은 진흙의 수평선 뿐이었다.

전문가는 '아마 이물질은 없는 것 같다'고 말했다. 하지만 위액의 양이 아무리 생각해도 심상치가 않았다. 그래서 한 번 더 물었다.

"정말 이물질은 없는 건가요?"

"확실하진 않지만 '아마도' 없는 것 같습니다."

이 결과를 받아들이자 나의 고뇌는 더욱 깊어졌다. 현장에서는 '아마도'만으론 곤란하다. '있다', '없다'가 확실히 나오지 않으면 뒤로도 앞으로도 갈 수 없다. 보다 자세히 알아보기 위해서는 개복수술을 해야 한다. 지방이 엄청나게 두꺼운 돼지의 배를 가르는 것은 정말이지 장난 아니게 힘들다.

내시경은 진단 기구에 불과하다. 지금까지 몇 시간이나 걸려 내시경을 살펴보아 봤자 내시경을 빼고 마취에서 풀려 눈을 뜨면 다시 출발점으로 돌아오는 것밖에 안 된다.

이렇게 또 미니돼지는 내일 구토를 계속할 것이며 주인의 고뇌도 계속될 것이라고 생각하면 망설여진다. 주인에게 '전문가도 불러서 내시경까지 봤지만 모르겠습니다.'라고 말하고 포기할 수도 있다. 하지만 그걸로는 어떤 진보도 없게 되는 것이다.

또 '상태를 지켜봅시다.'라고 말해도 좋지만 그것은 주인에게 '일시적인 위안'의 말일 뿐이다. 적어도 나 자신에겐 일시적인 위안도 되지 않는다.

지금까지의 증상과 고여 있는 위액의 양으로 보면 어떻게 생각해도 좋아지지 않을 것은 분명하다. 고민한 끝에 개복수술을 하기로 했다. 미니돼지를 누인 다음, 면도칼로 유명한 페더사에서 나온 메스를 이용해 일자로 미니돼지의 배를 절개했다. 엄청나게 두꺼운 하얀 지방이 보였다. 잘라도 잘라도 지방이다. 식칼로 하는 편이 나았을지도 모른다. 지방을 8cm 정도 자르니 겨우 복근이 나타났다.

　복근을 절개하니 위는 역시 위액으로 빵빵한 상태였다. 그래서 우선은 그냥 두고 장을 전부 더듬어 보기로 했다. 그러자 뭔가 막혀 있다! 장폐색이다. 확실히 위치로는 내시경이 만약에 잘 되었다고 해도 보이지 않는 곳이었다. 장을 자르고 꺼내 보니 걸레 같은 것이었다.

　"이거다! 이게 원인이었어! 열어 보길 잘했다!"

　그것을 모든 것의 원인으로 하고 싶었으나 위는 변함없이 빵빵했다. 이대로 아무것도 하지 않고 닫아버리면 나중에 후회할 것 같은 예감이 들었다. 위는 괜찮을까? 만약 또 토하거나 한다면 열었을 때 뭔가 조치를 취하는 게 좋지 않을까?

　그러나 이 시점에서 이미 4시간을 경과했다. 전신마취도 이젠 한계이다. 매우 망설였지만 다음 날 또 이 녀석의 배를 가르는 것은 너무 미안하다. 겨우 열었으니 역시 할 수 있는 데까지 해보자. 자고로 칼을 뽑고는 그대로 칼집에 꽂지 않는다고 했다. 나도 남자다.

　위 내부는 점액으로 꿀렁거리고 빵빵했다. 따라서 일단 위벽을 잡아 올려서 조금만 자른다. 그 구멍으로 진공이 걸린 가는 노즐을 끼워 위액을 흡입하는 작전을 쓰기로 했다. 이 노즐 부분은 금속으로 되어 있고 작은 구멍이 많이 뚫려 있다. 그것으로 위액만 빨아들이면 된다.

　그러나 현실은 그리 간단하지 않다. 세상은 그리 만만치 않다.

　위액은 역시 질척한 상태였고 위에 뚫린 구멍으로 강한 악취를 풍겼다. 버큠으로 빨아들이려고 하니 진흙 같은 위액의 자잘한 입자가 노즐을 막아버렸다. 조금 빨아들이고 노즐을 씻고, 조금 빨아들이고 노즐을 또 씻었다.

　"이래선 진척이 안 보여~!"

내가 살았던 고향집은 재래식 화장실이었다. 유, 소년기부터 분뇨 수거차 아저씨들과 친하게 지냈고 그들이 일하는 솜씨를 아주 가까이서 보고 자란 것을 기억했다.

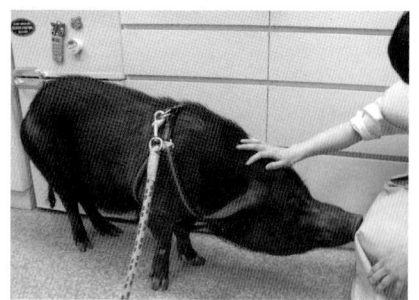
① 거대한 '미니돼지'의 체중은 60kg!

금속제 노즐을 빼내고 흡입 호스를 위 안의 질척한 위액의 중심을 향해 꽂았다. 그러자 호스 끝에 폭하고 무언가 걸렸다. 손에 무거운 느낌을 느끼면서 쭉 잡아 올려 보았다. 그랬더니 너덜너덜한 걸레가 된 큰 대걸레가 걸린 것이다!

"우와아아아아아아~~~!!!"

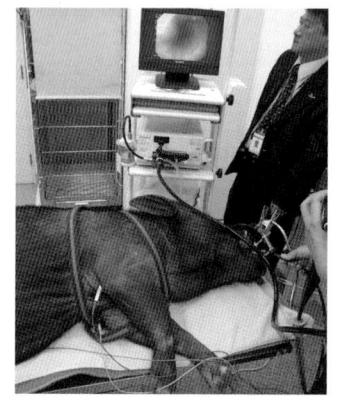
② 구토가 끊이지 않는 미니돼지에게 내시경검사(위 카메라)를 실시했다. 위 내에는 위액이 넘쳐 아무것도 보이지 않는 상황이었다.

무심코 나도 스탭도 환성을 질렀다. 원인은 바로 이것이었다. 돼지는 뭐든지 먹어버리니까 대걸레를 잘못해서 먹은 것 중 일부는 장에 들어갔지만 대부분이 위 안에 남아 위액투성이가 되어 있었다. 역시 내시경도 진흙 같은 위액 속 대걸레까지는 발견하지 못했던 것이다. 만약 그때 위를 열지 않았다면, 만약 노즐을 빼지

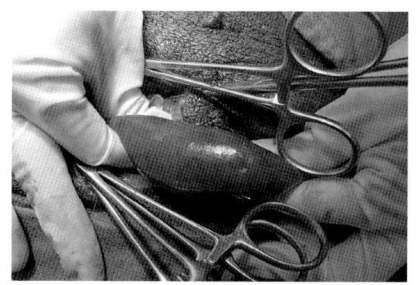
③ 내시경검사를 한 다음 개복수술을 했더니 소장에 이물질이 가득 차 있는 것을 발견했다. 돼지의 장은 매우 얇아서 가는 실을 사용해 신중히 봉합해야 한다.

않았다면 절대 알지 못했을 것이다.

  보통 착실한 의사 선생님은 노즐 부분을 빼내어 위액을 빨아들이는 난폭한 일은 절대 하지 않는다. 하지만 극한상황이 되면 순간적으로 '뭔가'에 씌어 평소엔 있을 수 없는 일을 일으키는 것이다.

  위 내 대걸레를 빼낸 뒤에는 돼지고기 조림 같은 지방 가득한 배를 아주 굵은 바늘로 꿰매어 닫았다. 내시경검사 개시로부터 대걸레를 빼내기까지 여섯 시간이 걸렸다. 이렇게 해서 미니돼지의 장폐색 및 위 내 이물질 적출술은 나에게 아주 기억에 남는 수술이 되었다. 하지만 두 번 다시 하고 싶지 않다. 내 수의사 인생 중 탑 클라스에 들어갈만한 수술 경험이다.

제 8 장 도마뱀 백 마리의 혈액검사를 하여 혈액 기준치를 작성

🕊 즉시 실시한 자가수혈로 기적적으로 회복한 왕도마뱀

"원장님, 왕도마뱀 모니가 급히 내원했다고 합니다."
전화를 받은 스텝의 목소리로 병원 안에 긴장이 감돌았다.
실려 온 왕도마뱀은 계속 활기가 없이 무기력한 상태였다. 어서 검사를 시작했다. 엑스레이 검사, 초음파검사, 혈액검사를 진행했다. 그러자 중증 빈혈에 이환된 것으로 밝혀졌다. 그리고 배 속에는 어떤 액체가 가득했고 그 액체 속에 알이라고 추정되는 구조물이 몇 개인가 떠다니는 듯이 보였다.

이런 경우에는 난소, 난관 문제가 의심된다. 게다가 초음파검사상 액체로 보이는 것은 아마 체강 내에서 출혈된 혈액일 것이다. 이러한 검사 결과에 따르면 틀림없이 중증 빈혈을 일으킨 것이다.

한시라도 빨리 개복수술을 실시하여 출혈 부위를 지혈하지 않으면 과다 출혈로 목숨을 잃는 것은 당연하다. 진료를 끝낸 뒤 서둘러 개복수술을 실시했다. 아니나 다를까 배를 열어 보니 온통 피투성이였다. 피로 출렁거렸다. 일단 이 혈액을 흡입하지 않고는 어디에서 출혈이 시작됐는지 찾을 수 없기 때문에 주사기로 체강 내에 고인 혈액을 흡입하여 빼냈다. 혈액은 우유병 반 병 분량인 100cc 정도나 있었다.

참고로 파충류 혈액량은 체중의 5~8% 정도다. 이 왕도마뱀의 체중에서 환산해보면 전체 혈액량이 110~170cc 정도니까 60~90%가 체강 내에서 출혈되어 버린 것이 된다.

출혈한 혈액을 흡입하고 난관을 끄집어내어 잘 살펴보니 정상적으로 발육하지 않은 알이 난관에서 썩어 파열되었고 그곳에서 출혈이 시작했음을 알았다.

"어떡하지……"

출혈이 일어난 곳은 꽉 막힌 데다가 이 정도의 대량 출혈로는 어떻게 해도 살릴 수 없을 것 같았다. 게다가 회수한 100cc의 혈액은 아주 많은 양이다. 조금의 망설일 시간도 허락되지 않는다. 눈앞에 출혈로 죽어가는 환자가 있고 손에는 혈액이 든 주사기가 있다……. 이것은 버릴 수 없다.

"이거 버리면 아까운데. 도가 되든 모가 되든 일단 한번 해보자!"

지금도 그때 왜 그렇게 했는지 이론적인 설명은 할 수 없지만 빼낸 혈액을 그대로 왕도마뱀에게 수혈하는 것을 떠올렸다.

"원장님 다시 수혈해도 괜찮을까요?"

스텝이 물었다.

"원장님, 세균 감염 가능성이……"

그런 건 잘 알고 있다!

배 안에서 샌 혈액은 세균 등으로 오염되었을 가능성이 있다. 냉정히 생각해 보면 그 피를 다시 수혈하는 것은 매우 위험한 일이다.

그러나 수혈해도 괜찮을지 어떨지는 둘째 치고 이대로라면 왕도마뱀은 죽는다. '세균이……' 등의 정석을 따질 수 없을 정도로 나의 정신도 도마뱀의 생명도 아슬아슬했다!

하지만 의사는 사실 이런 극한상황에서도 어딘가에서 이성이 움직인다. 수의사 윤리에 어긋나는 일은 하지 못한다. 결과가 전부이니까 아무리 고

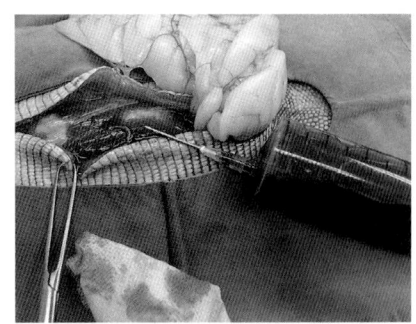

① 과다 출혈이 일어난 왕도마뱀의 복부. 주사기 2개분, 약 100cc 나 혈액을 뽑아냈다.

② 수혈 펌프를 이용하여 뽑아낸 혈액을 수혈하고 있다.

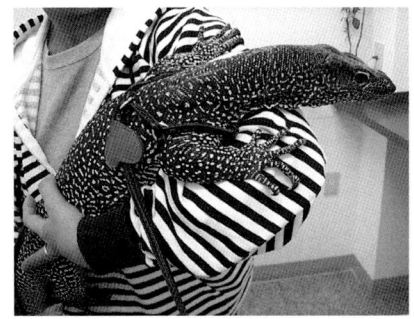

③ 기적적으로 회복! 이 왕도마뱀(블루테일모니터)은 주인에게 안겨 있는 것을 좋아한다.

민해도, 잘되라고 한 일이라도 죽어버리면 '네가 그랬잖아'라는 한 마디로 끝난다.

　주인에게는 '역시 너무 늦었습니다.'라고 말해도 나 스스로는 '그 혈액을 다시 수혈했기 때문에 죽었다'고 반드시 후회한다. '내가 이 죽음에 일조한 것은 아닌가' 하고 언제까지나 후회하게 될 것이다. 그래서 수의사는 어떤 때라도 무모한 도전은 하지 않는다.

　그러나 이번 케이스에서는 여태껏 배 속에 새어나와 고인 혈액을 다시 체내 순환으로 돌려놓는 것뿐이다. 이상한 일일까…… 윤리적이지 않은 일일까……

　게다가 '파이어니어(개척자, 선구자) 정신'이라는 것도 있다. 대학교에서 탐험부에 소속했을 때 '파이어니어 워크 실전'을 탐험부에서 표방했다. 파이어니어 워크가 없는 활동은 용납되지 않았다. 다른 사람들이 하지 않는 일을 했다. 같은 산을 오르더라도 사람이 만든 길을 걸어서 뭐하느냐, 어차피 산을 오르는 것이라면 누구도 걷지 않은 곳부터 오르라는 가르침이었다. 뼛속까지 박힌 파이어니어 정신이 지금 수의료 현장에서도 발휘되고 있는 것이다.

이 왕도마뱀 케이스 때도 아슬아슬한 상황에서 이성보다 '파이어니어 정신'이 승리했다. 그리고 보통이라면 되돌려 놓지 않았을 혈액도 '에잇' 하고 수혈한 것이다. 그 후에 왕도마뱀의 빈혈은 자가수혈로 개선되었고 기적적으로 회복하여 지금도 주인과 건강히 살고 있다.

그 후 이 치료 경과를 연구회에서 발표했다. 그러자 '잘했다!'고 칭찬 받거나 혹은 '세균감염은 없었나요?', '그 혈액을 되돌려 놓는데 어떤 위험성은 느끼지 못했습니까?'라는 반문이 들어왔다. 예상했던 질문이지만 나는 명확한 답변을 할 수 없었다.

'그 부분의 위험성은 느꼈지만 어쩔 수 없는 상황이었습니다!'라고 정직하게 대답했다. 그랬더니 질문자도 악의 없이 '그건 그러네요.'라고 나의 답변을 납득해주었다.

🕊 동물의 혈액형과 수혈

수혈이라는 처치는 사람에서 뿐만 아니라 동물에게도 때때로 실시한다. 단지 사람이라면 수혈하는 것을 흔히 볼 수 있는 구급의료 현장에서 동물의 경우라면 수혈을 실시하는 경우가 아주 드물다. 왜냐하면 동물은 교통사고 등으로 단시간에 대량 출혈이 일어나면 죽는 경우가 많기 때문이다.

그렇다면 어떤 때 수혈을 할 기회가 많은가 하면, 바로 내과 질환으로 빈혈에 걸렸을 때이다. 예를 들어 자신의 면역이 어떤 원인으로 활성화되어 자신의 적혈구를 적으로 인식해 파괴하는 '자가면역성용혈성빈혈'이라는 병이 그렇다.

이 병에 걸리면 혈액이 점점 줄어들기 때문에 시간을 벌기 위해서 수혈을 하여 생명을 이어간다. 그리고 그 사이에 면역억제제를 투여하여 과도한 면역을 억제하고 병상을 안정시키는 것이다.

또는 수술 등에 의한 외부 자극이나 패혈증, 그 외에 패혈증 등의 질환에 걸리면 혈액응고 기능에 이상이 오며 순환하는 혈액이 점점 굳어버리는 '파종성혈관내응고'라는 병에 걸리기도 한다. 그럴 때는 항응고제를 투여하는 한편 외부에서 혈액을 투여하지 않으면 죽기 때문에 수혈을 실시한다.

어쨌든 치료의 일부로서 수혈이 필요할 것이라고 예상되는 케이스나 빈혈이 있는 동물을 수술해야 할 때 수혈을 사전에 실시한다. 따라서 수술 중, 본의 아니게 과다 출혈을 일으켜서 급히 수혈을 하는 케이스는 동물병원에서 일반적인 일이 아니다. 동물의 수술은 피를 내지 않는 것을 전제로 반드시 신중하게 지혈을 한다. 전기 메스를 시작으로 레이저 메스, 초음파 메스 등 다양한 기계를 구사하여 출혈이 일어나지 않도록 수술을 진행한다.

덧붙여서 우리 병원에서 개나 고양이 이외에 어떤 동물에게 수혈을 실시했는가 하면, 토끼, 페럿, 프레리독, 거북이, 도마뱀 등이 있다.

개와 고양이의 경우에는 혈액형이 있고 그것을 알아보는 키트가 있다. 개의 혈액형은 8가지 정도가 알려져 있는데, 사람으로 따지면 A형인 사람에게 A형과 O형을 수혈해도 괜찮은 것처럼 개도 혈액형이 달라도 대응할 수 있는 방법이 있다.

또 동물분류학상, 개는 개, 고양이는 고양이 1종류이기 때문에 견종에 따라 수혈이 불가능한 일은 없다. 미국 출신의 코카스패니얼의 혈액을 일본산 시바견에게 수혈하는 것도 가능하다.

이전에는 개와 고양이 혈액은행도 있었지만 회사가 유지될 정도로 수요가 없었던 탓에 지금은 존재하지 않는다. 그래서 수혈이 필요한 경우 동물병원에 따라서는 자신이 키우는 대형견에게서 채혈하기도 한다. 우리 병원에서는 기본적으로 주인에게 아는 사람의 개로부터 혈액을 받을 수 있는 헌혈견을 찾게 하고 있다.

본인이 기르는 개의 혈액형을 알고 있는 주인은 거의 없기 때문에 몇 마리의 협력해주는 강아지를 데려오게 하고 채혈 하여 적합시험을 거쳐 제일 적당한 혈액을 찾는다.

하지만 여기에는 큰 장애물이 있다.

개의 헌혈은 건강한 강아지라면 체중의 0.8% 정도 채혈할 수 있지만 그사이 강아지가 가만히 있어주지 않고, '손바닥을 쥐었다 폈다 해주세요.'라고 말해도 채혈에 협력해 주지 않기 때문에 마취를 하여 경동맥(목동맥)에서 채혈한다.

견주 중에선 가볍게 '헌혈이요? 좋아요!'라고 받아들이곤 병원에 오는 사람이 있지만 채혈에 관해 자세히 설명하면 '그렇게나 채혈해요? 저는 안 하고 싶네요.', '엑? 마취해서 경동맥으로!? 역시 안 할래요!' 하고 돌아가는 사람도 많다. 결국 좀처럼 기증자로서 혈액을 제공해 주는 견주를 찾기 힘들다.

또한 파충류를 시작으로 특수동물 수혈은 거의 연구되지 않았다. 그렇지만 파충류라서 수혈이 불가능한 것은 아닌데, 도마뱀에게 수혈을 했다고 하면 대부분 깜짝 놀라는 경우가 많다. 혈액형은 물론 알려진 게 없다.

애완 도마뱀으로 가장 많이 보급된 중부턱수염도마뱀이라는 도마뱀이 있다.

이전에 빈혈인 중부턱수염도마뱀이 내원했을 때는 내가 같은 종류의 도마뱀을 길렀기 때문에 그 도마뱀에게 3cc 정도 채혈을 하여 병에 걸린 도마뱀에게 수혈을 했다. 또 원인 불명의 중증 빈혈을 일으킨 페럿은 주인이 여러 마리를 키웠기 때문에 같이 키우던 페럿에게서 수혈을 했다.

이처럼 다양한 종류의 애완동물 수혈은 여러 가지 장애물이 있기 때문에 한 가지 방법으로는 할 수 없는 것이 현재의 상태이다.

🐦 혈액 기준치를 알아보기 위해 100마리의 도마뱀을 채혈하다

인의(사람의료)와 마찬가지로 동물 진료에 있어서 혈액검사는 이미 필수 검사가 되었다. 그 동물의 체내가 지금 어떤 상태인지 혈액검사를 하지 않고는 파악할 수 없다.

단, 마구 동물에게 채혈을 하고 혈액검사 기계로 혈당치나 칼슘농도, 간효소치 등을 냈다고 해도 그 수치가 과연 그 동물에게 정상인지 이상인지 '기준치(참고치)'가 없으면 알 수 없다. 게다가 수치의 상하가 병과 어떤 관계가 있는지는 동물이 바뀌면 해석도 달라진다.

개나 고양이의 경우 혈액검사 기준 혈당치는 90~120이라든지, 칼슘은 8~11이라는 것들이 확립되어 있고 그것을 지표로 하여 병인지 아닌지를 판단한다. 그러나 특수동물은 애초에 이 기준치가 없는 경우가 대부분이다. 토끼나 페럿, 몇 종류의 거북이 등은 국내외 연구자가 기준치를 작성했지만 청개구리나 수달, 박쥐의 기준치는 없다.

앞에 나왔던 중부턱수염도마뱀이 왜 빈혈이었는지 알 수 있었느냐면, 중부턱수염도마뱀의 혈액검사기준치는 내가 만들었기 때문이다.

파충류의 혈액검사수치는 계절이나 성별에 의해서도 그 값이 달라지는 것이 판명되었기 때문에 나는 중부턱수염도마뱀의 수컷과 암컷, 총 백 마리로 여름과 겨울, 수컷과 암컷을 나눠 혈액검사 18항목의 수치를 측정하고 기준치를 설정했다.

단순히 백 마리를 채혈하는 것만 연속으로 진행해서 8시간이나 걸렸다.

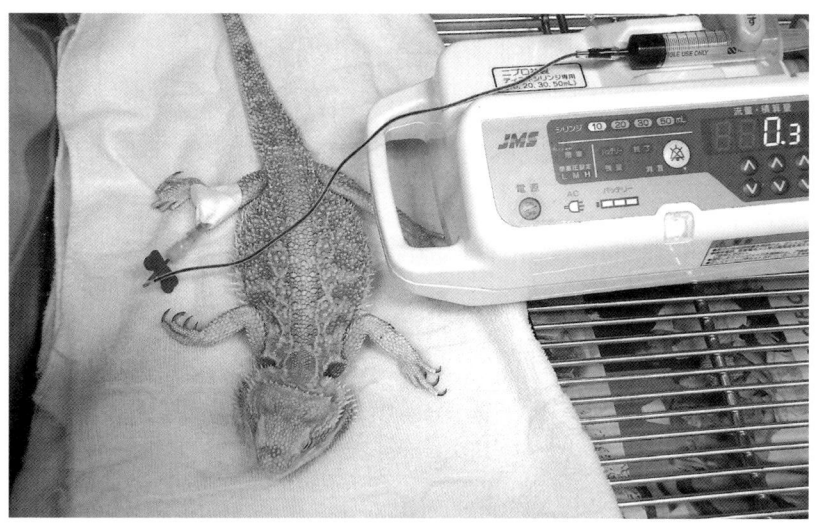

빈혈인 중부턱수염도마뱀에게 수혈.

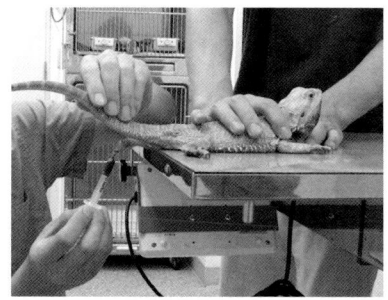

중부턱수염도마뱀의 채혈. 꼬리 중앙에 혈관이 지나가기 때문에 뒤쪽에서 중심을 향해 주사침을 놓는다.

《Veterinary Clinical Pathology》에 게재된 중부턱수염도마뱀의 혈액 기준치 논문.

그리고 검사 기계로 수치를 내고 통계학적 처리를 진행하는, 끈기를 요하는 작업이다. 이 도마뱀 혈액검사 기준치가 없는 이상 누군가가 이런 데이터를 내지 않으면 계속 모른 채로 있어야 한다. '내가 하지 않으면 누가 할 쏘냐!'까지는 아니지만 임상 현장에서 선구자가 될 수 있는 것은 매우 보람찬 일이 될 것이다.

 이 연구에 대해서 'Plasma biochemical reference values in clinically healthy captive bearded dragons (Pogona vitticeps) and the effects of sex and season (중부턱수염도마뱀 혈액기준치의 계절 및 성별의 영향)' 이라는 논문을 썼다. 나는 이것만을 전문으로 하는 연구자가 아닌 한 명의 개업의일 뿐이기 때문에 이 데이터를 형상화하는데 4년이나 걸렸다. 하지만 기쁘게도 이 논문은 미국의 《Veterinary Clinical Pathology》 (수의임상병리학)이라는 수의학 잡지에 게재되었다.

 대부분의 사람들에게는 별로 상관없는 이야기일지 모르지만 쓴 논문이 과학 잡지에 실린다는 것은 그 연구가 세상에 내놓을 만하다는 증명서를 받은 것과 마찬가지로 큰 보답인 것이다. 단, 도마뱀도 종류가 다르면 기준치도 다르기 때문에 다른 도마뱀에 대해서는 새로이 조사하여 값을 내야만 한다. 아직 해야 할 일이 많다.

🕊 개구리 난치병인 개구리항아리곰팡이증을 아시아 지역에서 최초로 발견

 임상 현장에서는 여러 가지의 발견이 있다. 특히 특수동물 의료현장은 아직 미개척 분야이기 때문에 발굴이나 파이어니어적 요소가 강하다. 스스로 알아보지 않으면 정상도 병태도 모르는 현실과 임상현장에서 얻을 수 있는 결과를 다른 임상가와 공유하고 또 과학적인 뒷받침으로 이론을 확립하고 싶다는 생각이 있다. 그래서 나는 현재 아자부대학교 병리학연구실에 적을 두고 착실하게 연구를 계속하고 있다.

개구리항아리곰팡이증(카트리드 진균, chytrid fungus)이 일본에서 화제가 된 적이 있다. 이것은 개구리항아리곰팡이라는 곰팡이가 개구리나 다른 양서류에 감염되어 개구리가 사망하는 병이다. 이 곰팡이 때문에 중남미나 호주 등에서는 양서류가 극적으로 감소하거나 멸종해서 세계적으로 큰 문제가 되었다.

2006년 11월, 어떤 연구회에 출석했을 때 '해외에서는 개구리항아리곰팡이가 원인으로 개구리가 많이 죽고 있다'는 의제가 나왔다. 이때는 '일본에는 아직 들어오지 않았지만 해외에서는 맹위를 떨치고 있기 때문에 주의하자'는 이야기였다. 그런데 사실 우리 병원에 내원한 개구리 중에서 비슷한 증상으로 죽은 개체를 몇 마리 경험했다.

'설마 그게 개구리항아리곰팡이였던 걸까?'라고 생각했고, 그로부터 1개월도 채 안 됐을 때 비슷한 증상의 개구리가 또 내원했다. '아니겠지.'라고 생각하면서도 혹시 몰라서 대학교에 사망한 개구리의 병리 감정을 의뢰했더니 개구리항아리곰팡이로 판명되었다. 이것이 아시아 지역 개구리항아리곰팡이증의 제1호가 되었다.

그때부터 애완동물업계, 자연환경관계, 수의업계가 조금 시끄러워졌다. '일본 개구리가 멸종한다!'고 각 민방, NHK까지 취재하러 왔다.

이후에 연구자나 수의사, 환경부 등이 중심이 되어 일본 야외에 서식하는 재래종에 대한 많은 검사를 실시했다. 그 결과, 놀랍게도 일본 야외에 서식하는 개구리로부터 개구리항아리곰팡이가 검출되었던 것이다. 또 개구리만이 아니라 도롱뇽 등에서도 일정한 비율로 개구리항아리곰팡이가 검출되었다. 그러나 개구리항아리곰팡이가 발견된 양서류의 개체군에 대

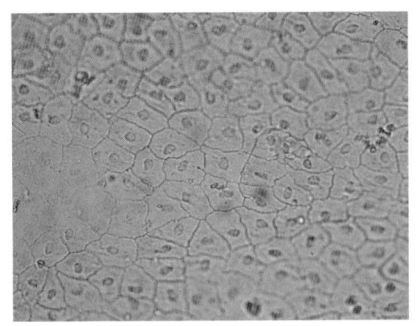

정상적인 개구리 피부 현미경사진

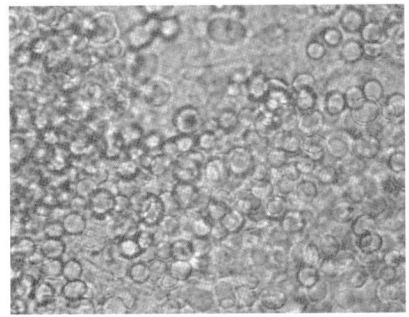

개구리항아리곰팡이에 감염된 개구리의 피부에서는 원형 균체가 보인다.

개구리항아리곰팡이에 감염되면 뒤집혀서 다시 일어서지 못하는 증상을 보인다.

해 대량사, 변사, 격멸 등의 사례는 일절 볼 수 없었다.

즉 파나마나 호주 등 개구리항아리곰팡이의 피해가 두드러지는 지역이 있는가 하면 일본처럼 눈에 띄는 영향이 없는 지역도 있다고 할 수 있다. 이 불가해한 현상에 대해서 원래 일본 고유 개구리항아리곰팡이가 있었던 것은 아니었는지, 그래서 외국에서 개구리항아리곰팡이는 침입했지만 일본 개구리에게는 내성이 있었는지도 모른다는 등 다양한 가설이 제기됐다.

어쩌면 개구리가 대량으로 죽은 호주나 중미는 개구리항아리곰팡이가 없던 청정 지역이었던 탓에 개구리는 균에 대한 내성이 낮았을지도 모른다. 또한 일본은 원래 습하여 여러 균이 만연하기 때문에 일본의 개구리는 이미 균에 대한 내성이 있었는지도 모른다.

해외의 일부연구자들 사이에서는 '일본 개구리가 가졌을지도 모르는 저항성을 조사하면 세계의 개구리를 구할 수 있지 않을까' 하는 테마가 검토될 정도이다.

하지만 그 당시 병원에서는 개구리항아리곰팡이증에 감염된 개구리가 입원해 있었고 그것을 치료한다고 말하면 주변에서 굉장한 비난이 쏟아졌다. '그런 위험한 병원체, 치료하기 전에 처분하세요!'라는 식이었다. 확실히 개구리항아리곰팡이가 처음 발견됐을 때 '항아리곰팡이가 일본에 들어오면 일본 개구리가 죽을지도!'라고 나를 포함하여 모두가 생각했다.

'병원 근처 다마강에서 개구리 사체가 발견되면 너희 병원에서 개구리항아리곰팡이균이 유출돼서 그런 거 아냐?'라는 말을 듣진 않을까 하고 치료를 계속하면서도 내심 전전긍긍했다.

하지만 나는 의료 현장의 사람이다. 언제나 치료하는 입장에 있고 싶다. 주인이 귀여워하며 키우는 개구리를 처분할 수는 없다.

개구리 곰팡이라고 하면 조금 어렵지만 그래도 곰팡이는 곰팡이다. 그리고 사람용 고가 무좀약을 투약한 결과 완치되었다. 이 치료 데이터를 정리하여 논문으로 발표했다. 지금은 개구리항아리곰팡이증 치료법의 스탠다드가 되었다.

현재 항아리곰팡이 연구의 토픽은 지금까지 제일 오래된 개구리항아리곰팡이는 남아프리카의 아프리카발톱개구리의 1938년 알코올화 표본에서 검출한 것이었다. 그러나 일본국립과학박물관에 보관되었던 1902년 일본장수도룡뇽 표본에서 개구리항아리곰팡이가 검출되었다. 현재 이것이 세계에서 가장 오래된 개구리항아리곰팡이 감염의 예이다. 이것은 다시 말하면 개구리항아리곰팡이가 원래 일본에 존재했음을 가리키는 증거다. 과연 일본이 기원이었을까, 아니면 전 세계적으로 원래 존재했던 것일까, 드물게 청정 대지에서 감염이 확대됐기 때문에 피해가 커졌던 것일까, 아니면 균이 변이되어 독소가 강해진 것일까, 이것들도 앞으로의 연구로 확실해질 것이다.

그 때문에 나도 휴일이 되면 강에서 개구리나 올챙이를 잡거나 해외에서 수입된 애완용 개구리의 피부나 입에서 세포를 채취하여 착실히 조사를 계속하고 있다.

🕊 마이너 지향이야말로 내 일의 원동력

일본은 특수동물 임상가가 적기 때문에 정보 공유를 위해 특수동물 연구회라는 모임을 만들어 증례 보고나 공부 모임을 계속해 오고 있다. 200명 정도로 구성된 연구회로, 일본에서 조금 유별난 수의사들이 모여 있다.

수의업계 안에서 특수동물 진료는 결코 쉬운 길이 아니다. 당연한 일이다. 사육하는 머릿수만 따져도 개나 고양이에 비해서 훨씬 뒤진다. 그러나 나는 언제나 뒤둥그러진 사람이기에 기꺼이 마이너 지향으로 일관한다.

예를 들어 완벽하게 치료하는 것이 매우 힘든 개구리 골절에 대해 열심히 치료방법을 연구하는 것도 사회적으로는 엄청나게 마이너적인 일이다. "엥? 개구리 골절? 그걸 돈 들여서 고쳐?"라는 말을 듣는다.

마이너리티(소수집단) 개념으로 말하면 수의사라는 직업 자체가 마이너리티다.

인의(사람의료)에는 나라에서 보험이 지급되지만 동물의 병에는 그런 것이 절대 없다. 게다가 수의 분야에서 개구리의 골절 치료보다 강아지 골절을 치료하는 쪽이 '훌륭하다'고 평가받는 경향이 있다. 그러나 고작 개구리 골절이라도 데려온 사람에게는 너무 걱정되고 중대한 일이다. 나는 그 기분에 답하고 싶다. 그런 마이너하고 다정한 마음을 구하고 싶다고 생각하는 것이다.

이 마이너 지향은 사실 어린 시절로 거슬러 올라간다.

나는 어렸을 적부터 동물만이 유일한 흥미였던 아이였다. 당시 주위에서는 패미컴(게임 전용의 8비트 컴퓨터로 일본의 닌텐도사에서 발매한 패밀리컴퓨터의 약칭)이나 라디오 컨트롤 카가 유행하여 나도 남들만큼은 했지만 그것에 빠져들진 못했다.

게임은 집이 잘 살고 소프트웨어를 많이 가진 녀석이 잘한다. 아마 게임에 빠져들지 못했던 건 결국 사람이 만든 것은 어차피 구조를 만든 사람에게는 이길 수 없다고 생각했기 때문일 것이다. 아무리 게임 소프트웨어를 사도, 게임을 잘하게 되어도 게임을 만든 사람의 손바닥 안에서 장단을 맞춰주는 것 같다. 왠지 모르게 인공적인, 사람이 만든 엔터테이먼트에는 몰두할 수 없었다.

하지만 동물을 기르는 것은 누구도 넘볼 수 없는, 자신밖에 모르는 무한한 즐거움이 있다. 누구도 동물을 만들어 내는 것은 불가능하며 동물사육에 완전히 똑같은 이론은 통용되지 않는다. 주위 친구들이 게임에 빠져 있을 때 나는 동물사육에 빠져 있었다.

또한 중학교 때부터 고등학교 때까지 6년 동안 검도를 꽤 착실히 했다. 검도는 '즐겁지 않고 인기 없는' 종류의 대표적인 부속 활동이다. 축구부에 지지 않을 정도로 연습을 했지만 축구부처럼 '열심히 한다, 멋있다'는 평가는 받지 못했다. '검도부라니, 냄새 나잖아~'라는 한마디로 끝난다.

혹은 프로레슬링. 나는 프로레슬링이 너무 좋다. 레슬러는 몇 천 번이나 스쿼트도 가능할 정도로 꽤 엄격한 트레이닝을 반복한 후에 링에 임한다. 작년에는 시합 중에 레슬러가 사망한 일이 있을 정도로 험한 세계이다. 그런데도 사람들은 '하지만 다 짜고 하는 거잖아'라고 말한다. 아무리 노력해도 사회의 일반적인 평가는 높지 않다.

나의 일도 그런 의미에서 검도이며 프로레슬링이다. 대학 수험 면접 때

'원숭이나 이구아나를 진료하고 싶습니다!'라고 말했다가 대학 선생님에게 '우리 대학교에서는 그런 거 안 가르친다'는 말을 듣고는 '역시 나는 마이너구나'라고 절실히 느꼈다.

그런 경험을 하면 할수록 점점 삐뚤어지는 구나- 하고 생각한다. 게다가 수의분야에서도 항상 '그런 동물 따위를 봐서……'라는 말을 듣고 있기 때문에 피해 의식도 강하다. 그러나 그러기에 더욱 마이너리티 파워를 발휘하고 싶다는 생각이 있다. 그 때문에 노력은 아끼지 않는다.

개구리에게도 백혈병이……. 앞으로 있을 연구에 내심 가슴이 설레다

학교가 여름 방학인 7월 쯤 초등학생 한 명에게서 개구리에 대한 편지가 도착했다. 자유 연구 과제인 것 같았는데, '올챙이가 개구리가 될 때 왼발과 오른발 중 어느 쪽이 먼저 나오느냐'는 질문이었다.

어느 박물관에서 해설을 들었을 때 해설원은 오른쪽이라고 말했다고 한다. 그러나 스스로 관찰해보니 14마리 중 4마리만 오른쪽 발이 먼저 나왔고 왼쪽 발이 먼저 나오는 경우가 더 많았다는 것을 알았다고 한다. 진짜 어떤 게 진실인지 여러 곳에 물어봤지만 결국 모르겠단다. 그래서 '개구리에 대해 박식한 타무카이 선생님께 질문합니다.'라고 쓰여 있었다.

나는 아쉽게도 수의료 전문가이지 동물학자가 아니지만 그래도 나름대로 조사해 봤다. 하지만 역시 그런 것은 어디에도 쓰여 있지 않았다.

'나도 모르겠지만 네가 관찰한 결과가 왼쪽이었다면 왼쪽일지도 몰라. 과학이라는 것은 항상 뒤집어지는 것이니까 오른쪽이라는 가설이 있어도 그게 꼭 올바르다고는 할 수 없어.'

이렇게 답변했다. 그가 왼쪽이라면 그것이 진실일지도 모른다.

질문은 이 외에도 여러 가지 있었다.

Q '개구리나 올챙이의 사진을 잘 찍기 위해서 어떻게 하면 좋나요?'
A '나는 방수 카메라를 사용해서 매크로 모드로 찍어요.'
Q '개구리 알을 발견해서 사진을 찍었습니다. 이 알은 무슨 종류의 개구리인지 가르쳐 주세요.'
A '나도 모릅니다. 그걸 길러서 개구리가 되면 다시 물어봐 주세요. 양서류 전문가 분도 그렇게 한답니다.'

또 편지의 말미에는 '아르헨티나뿔개구리를 좋아해서 저는 나중에 파충류나 양서류와 관련된 일을 하고 싶습니다.'라고 쓰여 있었다. '그거 쉽지 않을 거야.'라고 생각했지만 감동받았다. 그의 착안점은 훌륭하다. 아직 여러 가능성이 있는 자연과학 세계에서는 이런 '소박한 의문'이야말로 자신의 천직을 발견하는 원동력이 될지도 모른다. 그것이 어떤 대발견과 이어질지도 모르는 일이다. 그가 그런 지적 호기심을 계속 가졌으면 한다.

저번에 주인이 매우 예뻐하던 개구리가 원인 불명으로 죽었는데, '해부하여 사인을 밝혀주시지 않겠어요?'라는 의뢰를 받았다.

희망한다면 해부도 하지만 사실 나 한 사람이 해부하여 얻을 수 있는 것은 의외로 적다. 해부해도 직접적인 사인을 모를 때도 많다. 그것이 바로 '생명'이라고 하는, 세포나 기관이 복잡하게 관련된 집합체인 것이다.

하지만 주인이 강하게 희망해서 해부했더니 불행인지 다행인지 간장이 비대해져 있는 것이 눈에 띄었다. 그래서 그것을 병리조직검사에 의뢰했다.

그 결과 백혈병으로 판명됐다.

"개구리 백혈병!?"

부적절한지도 모르지만, 나도 모르게 감동해 버렸다.

전 세계의 개구리 질병 논문을 조사해 봐도 한두 개의 예밖에 보고된 것이 없다.

　이런 때는 조금 두근두근한다. 개구리에게 백혈병이 있다는 것은 아직 우리들에게도 해야 할 일이 있다는 것이다. 지금까지는 원인을 알지 못한 채 죽었던 것도 제대로 조사하면 알 수 있을지 모른다.

　개구리 백혈병은 유감스럽게도 현재 수의료로는 치료하지 못하지만 진단이 가능하다면 새로운 치료법을 연구할 수 있다. 그런 희망과 꿈이 펼쳐진다.

　해부를 의뢰 받았을 때는 '사인은 아마 알지 못하겠지.' 하고 반은 포기하는 심정이었다. 하지만 주인의 강한 의지도 있었고, 해부해서 조사해보니 백혈병이었다는 걸 알았다.

　자신이 생각한 것이 언제나 옳지는 않다. 임상가는 동시에 연구자의 눈을 가져야 한다. 출발점으로 되돌아간 마음이 되었던 대단한 경험이었다.

제 9 장   배구공만 한 강아지의 종양부터
　　　　　　　　뱀의 대장암까지

🐗 **수술은 무리라고 절망했었던 순간 거대 종양을 손으로 잡아떼다**

건강진단을 위해 내원한 골든 리트리버를 촉진했을 때 상복부에서 거대한 덩어리가 만져졌다. 고령이 된 골든 리트리버나 래브라도 리트리버 같은 대형견은 배 안에 종양이 생기기 쉽고 특히 비장의 종양화를 일으키기 쉽다. 만약 비장암일 때, 조기 적출을 하면 의외로 예후가 좋다. 비장은 큰 혈액 탱크 같은 것이라서 전부 적출해도 괜찮다.

즉시 혈액검사, 엑스레이 검사, 초음파검사로 만져지는 그것이 대체 뭔가 조사했다. 전부 검사해 보니 종양이 너무 커서 확정짓기 곤란했지만, 간장종양이 가장 의심이 갔다. 그러나 비장일 가능성도 배제할 수 없는 진단이었다. 어쨌든 그 거대한 종양이 당장 파열되어 과다 출혈을 일으켜 죽어도 이상하지 않을 상황이었기 때문에 비장이든 간장이든 종양 적출을 목적으로 개복수술을 실시하기로 했다. 비장일 경우 비장 자체 적출은 그다지 어렵지 않다. 사실 '비장이면 좋겠다'는 조금의 기대도 있었다.

하지만 개복했을 때 눈앞의 종양이 너무나 커서 종양 발생 부위를 알 수 없었다. 손을 복강 내로 찔러 넣어 살살 찾아보았다. 그랬더니 평소 행동이 안 좋았던 것에 대한 벌인지, 비장이 아니라 간이었다. 희미한 기대가 사라지는 순간이었다. 간 덩어리(즉 간)에 배구공 정도나 되는 커다란 종양이 붙어 있었다.

"어쩌면 좋지……"

일순간 기가 죽었다. 이 정도 클래스면 지역병원이 아닌 대학 병원급 일이 된다. 많은 인원의 스텝과 만일을 대비해서 수혈도 필요하다. 보통이라면 일단 개복한 것을 닫고 '개복했는데 떼어낼 수 없는 크기였습니다.'라고 주인에게 설명할 케이스였다.

하지만 문득 스승님의 말이 떠올랐다.

"아무리 큰 종양이라도 붙어 있는 부분은 작을 때도 있어."

종양의 근원이 작으면 아무리 종양이 커도 상관없다. 근원만 처리하면 떼어낼 수 있는 것이다.

손으로 더듬어 보니 확실히 근원은 '의외로 작을지도' 모르는 감촉이 들었다. 그렇다면 할 수 있을지도 모른다.

"좋아. 한번 냉정해지자."

이런 때 나는 잠깐 메스를 놓는다. 마음을 진정시키고 간의 혈관이 지나가는 곳을 해부 교과서로 다시 확인한 다음 머리를 정리한다.

"여기에서 출혈이 일어날 거니까 겸자를 준비하고 대기해 줘."

라고 조수에게 말하고 복벽과 종양의 틈에 손을 살짝 넣고 양손으로 종양을 잡는다. 숨을 멈추고, 다음 순간 근원에서 종양을 힘껏 잡아당겼다.

"까악!"

주위의 간호사들이 비명을 질렀고 피가 뿜어져 나왔다. 그것을 준비해 둔 겸자로 툭툭 막는다. 실로 혈관을 묶고 출혈이 없는 것을 확인한다.

"좋아. 제대로 떼어냈어."

큰 종양이 떼어진 후에는 시야가 트였기 때문에 천천히 정상인 간장 조직과 암 조직을 구별하여 신중히 절제하면 된다.

다양한 동물들의 암

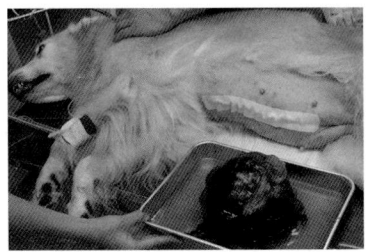

① 배구공만 한 종양이 생겼던 골든 리트리버. 개복했을 때 수술 부위의 전체가 종양이었다.

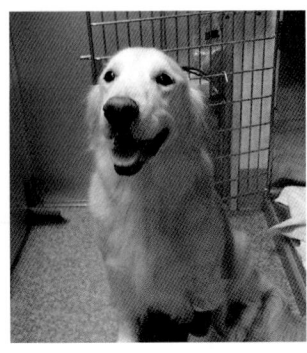

② 다음 날에는 완전히 건강한 모습을 보여주었다.

22g 인 팬더마우스에게 4g 의 종양이 생겼는데, 어떻게든 적출했다. 작은 동물은 적은 출혈로도 목숨이 좌우된다.

목 부분에 큰 종양이 생긴 큰 박쥐. 이 또한 무사히 적출했다.

우파루파도 종양이 생긴다. 개복수술을 실시해 적출했다. 정소 종양이었다.

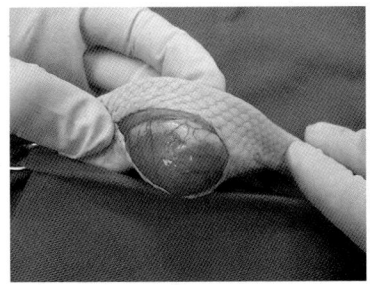

뱀의 대장암. 암에 따라 배변이 전혀 불가능한 상태에도 이른다.

항상 이런 난폭한 방법을 쓴다고 생각하면 난처하지만 사실 이전에 외과 전문 선생님이 이번과 같은 거대한 간종양을 갑자기 확 떼어내는 것을 본 적이 있다. 종양은 부드럽고, 건강한 간은 어느 정도 경도가 있기 때문에 당기면 떼어지는 것이다.

그러나 실제로 내가 해야 하게 되니 당연하지만 망설여졌다. 그런 수법은 어디까지나 희귀하며, 가끔 성공하는(할지도 모르는) 일례일 뿐이다. 힘껏 떼어낸 순간에 출혈로 죽을 가능성도 있다.

막상 하게 되면 간단하지만 결단까지는 간단하지 않다. 이 상황에서 '떼지 못했다'고 배를 닫아도 누구도 날 비난하지는 않는다. 그러나 종양을 제거하지 못하면 이 아이는 확실히 죽음에 이른다. 그리고 종양이 너무 커서 '평범하게' 절제하지는 못하는 상황.

'돌아선다고 해도 손가락질하지 않는 이 상황에서 나는 어떻게 하면 좋을까?'

그 다음엔 자신의 마음과 진퇴를 거듭하며 격투를 한다. 결단하기까지 수 초 동안 심장이 고동치는 것이 느껴질 만큼 두근거렸다.

이런 '격투' 끝에 떼어낸 종양은 지름 20cm에 무게 3kg이었다.

다음 날, 골든 리트리버는 완전히 건강해졌다. 너무 좋은 회복세에 감동하여 눈물이 나올 것 같았다. 그 후에 이 리트리버는 재발하는 일 없이 수명을 다했다.

🐀 개와 고양이의 응용으로 뱀 대장암을 적출

암이라는 것은 동물의 종류를 불문하는 병이다. '어제 햄스터 암 수술을 했는데 말이야.'라고 말하면 놀라는 사람이 많다. 하지만 사람이라도 단지 동물의 일종일 뿐이니 애완동물로 소중이 여겨지는 다른 동물이 암에 걸리는 것도 당연한 일이다. 사람만이 '동물' 외에 있다고 생각했다면 오산이다. 사람을 포함하여 원숭이류를 영장류라고 부른다. 이 의미는 원래 사람은 '만물의 영장'이라는 뜻이다. 즉 가장 훌륭한 생물이 사람이라는 것을 가리키는 것이다. 이런 사람의 잘난 체도 슬슬 바꿔야 할 때가 왔다.

그것은 일단 차치하고 특수동물이 암 때문에 내원하는 경우는 많다. 의욕이 없어질 만큼 많다. 특히 몸집이 작은 특수동물은 마취의 위험성이 크고, 나 또한 마음이 무거운 수술이다.

900g짜리 페럿이 '복부가 부풀었다'는 이유로 내원했다. 촉진해보니 배 안에 거대한 응어리가 있었다.

"우와. 이게 뭐지?"

개복해보니 달걀만 한 크기의 암이 위 옆에 붙어 있었다. 게다가 종양의 표면에는 크고 작은 혈관으로 마구 둘러싸여 있었다.

페럿처럼 작은 동물은 큰 혈관이 파열되면 출혈로 그냥 죽는다. 사람이 5cc 출혈하는 것과 페럿이 5cc 출혈하는 것은 비교할 수 없다. 사람은 훅하고 뿜어져도 괜찮다. 하지만 페럿은 훅하고 나오는 것만으로 수술 후의 회복이 극단적으로 나빠진다. 최악의 경우에는 죽는다. 소동물은 수혈도 확립되어 있지 않다. 피가 나면 멈추게 한다는 게 아니라 처음부터 출혈이 없도록 해야 한다. 따라서 특수동물을 수술하는 것은 선혈이 낭자하지는 않다. 대출혈을 일으켜도 바로 수혈할 수 있고 수술에만 집중할 수 있는 사람의 수술이 어떤 의미에서 부럽다고 생각하기도 했다.

그 페럿의 경우도 본 순간 '무리다!'라고 생각했다. 아무튼 종양의 표면은 혈관투성이였다.

"이런, 보기만 하는 걸로 정해지면 안 되잖아."

일단 메스를 놓고 머리를 식혔다. 보기만 해도 감각적으로 안 될 것 같은 것도 실제로 해보면 어떻게든 길이 보일지도 모른다. 해보고 안 되면 언제든 멈추면 된다. 등산으로 말하면 '용기 있는 철수'다.

마음을 가라앉히고 눈앞의 혈관을 하나하나 묶는다. 그렇게 하다 보니 '어쩌면 할 수 있을지도'라는 생각이 들었다.

처음에는 못 한다고 생각해도 한 걸음 한 걸음 해보는 것이다. 포기하지 않을 것. 일단 시작할 것. 한 발 내디디면 어느샌가 쏙 떨어진다. 그 종양도 무사히 적출했다. 어떤 것도 '절대 무리'라고 생각한다면 정말 못하게 되는 것이다.

저번에는 뱀의 암 수술을 했다. 랫스네이크라는 새하얗고 아름다운 뱀이다. 하복부에 응어리가 있으며 먹이를 먹지 않고 대변도 보지 않는다고 한다. 집 근처 병원에 갔을 때 '이건 종양이라서 치료해도 소용없어요. 쇠약해지는 걸 지켜볼 수밖에 없습니다.'라는 말을 듣고 우리 병원에 찾아 왔다고 한다.

내가 진찰해 보아도 확실히 대장 부근에 큰 종양이 있었으며 변도 차 있었다.

"이건 제거할 수 없을 것 같아요. 아니 정확히 말하면 종양은 떼어낼 수 있지만 그러면 목숨도 함께 떼어질지도(죽게 될지도) 몰라요."

"알고 있습니다."

주인은 포기하지 않았다.

"저는 개와 고양이를 키웠었고 그들이 죽어가는 것도 보았습니다. 병원에 가서 치료해도 어차피 죽으니까 하지 않는 편이 좋다는 말을 듣고는 쇠약해지는 모습을 바라보기만 했는데 그것 역시 괴로웠어요."라고 말했다.

"그래서, 그런데 조금이라도 가능성이 없나요?"

다시금 '대단하다……'고 생각했다.

그냥 봤을 때 느낌으론 100% 불가능하지는 않다는 인상도 있었다. 나는 개나 고양이의 대장암이라면 경험이 있다. 파충류 증례의 경험은 없지만 뱀의 대장은 더 가늘다는 것뿐이지, 개나 고양이의 장을 잘라서 이어붙이는 것과 똑같다. 어쩌면 가능할지도 모른다.

"모가 되든 도가 되든 상관없어요. 할 수 있는 일은 다 해보고 싶어요. 부탁드립니다."

덧붙여서 뱀은 다른 동물처럼 복부 중앙을 일자로 절개할 수 없다. 뱀의 복부는 그 이름대로 사복(蛇腹)으로 되어 있어서 비늘 때문에 가르는 것이 어렵다. 그래서 사복과 등 쪽의 가는 비늘과의 경계 부근을 절개한다. 체강까지 메스를 넣어 장을 꺼낸다. 종양이 붙어있는 부분의 장을 자르고 잘린 장과 장을 이은 뒤 종료한다. 이렇게 말하면 간단할 것 같지만, 겨우 연필 정도 굵기의 장을 한 바퀴, 게다가 누락되는 것 없이 꿰매는 데는 상당한 집중을 요한다. 경과에도 주의해야 하는데, 수술 후 경과도 양호했기에 포기하지 않아서 다행이라고 생각한다.

진심으로 동물을 예뻐하는 사람들은 '구하고 싶다!'는 마음이 앞선다. 그래서 나도 '악셀을 밟는다!(최선을 다한다)'는 모습을 보여야 한다. 주인과 나의 마음이 모여 처음으로 새로운 경지에 도달한다.

앞의 뱀 주인도 '더는 어렵다는 말을 들었지만 포기할 수 없다. 확률은 낮아도 뭐라도 가능성이 없을까'라는 마음으로 우리 병원에 찾아 왔을 것이다. 나의 견해도 근처 의사와 같기는 했지만 '어떤 가능성'이라는 한 부분에서 '세컨드 오피니언(의사 진단에 납득이 가지 않는 점에 대하여 환자가 다른 의사의 의견을 묻는 일.)'이 요구된 입장으로서 지혜를 쥐어짜내야 한다. 그런 상황에서 내가 내는 의견도 '수비'가 아니라 필사적인 의견을 말해야 하는 경우도 많다. 의사의 수비적인 자세는 상대에게도 전해진다.

주인이 원하는 것은 융통성 없는 말이 아니다. '진짜 솔직하게 뭐야?'라는 부분을 알고 싶기 때문에 나도 최대한의 모티베이션으로 환자에게 대응하는 것이다.

🦔 "프레리독에게 상어 연골을 먹여도 되나요?"

외과 수술로 잘라내서 낫는 병은 그나마 다행이다. '이것을 잘라내면 나아요.'라는 말은 어떤 의미로 희망이 있고 이해하기 쉽다. 하지만 현장에서는 외과로 절대 낫지 않는 병이라는 것도 엄청나게 많다.

혈액암인 백혈병이 그 예이다. 이것은 암이라도 잘라내서 나을 수 있는 것이 아니다. 약을 구사해서 싸우게 된다. 약을 완화시키면 바로 반격해오고, 세게 하면 동물이 약해진다. 당뇨병도 일단 걸리면 매일 인슐린 주사를 맞아야 한다. 내과적 치료는 모든 상황을 상정하여 약으로 싸워야 한다. 사실 외과보다 내과의 어려운 병을 치료하는 것이 더욱 머리를 쓰게 되고, 끈기도 필요하며 시간도 걸린다. 깨끗이 완치되는 일보다도 '조금 좋아졌나?'로 끝나는 일이 많다. 두뇌적으로도 정신적으로도 엄청난 중노동인 것이다.

현재 편평상피암에 걸린 프레리독을 진료하고 있다. 치경(치아의 목 부분)에 팥 정도의 크기로 종기가 나 있다. 그러나 이 종양의 성질상 아무리 수술을 해도 완전히 떼어낼 수 없는 세포가 남는 것은 명백하다. 남겨진 세포에서 또 점점 증식하여 식도를 막고 음식을 삼킬 수 없게 되어 최종적으로는 아사한다.

대부분의 암은 악성 종양이 있는 것만으로는 죽음에 이르지 않는다. 단지 그것이 커질 뿐이다. 폐로 전이된다면 폐에 암 세포가 번져 산소가 머물 수 없어져서 죽는다. 간에 전이되면 간세포가 암세포화 되어, 살기 위해 필요한 대사나 해독 기능을 할 수 없게 되어 죽는다. 암은 전이되기에 앞서 장기를 암세포로 바꾸어 그 장기가 정상적인 기능을 할 수 없도록 만든다.

또 암이 증식하면 암세포가 몸에 필요한 영양분을 빼앗거나, 암 조직에서 특수한 독성작용을 가진 물질이 나와서 동물의 몸을 쇠약하게 만든다. 악성 종양이 피부에 조금 생긴 것만으로 죽는 일은 거의 없다.

폐에 전이되거나 뇌에 전이되어 죽게 되면 일시적인 고통으로 끝난다. 하지만 구강 내 편평상피암에 대해 말하자면 전이되기 전에 문제를 일으킨다고 하기 보다도 그곳의 종양이 점점 거대화, 침습되어 음식을 삼킬 수 없게 되어 점점 야위다가 아사에 이르는 매우 잔혹한 암이다.

'삶의 질'을 멋있는 말로 하면 '퀄리티 오브 라이프(quality of life)'라고 한다. 이 암은 확실히 '퀄리티 오브 라이프가 현저히 저하하는 종양'이라고 할 수 있다.

그래서 음식을 물에 녹인 것이나 주스를 스포이드로 입을 통해 먹이는 등의 집중적인 간호가 필요하게 된다. 그것을 매일 실시하다 보면 주인도 피폐해진다.

최종 수단으로서는 목으로 튜브를 통하게 해서 영양소를 위에 흘려보내는 수술도 한다. 그러나 프레리독처럼 손재주가 있는 소동물의 경우에는 스스로 튜브를 빼버리기도 하며, 실제로 위 튜브로 연명할 수 있는 것은 수 개월에 불과하다.

최근 그 프레리독의 주인이 '상어 연골을 먹여도 괜찮나요?'라는 상담을 해왔다.

실은 이런 상담이 매우 많다. 붉은갓주름버섯나 영지버섯, 프로폴리스, 동충하초 등도 있다. 말기 암 동물에게 사람의 암에 '효과가 있는 듯한' 것을 먹이는 것이다.

사랑하는 애완동물이 약해지는 것을 보기만 하고 아무것도 할 수 없다는 그 기분은 정말 잘 이해한다. 내 애완동물이라면 나도 매우 괴로울 것이라고 생각한다.

수년 전, 후생노동성이 'PubMed'라는 미국국립위생연구소가 제공하는 데이터베이스를 이용하여 약 1천만 문헌에서 붉은갓주름버섯이나 프로폴리스, 상황버섯 등을 사용한 연구 논문을 검색, 조사했더니 과학적으로 암이 나았다는 논문은 없었다고 한다. 나는 언제나 '먹여도 되나요?'라는 질문을 받으면 '먹여도 되지만 효과가 있을 거라고 생각하고 먹이면 실망할 수도 있으니까 효과가 있으면 좋겠다 정도로 생각하고 먹이도록 하세요.'라고 대답한다.

동물병원에서도 치료에 한방이나 동종요법 등의 대체의학을 적극적으로 적용하는 곳도 있다. 하지만 그런 대체의학을 추구하는 것에 의해, 제대로 치료한다면 몇 년이나 살아갈 수 있는데도 단기간에 죽어버리는 경우가 사람 의료에서 문제가 되고 있다. 이것은 동물에게도 해당된다.

우리 병원에서도 한방약을 조금씩 쓰기도 한다. 그러나 나는 대체의학을 마구 남용하거나 하진 않는다.

대체의학 공부를 하지 않는다고 말하면 거기까지지만, '대체'라는 것은 '대신하는 행위'라는 것이다. 스스로 노력도 하지 않고 대체한다는 것은 타석에 서서 안 될 것 같으니까 '그럼 대타를 부탁드립니다!'라고 말하는 거나 똑같다.

'번트나 데드볼이라도 해서 어떻게든 루로 진출할 노력을 하라'고 할 만하다. 서양의학 공부도 어중간한 상태로 대타만을 생각하고 있다면 본질을 잃는다. 균형의 문제인 것이다.

이렇게 잘난 체하며 말하면서도 혹시 내가 불치 암에 걸린다면 혹시라도 대체의학에 희망을 걸지도 모른다. 사람은 목숨을 잃을지도 모르는 상황에 직면하면 논리 정연하게 사물을 판단하는 것이 불가능해진다. 사람의 마음은 정말 복잡하다.

선택사항만 제시하는 '회피 자세'는 의미가 없다

　의사는 여러 선택사항을 환자에게 제시하고 환자가 선택하면 치료에 들어간다. 이른바 '사전동의'라고 한다. 사전동의는 '설명과 동의'라고 해석되는데, 엄밀히 말하면 환자에게는 병과 치료에 관해 알 권리가 있으며 치료법을 스스로 결정할 수 있는 권리가 있다는 것을 말한다. 다시 말하면 자신의 일은 자신이 정한다는 것이다
　'이 병의 치료법에는 이것과 이것이 있습니다. 이 경우 위험성은 몇 퍼센트이며 이 경우의 위험성은 몇 퍼센트, 치료율은 이쪽이 몇 퍼센트로 이러쿵저러쿵...... 어떤 걸로 하시겠어요?'
　라고 환자에게 묻는다. 현재 수의료의 흐름도 이런 식이다. 하지만 나는 가능한 한 '이런 선택사항이 있는데, 만약 제 애완동물이라면 이런 식으로 할 것 같아요. 왜냐하면 이런 이유 때문에 그게 가장 좋다고 생각하기 때문이죠.'라고 말하고 있다. 이러저러한 선택사항을 제시해서 주인이 동물에게 최적이라고 생각하는 치료를 결정해준다면 이토록 간단한 일은 없을 것이다. 그런 건 막 졸업한 수의사라도 할 수 있다.
　그런 형식적인 것이 아니라 그 수의사가 수의사 나름대로 취사선택을 해서 '나의 생각은 이렇다'고 의사를 제시하지 않는다면, 동물 주인은 어쩔 줄 모르게 될 것이다. 애초에 주인에게는 수의학적 지식이 거의 없다. '병에 대한 것이나 치료 선택사항은 자─알 알고 있지만 당신은 수의사로서 어떤 걸 추천해?'라고 생각할 것이다. 특히 생사가 걸린 병일 때는 수의사와 주인의 질병에 대한 자세가 같지 않다면 절대로 잘 해낼 수 없다.

수술 후에도 내가 괜찮다고 생각하면 주인에게는 '괜찮다'고 말한다. 당연하다고 할지도 모르지만 근무의 시절에는 선배 선생님에게 '주인에게는 잘 되어 간다고 말하지 마.'라고 뒤로 배웠다. '기본적으로는 안 좋은 가능성을 말하라'고.

리스크 관리라고 하는 점에서는 아주 당연하지만 그것은 단지 예방선일 뿐이다. 자신을 보호하기 위한 보험인 것이다. 나는 정말로 괜찮다고 생각될 때는 '괜찮다'고 말해도 된다고 생각한다. '이 아이는 괜찮다'고 말하고 그대로 건강해지면 주인도 '아아 잘됐다!'라고 기뻐하며 신뢰 관계를 구축할 것이라고 생각한다.

그러나 유감스럽게도 상황이 급변하는 경우도 있다. 예를 들면 입원 중인 동물이 오전 중에는 건강해서 주인에게 '괜찮다'고 말했는데 오후가 되어 갑자기 죽는 경우도 아예 없지 않다. 심장이나 호흡기계가 나쁜, 직접 생명과 이어지는 병일 때는 동물이 괜찮아 보여도 바로 다음 순간을 알 수 없다.

그런 때는 나도 움츠러든다. '왜 죽은 걸까?'라고 계속 생각한다. 그런 나 자신의 심경은 주인에게도 똑같이 전해진다.

의료실수와 의료사고라는 단어가 사람 의료에서도 자주 사용되고 있다. 하지만 실수와 사고는 다르다. 그것이 혼동되어 모든 의사에게 잘못이 있다는 식으로 받아들여지고 있다. 실수라는 것은 사람이 일으키는 실수이다. 주의를 해도 사람이기 때문에 일어나는 일이 있다. 사고는 예기치 못한 것이 일어난 상황을 말한다. 허술하게 해서 실패했다는 것이 아니라 열심히 최선을 다했는데도 결과적으로 죽는 일도 있다.

의료 소송에 대해서 나는 아직 다행히도 경험이 없다. 그러나 잘못하면 내 처지가 될지도 모른다고 생각하고 항상 긴장하며 진료에 임한다. 혹시 문제가 생겼을 때에는 '정말로 최선을 다했습니다. 하지만 결과적으로 이렇게 되었습니다.'라고 말할 것은 제대로 말할 것이다.

  수의사와 주인이 다른 방향을 바라보고 있다면 주인에게도 '선생님, 저번에는 이렇게 말씀하셨는데 그 전에는 이렇게 말하셨잖아요.' 같은 감정적인 일이 될 것이다. 그러나 같은 방향을 바라보고 병을 극복하겠다는 마음으로 한다면 어떤 일이 일어났을 때에도 큰 문제가 되지 않는다고 믿는다. 하지만 그것은 신뢰 관계가 있어야 말할 수 있다.

제 10 장 동물병원에서 사용하는 약은 대부분 사람용

🐕 개에게 '유행 중' 인 음식 알러지

현대의 일본인들 사이에서 문제가 되는 알러지 질환. 그것에 동조하는 듯 개에게도 음식 알러지가 '유행하고' 있다. 인터넷에 '개 / 알러지 / 음식' 을 검색하면 상당수의 정보가 나온다. 이전에 우리 병원 웹 사이트에서 '개의 음식 알러지' 라는 알러지 질환 해설문을 올린 이후로 '개 / 피부병 / 음식 / 알러지' 로 웹 사이트에 접속하는 사람이 엄청나게 증가했다.

우리 병원에도 '우리 xx 가 피부를 항상 가려워해서 ......' 라고 말하는 주인이 많이 찾아온다. 그런 주인들은 하나같이 입을 모아 '이 아이, oo(음식 이름) 알러지 인가요 ?' 라고 말한다.

그러나 통계에 따르면 일반 동물병원에 내원하는 개의 피부, 귀 질환의 모든 증례 중 음식 알러지에 의한 피부 질환인 것은 전체의 불과 수 퍼센트에 지나지 않는다고 한다. 사람도 알러지가 늘어나고 있지만, 주변 사람 중 특정 음식을 먹으면 피부에 알러지가 난다고 하는 사람은 그리 많지 않을 것이다.

수의피부과전문의의 이야기로는 강아지 피부 질환의 원인을, 많은 순으로 나열하면 '세균, 진균에 의한 피부병, 기생충 (벼룩, 진드기)' 이라고 한다. 그래서 강아지의 음식 알러지도 실제로는 그렇게 흔한 경우는 아니라는 것이다.

그러나 일본에서는 현재 피부 질환을 앓는 강아지의 주인들 사이에서 모든 원인을 시판 사료 탓으로 돌리는 풍조가 보인다. 음식 알러지라는 것이 일종의 면죄부가 되었는지도 모른다. 어쨌든 그렇게 받아들이면 납득할 수 있다는 느낌으로 말이다.

우리 병원에서도 흔히 '음식 알러지'라는 호소사항으로 병원을 옮기는 환자가 있다.

"근처 병원에서 듣고 전용 사료로 바꿨는데 낫지 않아요."

왜 낫지 않는 걸까? 그것은 음식 알러지만이 아니기 때문이다. 초진 시, 진단이 틀릴 가능성도 높다.

알러지와 아토피가 혼동되는 경우도 있다. 하지만 '아토피성 피부염'과 '음식 알러지'는 비슷하지만 다른 것이다. 음식 알러지란 '어떤 음식에 의해 정상적인 면역반응과는 다른 반응을 한 결과, 생체에 일어나는 유해 반응'이라고 정의되어 있다. 음식 알러지의 하나로서 아토피성 피부염을 일으키는 경우도 드물게 있다. 하지만 유해 반응의 결과는 반드시 피부에 나타난다고는 할 수 없다.

한편, 아토피는 복잡한 병태(病態)이지만 '집먼지나 집먼지 진드기, 식물, 꽃가루 등의 물질에 과도하게 반응하여 피부에 병변이 나타나는 것'이라고 정의되어 있다. 아토피 피부는 건조해지면 피부 장벽이 무너져 원인 물질이 피부로 침입하기 쉬워진다.

강아지 아토피성피부염은 비교적 흔해서 음식 알러지라고 생각하지만 사실은 환경 속 물질에 반응하는 아토피성피부염일지도 모른다. 또는 아토피성피부염과 음식 알러지가 겹쳐진 예도 때때로 볼 수 있다. 따라서 음식을 바꾸는 것만으로 피부 병변을 고치는 것은 확률적으로 봐도 가능성이 꽤 낮다.

게다가 피부 병변을 일으키는 알러젠을 특정하는 것은 사실 매우 어렵다. 대학 병원의 피부과 전문의 조차 '이 아이 xx 알러지네요.' 라고 특정 짓는 것이 꽤 어렵다.

혈액검사로 알러지 원인을 알아보는 방법도 있다. 하지만 일반적으로 실시하는 알러지 혈액검사는 체내에 있는 항원에 대한 항체 수치 (항체 IgE 치)를 단순히 측정한 것에 지나지 않는다. 항체 반응이 있다고 해서 그것이 피부 병변을 일으킨다고는 할 수 없다. 혈액검사를 해도 많은 알러젠에 양성반응이 나와서 결국 어떠한 식이 성분이 피부에 악영향을 끼치는지 판단을 내리기가 매우 어렵다는 것이 현재 상황이다.

그럼 어떻게 음식 알러지인지 아닌지를 알아보는가 하면 일단 알러지 증상을 일으킬 가능성이 있는 단백원을 주지 않는 것부터 시작한다. 단백질을 특수한 방법으로 가수분해한, 알러지 반응을 일으키지 않는 전용 사료를 2개월간 계속 주는 실험을 한다. 이것을 제거식 테스트라고 한다. 오직 전용 사료와 물만. 간식도 금지다.

혹시 음식 알러지라면 지금까지 가지고 있던 병변이 나아지고 2개월 후에는 거의 다 좋아진다. 그 후에 의심 가는 음식, 예를 들면 닭고기라면 그것을 다시 줘 본다. 그래서 시험 전과 같은 병변이 나타난다면 확실히 닭고기 알러지라는 것을 알 수 있다.

진단방법으로서는 단순, 간단한 것이다. 가장 확실한 방법이기도 하다. 그래도 이 테스트를 실시하는 것은 아주 어렵다. 왜냐하면 주인에게 '정말로 음식 알러지인지 알아보기 위해서 일단 이 사료만으로 2개월 동안 시도해 보세요.' 라고 말하면 '못해요!' 라는 말이 돌아오기 때문이다.

"어째서죠?"

"…… 그러니까 산책할 때 간식 줘야 하니까요."

"밥이 한 종류뿐인 건 좀 불쌍해요."

결국 모두 간식이나 다른 음식을 주고 싶은 것이다. 이것이 주인이 없는 실험동물이라면 매우 간단하게 실시할 수 있다. 2개월간 전용 사료와 물을 주면 된다. 그러나 임상 현장에 있어서 제대로 음식 알러지 진단을 내리기에는 종종 주인이라는 큰 벽이 가로막고 있다.

🐕 '스테로이드'는 무섭지 않다

동시에 아토피성피부염에 걸린 동물의 내원도 늘고 있다고 느낀다. 아토피는 개에게 많이 보이며 고양이에게는 그렇게 많지 않다. 특수동물로는 햄스터에 대한 보고가 있는데 그 이외 동물의 아토피성피부염은 거의 연구되지 않았다.

아토피는 원칙적으로 낫지 않는다. 다시 말하면 일시적으로 좋아져도 나았다고는 말할 수 없으며 단순히 가라앉은 것이다. 그리고 괜찮은 시기와 안 좋은 시기를 반복하며 서서히 악화되어 간다.

아토피라는 것은 자신의 면역이 과민하게, 혹은 과도하게 반응하는 것이기 때문에 그 면역을 억제하는 치료를 한다. 즉 면역억제제, 유명한 것으로는 스테로이드를 사용한다.

스테로이드는 원래 가격이 싸고 잘 들어서 효과 높은 좋은 약이다. 단지 도핑 등에 사용되는 스테로이드의 이미지와 혼동되어 매우 부정적인 이미지가 강한 약이 된 것도 사실이다. 이 때문에 스테로이드의 오해에 대해 장시간 설명에 들어가는 것도 종종 있다. 일단 도핑에 사용되는 근육증대 스테로이드와 치료에 사용되는 스테로이드는 전혀 다른 것이다. 스테로이드는 부작용이 심하다고 하지만 너무 많이 사용하면 부작용이 생기는 것은 어떤 약이라도 같다.

아토피로 내원한 동물 주인에게 '스테로이드 써보죠.' 라고 말하면 '스테로이드요?' 라고 명백히 의심스러운 얼굴을 하고 이쪽을 바라본다. '그럼 쓰지 말까요?' 라고 말하면 되지만 그렇게 하면 전혀 좋아지지 않는다. 스테로이드 이외에도 부작용이 적은 고가의 면역억제제도 있다. 하지만 그런 것은 즉효성이 결여되어 장기적으로 사용하지 않으면 효과가 눈에 보이지 않는다. 주인에게는 '비싸고 좀처럼 낫지 않는 약' 이라고 판단되고 만다. '그럼 역시 스테로이드로 할까요?' 라고 말하면 또 '부작용이 무서워서 싫어요.' 라는 대답이 돌아온다.

지금은 인터넷이 있기 때문에 주인도 이리저리 알아본다. 항간에는 탈스테로이드 책이 마구 팔리거나 '강아지 수제 음식' 책이 유행하기도 한다. 또는 '스테로이드를 쓰지 않고 낫는' 다는 정말 혹할만한 내용이 먹히기도 한다. 그리고 결과적으로 민간요법을 계속 하다가 악화되어 더욱 상태가 심해져서 내원하는 경우도 많다.

그러나 애초에 스테로이드라는 것은 가벼운 것부터 매우 강력한 것까지 몇 종류나 있다. 어떤 종류를 몇 밀리그램 사용하느냐에 따라 강하고 약하고는 항상 달라진다. 작용이 약한 스테로이드를, 더욱이 기준량의 10 분의 1 밖에 사용하지 않아도 약의 총칭은 '스테로이드' 다. 수의사는 스테로이드를 처방할 때 이런 것을 근거로 하여 가능한 한 부작용이 일어나지 않는 용량을 계산하여 사용한다. 만약 부작용이 일어났을 때는 그것에 바로 대응할 수 있도록 준비가 되어 있다. 아토피처럼 완치할 수 없는 병은 몇 가지의 약을 잘 사용하여 컨트롤해 가는 것이 현실적이다.

주인이 생각해봤으면 하는 것은 자신의 애완동물의 피부 가려움을 어디까지 용납할 수 있는가이다. 예를 들어 지금의 가려움이 10 이라면 투약 후의 가려움이 5 가 되면 좋겠는지, 1 이 되면 좋겠는지 아니면 0 이 되었으면 좋겠는지 말이다. 하지만 10 인 것을 갑자기 0 이 되게 하는 것은 곤란하므로 10을 5로 만들면 그걸로 충분하지 않을지, 애완동물이 가려워서 고통스러워하지 않았으면 좋겠다든지, 그런 생각이 매우 중요하다.

지금까지 하루에 10번 긁던 것이 5번이 되어도 '아직 긁는다!'고 신경 쓰기 시작하면 애완동물의 일이 자신의 일처럼 되어 버린다. 예를 들어 지금까지 신경 쓰이지 않았던 주변의 '소리'가 인식되어 신경 쓰이면 '소음'이 되어 버리는 것과 마찬가지다. 그리고 가려움을 0으로 하고 싶다면 약을 꽤 강하게 써야 한다.

아토피에 한정된 것은 아니지만 피부조직은 한 번 심하게 염증을 일으키면 그 부분의 세포는 정상적인 상태로 돌아가지 않게 된다. 그래서 중증 알러지나 아토피에서는 심한 염증을 가라앉히기 위해 일시적으로 스테로이드를 사용하는 것이 정말 중요하다.

부작용을 염려하여 자기 판단으로 약 용량을 줄이는 주인도 있는데, 그건 수의사에게 매우 무서운 일이다.

스테로이드는 끊는다고 해도 서서히 용량을 줄여 나가야하는 약이다. 스테로이드를 먹어서 좋아져서 끊는다고 마음대로 약을 중단하면 부작용을 일으킬 가능성이 높아진다. 또 약을 갑자기 끊어서 증상이 악화되면 전보다도 강한 약을 써야만 하는 경우도 있다.

그러면 "역시 스테로이드는 강하다. 부작용이 나타난다"고 생각한다. 동물도 가려워서 고통스럽고, 나도 "그 선생님 병원에 계속 다니고 있는데 조금도 나아지질 않는다."는 말을 듣게 되어 굉장히 쓰라린 기억이 된다.

사회 일반의 약에 대한 부작용 등 부정적인 이미지나 오해, 그것에 따르는 저항감은 굉장히 강하다. 애완동물은 더욱이 사람인 자신보다 훨씬 작고 약한 존재다. '주인인 내가 잘 지켜줘야 해.'라고 생각하는 마음은 이해할 수 있다.

그러나 사람을 포함하여 애완동물도 약이라는 화학물질의 존재에 의해 수명이 연장되며 고통을 조금이라도 경감시킬 수 있는 것도 사실이다. 무엇보다 약의 장단점을 잘 파악하여 그 동물에게 맞는 약을 잘 사용하는 것이 중요할 것이다.

약의 사용은 최소한을 초과하지 않는다

항생제도 주인의 저항이 큰 약 중 하나다. 항생제를 사용할 때 가장 안 좋은 것은, 쓰다 말다 하는 어중간한 사용 방법이다. 사용할 거라면 제대로 확실하게 사용해서 철저히 세균을 해치우지 않으면 살아남은 세균이 또 바로 올라오게 된다. 그것이 반복되면 내성균이 출현하기 쉬워진다. 항생제도 스테로이드와 똑같이 주인은 동물의 상태가 조금 나아지면 그걸로 '이제 됐겠지.'라고 생각하여 중단해버린다.

나는 기본적으로 '처방한 양은 반드시 계속 이어서 다 먹이도록 하세요.'라고 말한다. 이런 점이 혼자 약국에 가서 감기약을 사 먹는 것과 의사가 처방해주는 것의 차이라고 생각한다. 그래도 중간에 약을 중단해버리는 주인이 있다. 당연히 약을 먹는 동안에는 상태가 좋아진다. 하지만 그것은 먹고 있기 때문에 좋아진 것이라 중단하면 또 다시 악화된다. 증상이 낫는 것과 일시적으로 진정되는 것은 엄연히 다른 것이다.

동물도 흔히 일으키는 방광염. 한번 걸리면 의학적으로는 2달 정도 투약을 계속해야 재발을 거듭하지 않는다고 한다. 항생제를 먹으면 4, 5일 정도 만에 좋아지지만, 그걸로 약을 중단하면 그 후에 재발이 거듭된다.

왜냐하면 방광이라는 것은 한 번 염증을 일으키면 세균이 살기 쉬운 황폐한 '밭'이 생기기 때문이다. 세균은 마치 잡초 같은 것이다. 항생제로 균을 일시적으로 공격해도 밭이 남아있으면 항생제를 중단하는 순간 또다시 균이 올라온다.

　방광의 세포 재생이 한 바퀴 돌아서 황폐한 밭이 깨끗한 포장도로가 되기까지는 2개월 정도 걸린다. 그때까지는 항생제를 계속 먹어서 밭에 잡초가 나지 않도록 해야 한다. 그래서 항생제는 완전히 좋아질 때까지 계속 먹어둬야 또 세균이 올라오지 않는다. 방광과 세균과 항생제의 관계를 알려주면 약을 계속 먹이는 것의 중요성을 이해시킬 수 있을 것이다.

　그런데 세균 감염의 경우 체내에 세균이 있는 상황은 확실히 문제이긴 하지만 세균 증식을 허용한 몸의 방어 태세도 문제가 되기도 한다. 원래 건강한 몸이라면 다소 세균이 침입해도 증식하지 못하게 하는 정도의 면역이 존재한다. 그 면역력이 저하되었을 때 세균 감염이 일어나기 쉬워진다.

　면역이 저하하는 원인으로는 스트레스를 비롯하여 다른 질환의 유무, 환경 등 다양한 이유가 있다. 따라서 세균 감염을 제어하기 위해서는 항생제의 투약과 동시에 면역력 저하의 원인을 알아 두는 것도 중요하다.

🐾 강아지에게는 사용할 수 있지만
토끼에게는 사용하지 못하는 약도 있다

　심장병도 아토피와 마찬가지로 일반적으로 낫지 않는 질병 중의 하나다. 고령이 되어 일단 심장병을 앓게 되면 약을 계속 먹어야 한다. 심장이 나빠지면 몸을 움직일 수 없게 되거나 빈번하게 기침을 하거나 호흡이 고통스러워지는 증상을 나타낸다. 그래서 동물 주인에게 "약을 먹으면 심장이 편해질 것."이라고 말하면 주인은 "다행"이라고 말하면서도 "평생 먹어야 하나요?"라고 묻는다. 약을 끊을 수 없게 되는 건 아닌지, 혹은 평생 약을 먹여야 하는 수고가 막연한 불안을 부른다.

그러나 심장약은 심장을 고치는 것이 아니라 심장의 움직임을 도와주는 보조 역할을 한다. 그래서 약을 끊으면 또 고통스러워진다. 수고스러운 것을 걱정하는 주인에게는 '평생 먹이지 않아도 상관없지만, 지금 소중한 당신의 애완동물의 고통을 조금이라도 누그러뜨려 주는 것과 당신이 약을 계속 먹여야 하는 수고스러움 중 무엇을 중요하게 생각하시나요?'라고 말하고 싶어진다.

투약과 비교해서 '전신마취'도 또한 주인에게는 반갑지 않은 이미지가 있다. 검사의 일환으로 마취를 제안할 때 '마취를 할 정도라면 상태를 좀 보겠습니다.'라고 말하는 사람도 실제로 많다. 확실히 전신마취는 100% 안전하다고는 할 수 없다. 따라서 그 마취의 위험성을 피하고 싶다고 한다면 나는 아무것도 할 수 없게 된다.

동물병원의 실제 현장에서는 사람 이상으로 전신마취를 하는 장면이 많다. 더욱 정확히는 현격하게 많다고 생각한다. 근처 내과나 외과의 개업의 선생님이 1년간 600백 건이나 전신마취를 환자에게 실시하고 있을까? 사람에게는 국소마취로 충분한 것도 작고 잘 움직이는 동물에게는 전신마취를 하지 않으면 신체검사조차 할 수 없는 경우가 적지 않다.

제멋대로 날뛰는 동물을 무리하게 제압하여 청진기를 갖다 대거나 촉진을 하면 쇼크사를 유발할 위험성도 있다. 이 때문에 마취를 '필요악'으로서 사용해야 한다.

사용하지 않고 끝난다면 나라도 그렇게 하고 싶다. 하지만 꼭 필요한 경우에는 사용하고 있다. 그것은 스테로이드도 항생제도 마찬가지다. 단지 마구 처방하는 것이 아니라 그것이 소중한 애완동물을 치료하는 데에 필요하기 때문에 처방한다는 것을 알아주었으면 한다.

그런데, 동물병원에서 사용하는 약의 80~90%은 사람용의 약이다. 사람 약 도매상에서 구입하여 동물의 체중에서 사용량을 계산한 뒤 처방하고 있다. 예를 들어 같은 약이라도 포유류는 1kg 에 이 정도, 거북이에게는 이 정도 하는 식으로 동물에 따라 기준이 되는 양이 있기 때문에 그 기준에 따라 처방한다.

동물 전용 약을 사용하는 빈도는 전체의 10~20% 에 지나지 않는다. 동물용은 일단 사람용 중에서 농림수산성의 인가를 받아서 동물용으로 판매하는 수순을 밟는다. 시간이 많이 걸리는 만큼 사람용과 같은 성분의 약보다 값이 많이 나간다.

그렇기 때문에 아무래도 사람 약을 쓰게 되는 경우가 많아진다. 거꾸로 말하면 사람 약을 사용하지 않고 동물을 치료하려면 돈이 많이 들고 종류도 적어서 아무것도 못한다. 단, 엄밀히는 사람 약을 동물에게 쓰는 것은 위법이기 때문에 사람용이라는 것을 확실히 전달하고 담당 수의사 책임 하에 사용한다는 원칙이 있다.

게다가 사람 약은 사람에 대한 많은 자료가 있으므로 사용하기 편리하다. '이 약을 사용할 때, 사람이라면 이런 식으로 작용하며 이런 부작용이 있다' 는 것을 알 수 있다면 그것이 개나 고양이, 특수동물이라도 아마 비슷하게 작용할 것이라는 상상을 할 수 있다. 그리고 부작용이 있을 때에도 대응하기 쉽다. 그래서 내가 흔히 익숙하게 사용하는 약을 사용한다. 수의사에 따라서 같은 병에도 처방하는 약이 다소 차이가 나는 것은 이런 이유 때문이다.

단지 우리가 처방하는 약 중에는 동물에 따라 사용하면 안 되는 약도 있다. 예를 들면 토끼, 기니피그(모르모트), 친칠라, 데구, 혹은 육지거북이처럼 완전한 초식동물은 배 안에 착한 균이 살고 있다. 착한 균에 의해 식물섬유라는 소화하기 힘든 것을 소화할 수 있다. 그런 동물에게 어떤 종류의 항생제를 사용하면 착한 균이 죽고 나쁜 균이 늘어나서 정상적인 위장의 움직임이 일어나지 않게 된다. 그래서 사람이나 개, 고양이, 페럿, 도마뱀, 개구리에게 쓰는 항생제가 이런 초식동물에게는 사용할 수 없는 경우가 있다.

그것은 특수동물 진료 중에서는 기본이다. 그런 기본과 더불어 중요한 사항이 특수동물의 진료에 흩어져 있다. 제대로 알아 두지 않으면 치료를 실수해서 죽게 만드는, 이른바 지뢰 같은 존재인 것이다.

여담이지만 수의사 중에는 마약취급자면허를 가진 사람도 있다. 이것은 합법적으로 마약을 다루기 위한 자격이다. 마약은 마취나 진통에 사용하는 약이다. 유명한 것으로는 항간에 스페셜 K 라고도 불리는 케타민이나 말기 암 등에 사용되는 모르핀 등이 있다. 마약취급자는 매년 사용한 마약의 양을 엄밀히 보고해야 한다. 또한 그런 약을 보관하는 데는 전용 금고가 필요하며 금고는 바닥에 나사로 고정해두어야 한다. 당연하지만 잃어버리면 큰일이다. 면허갱신 때는 사람 병원에 가서 '마약 중독 아님' 이라는 증명서를 의사에게 받아 관공서에 제출해야 한다. 수의사의 일 중 알려지지 않은 일면일 것이다.

🐾 개구리의 질병에 사람용 무좀약

사람 약을 특수동물에게 쓰는 경우가 흔히 있다. 조류는 항상 곰팡이와의 싸움이며, 야생에서 온 파충류는 항상 기생충과 싸워야한다. 약물에 강한 크립토스포리듐 (*Cryptosporidium*) 이라는 원충이나 말라리아, 아메바 등도 이런 동물에게서 볼 수 있다. 개나 고양이는 완전히 번식된 동물이어서 어지간하지 않으면 엄청 별난 기생충이나 곰팡이 병에는 걸리지 않는다.

개구리항아리곰팡이증에 걸린 개구리의 치료에 사용한 것도 사람 무좀

약이다. 무좀도 곰팡이의 일종이기 때문에 개구리항아리곰팡이에도 '효과 있지 않을까?' 하고 상상하기 어렵지 않다.(많은 임상수의사는 이런 식으로 생각한다) 그래서 나는 안정성이 높은 고가의 사람 무좀약을 개구리 사육수에 희석하여 개구리항아리곰팡이증으로 빈사 상태인 개구리에게 치료를 실시했다. 사람을 치료하는 의사 선생님의 입장에서 보면 '에이~ 개구리에게 그렇게 비싼 약을 써야하나!?' 라고 느낄지 모른다. 하지만 나도 동물 주인도 고통스러워하는 개구리를 치료하기 위해 필사적이었고, 이때 가격은 중요치 않았다. 결과적으로 그 치료는 효과가 있었고 개구리는 건강해졌다.

해외에는 일본에서 판매하지 않는 동물용 약도 많다. 해외여행을 간 김에 사오거나 해외에 간 사람에게 부탁하거나 상황에 따라서는 통신판매로 주문한다. 물론 밀수는 아니며 제대로 수속을 밟는다. 그러나 수년 전 광우병의 세계적 사건 이후, 동물용의약품의 수입 수속은 굉장히 번잡해졌고 지금은 좀처럼 통관할 수 없게 되었다.

그렇게 임상 수의사는 말하자면 '귀찮은 업무'를 진료 중 짬을 내어 틈틈이 한다. 그것도 결과적으로는 동물을 제대로 치료하고 싶다는 생각에서 출발하는 것이다.

약에 관해서 말할 수 있는 것은 아마도 담당 선생님이 동물을 가장 생각하고 있으며, 가장 잘 알고 있다는 것이다. 그래서 인터넷 정보 등을 마구 보고 걱정하지 말고 모르는 것이 있으면 담당 선생님에게 제대로 물어보았으면 한다.

우리들도 결국 사람일 뿐이기 때문에 이야기해주지 않으면 알 수 없다. 혹시 인터넷 정보를 읽고 뭔가 생각하는 것이 있다면, 있는 그대로 말해주길 바란다. 말해주지 않으면 '오해' 는 계속 사라지지 않는다. 반대로 '인터넷을 보니 이렇게 적혀 있던데 그건 어떤 건가요?' 라고 직접적으로 말해준다면 나도 그 정보에 대해 평가할 수 있다. 마음속에서 '이 선생님 인터넷 정보와 말하는 게 다르네?'라고 생각하지 말고 더욱 솔직하게 이야기를 나누자는 것이다. 그렇게 하면 서로 보다 신뢰할 수 있는 사람관계를 만들어 갈 수 있다고 생각한다.

제 11 장 동물도 가지각색 주인도 가지각색

🐦 "거북이 수술은 얼마?"

"원장님 개구리 주인의 상담전화입니다!"

점심시간에 원장실에서 문서를 보던 중 스탭의 내선이 걸려왔다.

"몽키타이거렉프로그의 오른쪽 다리가 축 늘어져 있는데, 왜 그런 거냐고 물어보는데요."

또인가! 속으로 생각하면서 전화를 받았다. 이런 식의 문의 전화는 아주 많다. 그러나 진찰하지 않고는 알 수 있는 게 한정되어 있다.

"다리가 늘어지는 증상을 보이는 질병은 여러 가지가 있습니다. 그러니까 한번 진찰하러 오시는 편이 나으실 거예요."

주인에게 이렇게 말하니 '아아 그런가요.'라는 냉담한 답이 돌아온다. 그리고 주인은 다시 상황을 설명하기 시작한다.

"어제부터 왼쪽 다리가 힘없이 덜렁거리고, 오른 다리가 늘어져있는데요. 왜 그런 건가요?"

처음으로 돌아왔다.

"글쎄요~ 그것만으로는 잘 모르겠습니다. 죄송하지만 진찰하러 오시지 않으시겠어요?"

"역시 진찰하지 않으면 모르는 건가요?"

"잘 모르겠습니다. 죄송해요."

"그런가요. 그럼 또 연락드리겠습니다." 철커덕.

……지금 한 대화는 의미가 있었던 걸까?

전화 상담은 마치 수상한 점쟁이의 일을 하는 것만 같다. 주인은 '오른 다리가 늘어져 있는 것은 XX 때문입니다.'라는 뭔가 결정적인 답을 얻고 싶어서 전화를 건다. 점쟁이에게 '당신의 이때의 불운은 조상에게 공양이 부족했기 때문입니다. 매일 물을 떠놓고 기도하세요.' 라는 말을 듣고 싶은 것처럼 말이다.

그러나 수의사는 국가에서 부여한 면허를 소유한 과학자라고 할 수 있다. 기본적으로 진찰을 하지도 않고 무책임한 말은 할 수 없다. 진찰은 눈앞에 동물이 없으면 할 수 없는 것이다.

오늘도 거북이 주인의 전화가 걸려 왔다.

"거북이 알 막힘 개복수술은 얼마 정도인가요?"

그 거북이 한 번도 진찰해 본 적이 없는데 말이다.

특수동물에 대해서 이런 식의 전화가 자주 걸려온다.

"다른 병원에서 ○○원 이라는데요. 그쪽은 수술비가 얼마나 되죠?"

보아하니 가격을 물어보고 다니며 결정하려는 것 같다.

그러나 병원에도 '개성'이라는 게 있어서 일률적으로 가격을 정할 수 없다. 사람의 얼굴이 제각각 다르고, 애완동물의 성격이 다 다른 것처럼 질병도 '생물'이다. 다 개성이 있어서 같은 상태인 것이 없다.

어느 정도 정해진 것을 하는 중성화 수술이면 몰라도 수술의 가격을 물어보고 다니며 병원을 결정하는 것은 스시 집에 '이 집 참치 뱃살 얼마예요?'라고 물어보며 들어갈 가게를 결정하는 것과 같다. 가격은 기술이나 신선도, 칼의 종류, 일본산 참다랑어인지, 수입산 냉동인지, 심지어 점포 월세에 따라서도 달라진다. 같은 참치 뱃살이라도 같은 맛이라는 보장은 없다. 자가용이 갑자기 멈춰서자 차 수리점에 전화하여 '우리 집 차가 갑자기 멈췄는데요. 수리비 얼마입니까?'라고 하는 것과 마찬가지다.

애초에 '수술비'라는 것에는 '수술'이 전부가 아니다. 사전 검사비, 마취비나 입원비도 들 수 있다. 수술만 하고 '자 끝났습니다.' 하고 돌아간다면 이토록 간단한 것은 없을 것이다. 실제로는 마취 관리나 수술 케어도 수술 이상으로 중요하다. 수술비를 물어도 시술 내용이나 케어의 좋고 나쁨은 전혀 알 수 없을 것이다.

정말로 수술 비용을 알고 싶다면 한번 진찰을 받아보고 수의사와 수술 내용 등을 상담한 뒤에 물어봐야 한다.

"선생님 우리 아이가 이 수술을 하는 데 필요한 입원, 검사, 수술, 퇴원까지 대충 얼마 정도 비용이 들까요?"라고 말이다.

한번 진찰하면 대략의 기준을 알 수 있다. 전화만으로 어떤 정보도 없는 상태에서는 나도 대답하고 싶지도, 할 것도 없다. 동물을 데려와서 상담만 한다면 우리 병원에서는 초진료만 받는다. 상담하러 온 주인의 애완동물에게 무리한 수술을 권해서 돈을 청구하는 행위는 하지 않는다.

그리고 그 동물이 수술을 하는 편이 좋은지 어떤지는 내가 판단할 수 있지만 수술을 할지 안 할지는 내가 결정할 수 없다. 목숨이 걸린 이야기인데다가 주인의 애완동물이기 때문이다. 최종적으로는 주인이 생각해서 결정해야 할 일이다.

문의 전화가 왔었던 거북이 수술비에 대해서는 일단 알 막힘 수술과 마취비로 150만원 정도 들 것이라고 대답했다. 그 비용을 듣고 우리 병원에 올지 안 올지는 모른다. 그러나 이것은 내가 생각하는 타당한 금액이다.

덧붙여서 145,000원에 팔리는 연못거북이 알 막힘을 일으켜도, 워싱턴 조약 증명서가 붙은 2000만 원짜리 방사거북에게도 수술비는 같다. 동물의 값이 치료비나 수술 비용에 영향을 주는 일은 없다.

🐟 동물병원의 지갑 사정

동물병원은 동물을 기르지 않는 사람은 평생 가지 않는 장소이다. 그런 사람이 갑자기 개를 키워서 병원에 데려와야만 했을 때 '동물병원이란 어떤 곳이지? 보험은 쓸 수 없다고 하고, 무서운 선생님이면 어쩌지?'라는 불안이 있을지도 모른다. 신주쿠 가부키초(도쿄에서 가장 유명한 유흥가)에 있는 잘 모르는 가게에 술 마시러 간다면 '바가지 쓰는 거 아닌가?'라고 걱정하는 것처럼 말이다.

그것도 그렇고 저번에 《동물병원 안내》라는 책을 쓰려고 진지하게 생각한 적이 있다. 동물병원이 어떤 일을 하는 곳인지, 예를 들어 요금 시스템은 어떻게 이루어져 있는지 등에 관한 것을 정리해 놓은 책이다.

예를 들면 페럿을 키운다면 도대체 어느 동물병원에서 페럿을 진료해주는지, 어떻게 데려가면 좋을지, 어떤 검사가 있고 검사 결과의 해석 방법과 그 비용은 얼마가 드는지 등을 적어두면 더욱 유연하게 동물 주인이 동물을 병원에 데려올 수 있고, 너무 늦게 찾아오는 동물이 적어지지 않을까 생각했던 것이다. 단지 금액에 관해서는 병원마다 다르며 실제로 진찰해 보지 않으면 모른다. 노래방처럼 '30분에 5,000원' 같은 식으로 되진 않는다. 따라서 이 기획은 구상 단계에서 좌절됐다.

요전에 TBS '뉴스 캐스터'에서 우리 병원의 진료 모습이 방송됐을 때 어떤 인터넷 게시판에서는 방송에서 소개된 치료 비용에 대한 억측이 일어났다. 그곳에는 '바퀴벌레 접착 덫'에 걸린 하늘다람쥐의 접착제의 제거 비용은 40만 원, 토끼 탈구는 250만 원 정도 들었을 것이라는 글이 있었다.

말도 안 되는 말. 하늘다람쥐는 마취와 처치가 5만 원, 토끼 탈구는 엑스레이, 전신마취, 처치, 진찰비 전부 해서 30만 원이다. 사람이라면 30% 부담인 건강보험을 사용하면 9만 원짜리 일이다. 이것을 비싸다고 느낄지, 싸다고 느낄지는 개인에 따라 다르다고 생각한다. 하지만 하늘다람쥐의 접착제 제거는 작은 몸에 전신마취를 하기 위해 신경을 쓰고 끈적끈적함을 없애는 것만으로 두 사람에서 30분이나 걸린다. 토끼 탈구도 사람의 탈구된 어깨를 정골요법사가 당겨서 맞추어 치료하는 것처럼 되진 않는다. 그렇게 했다간 가늘고 무른 토끼의 뼈는 뚝 부러져 버린다. 전신마취를 한 뒤 세세한 처치를 해야 한다.

주인은 병원에 데려온 단계에서 일단 돈을 내면 자신의 동물이 나을 거라고 생각할지도 모른다. 하지만 그 뒤에는 살아 있는 사람이 살아 있는 동물을 최선을 다해 치료하고 있는 것이다.

동물병원은 자유 진료이며 동업자끼리 가격을 일률적으로 정하면 안 되도록 되어 있다. 따라서 요금 설정은 병원 시스템을 정하는 원장이나 수의사 개인에 의한 면이 크다. 따라서 진료비는 모두 자유롭게 정할 수 있다. 1,000만 원짜리 라면을 만들어 팔아도 되는 것처럼.

그러나 실제로는 터무니없는 이익은 아니다. 수의사는 좋아해서 시작한 일이다. 어렸을 때부터 동물에 대한 꿈이 있어서 해 오고 있다. 만약 멀리서 일부러 찾아온 동물 주인에게 '등딱지가 굽은 거북이의 장 폐색 수술은 어렵기 때문에 1,000만 원입니다.'라고 말하면 어떻게 생각할까?

"아아 살리고 싶은데 그 정도는 지불할 수 없어요……"

여기라면 살려줄지도 모른다고 생각해서 데려 온 주인은 희망을 걸 수 없게 되어 버린다.

수의라고 해서 비즈니스 감각이 없으면 병원은 도산해버린다. 하지만 어쨌든 돈이 되면 그만이라는 직업은 아닌 것이다. '수의는 비즈니스다. 3억 원을 가져와.'라고 잘라 말하는 드라마가 주목받고 있으나 비즈니스만으로 병원 경영을 생각한다면 아마 아무도 동물병원에 동물을 데려가지 않을 것이다. 일본인은 그렇게 어리석지 않다. 비즈니스만으로 동물병원은 성립되지 않으며 절대 동물을 구할 수도 없다.

돈 얘기만 해서 죄송하지만 조금만 더 수의사의 실정에 대해 이야기 하고 싶다.

일단 수의사가 되기 위해서는 수의학과에 입학해야 한다. 전국에 수의학과가 있는 대학은 16개교밖에 없다. 연간 1,000명 정도만의 수의 예비군이 탄생하며 예비교 편차치 랭킹으로는 의학부 다음으로 어렵다고 한다. 치의학과나 약학과 쪽이 실은 더 문호가 넓다는 것이다. 그리고 겨우 수의사 면허를 딴 뒤에도 견습 기간은 저가 임금을 받는다. 사람을 치료하는 의사는 근무의 경험 3년차라면 연 수입 8천만 원 정도라고 한다. 3년차 수의사는 3천만 원 정도이다. 사람 의사와 비슷한 일을 하는데도 수의사는 근무의인 동안에는 일부 상장기업 샐러리맨에도 훨씬 미치지 못한다. 그래서일까 수의사 면허를 따도 임상으로 진출하는 것은 4할, 그 외에는 제대로 안정된 급료를 받을 수 있는 회사에 연구자로서 취직하거나 공무원이 되거나 한다. 6년간 대학에 다니고 국가시험을 거치고 전문적 지식과 고도의 기술을 가진 직업 중에서 수의사는 가장 급료가 낮은 경우가 아닐까 생각한다.

오늘은 열사병에 걸린 햄스터가 실려 왔다. 대응한 것은 내가 아니라 근무의였다. 1시간 가까이 진찰실을 사용하여 주인과 여러 가지를 상담하고 있었다.

그러나 중요한 햄스터 쪽은 도착했을 때 이미 죽어 있었다고 한다.

진찰실에서 나왔을 때 근무의가 물었다.

"원장님 진찰료는 어떻게 하면 좋을까요?"

"진료도 하지 않았으니 받지 않아도 좋을 것 같은데요."

그렇게 대답하고 치료비는 받지 않았다.

하지만 잘 생각해보면 그는 1시간 가까이 주인에게 많은 질문을 받고 그것에 대응했을 것이다. 전문가가 정보를 제공한 것에 대해 0원이라는 것도 이상하고 근무의에 대해서도 정당한 평가를 하지 않았던 것이 아닐까 하고 조금 찜찜한 기분이 들었다. 초진비 정도는 받을까 하고 생각했지만 이미 주인은 돌아갔다. 때는 이미 늦었다.

🕊 진찰비를 떼어먹고 도망치는 경우도 적지 않다

무엇보다 곤란한 것은 돈을 지불하지 않는 것이다. 아무리 비즈니스만이 아니라고 해도 이렇게 되면 본말전도라고 생각한다.

"지금 수중에 돈이 없어서 다음에 지불할게요."

"월급 받기 전이라 힘들어서 월말에 내도 될까요?"

이렇게 말하는 사람이 가끔이 아니라 흔히 있다.

예를 들어 진료비 10만 원을 청구하고 '월급날까지 기다려 주세요.' 라고 말하는 주인에게 '상관없지만 오늘은 3만 원이라도 지불해주실 수 없으신가요?' 라고 말하면 그것도 없다고 한다. 자신의 사랑스러운 애완동물의 의료비니까 3만 원 정도는 어떻게든 할 수 있지 않을까 하고 생각하는데 말이다. 사람에게는 각자의 사정이 있으며 갑자기 병에 걸린 것이라면 하는 수 없을지도 모르지만……

'다음 달에 지불한다'고 말하는 사람 중에서는 그대로 떼먹는 사람도 있다. 또 입원 중에는 매일 찾아와서 면회하더니 퇴원할 때가 되면 '입원비는 다음 주에 가지고 오겠습니다.'라고 말하면서 가져오지 않는 사람도 있다. 그 후에는 연락도 없고 전화해도 연결되지 않는 상황이 된다. 이런 사람들은 아마 확신범일 것이다.

보통 가방을 사러 가서 '가방 들어 볼게요.' 하고 말하곤 그대로 들고 가 버리면 붙잡힌다. 그러나 의료비의 체납, 미납의 청구는 병원에서 회수할 수 없는 경우 채무회수업자나 변호사 등에게 유료로 의뢰하는 형태가 된다. 실제로 내용증명을 보낸 수의사의 이야기도 들은 적이 있다.

자세한 것은 모르지만 의료비 미납은 음식값을 떼어먹고 도망가거나 택시 요금을 내지 않고 도망가는 등의 행위와는 달리 확실히 범죄라고 정의되어 있지 않아서 형사사건이 되기 어렵다. 의료비를 떼어먹는 것은 사람의 병원에서도 큰 문제가 되고 있고 각 지자체가 회수에 나선 것은 국민건강보험과 얽혀있기 때문이며, 공적인 보험이 없는 동물병원에는 이것도 적용되지 않는다.

좋은 의료를 제공하기 위해서는 돈이 든다. 다양한 약의 재고를 준비하거나 최신식 검사 기기의 설비 투자를 해야만 한다. 또 우수한 스탭을 채용하는 데는 인건비도 든다.

가격을 낮추는 것은 간단하지만 어디에선가 기부금을 받고 있지도 않다. 돈을 내지 않는 사람이 늘어나면 그것은 최종적으로 다른 동물과 그 주인에게 돌아간다.

하지만 한편으로는 굉장히 의리 있는 사람도 있다. 저번에 길가에서 들새를 보호하여 병원에 데려온 사람이 있었다. 진찰하니 두개골에 BB탄이 박혀 있었다. 수술하여 적출했지만 결국 들새는 죽어 버렸다.

이런 때 데려온 사람은 새를 병원에 맡기고 돌아가는 경우가 많다. 우리도 치료비를 청구할 생각은 없다. 우리 병원은 도쿄도 야생조수보호 지정

병원이어서 부상당한 야생동물이 온 경우에는 무료로 치료하고 있다. 이 들새를 데려온 분은 다음날 일부러 찾아와서 '굉장히 신세를 지었습니다.'라며 사례금을 주셨지만 정중히 되돌려 드렸다. 동물도 가지각색이지만 그 주인도 가지각색이다.

🦅 진짜 애완동물을 생각하는 건지 고개를 갸웃거리게 만드는 사람도 있다

내원하는 동물도 그 주인도 천차만별이다. 그중에서 수의사로서 대응하기 곤란한 경우가 있다. 굉장히 흔히 있는 '곤란한 경우'는 바로 이것.

"우리 아이가 약을 먹지 않아요!"

확실히 동물은 일반적으로 약을 싫어한다. 먹이에 섞어 주거나 좋아하는 음식에 넣어 주는 방법을 사전에 설명하지만 나중에 전화가 걸려오곤 한다.

"그렇게 해도 전혀 먹지 않는데 어떻게 하면 좋아요?"

"그럼 주사를 맞히러 병원에 오실 수 있나요?"

"네? 주사는 불쌍해서……"

'음 그 이상은 나도 모르겠어요~ 어떻게든 노력해서 먹여 보세요~'라고는 말하지 못하지만 주인이 먹이지 못하는 약은 우리도 어찌할 수 없다. 밤낮으로 집에 찾아갈 수도 없는 노릇이다. 어떻게든 해 주었으면 하는 부분이다.

또 시간을 지키지 않는 사람도 있다.

우리 병원은 아침 9시부터 저녁 8시까지 11시간 동안 연다. 24시간 중 11시간이라는 것은 하루의 거의 반나절은 개원한다는 것이다. 주인의 수면 시간을 포함하면 주인이 일어나 있는 시간 중 병원이 닫힌 시간은 수 시간밖에 없다.

그 단 수 시간에 급변한 경우라면 시간 외 내원도 하는 수 없지만 시간을 지키지 않는 많은 케이스에서는 긴급하지 않은 경우가 대부분이다.

아침 일찍 제일 먼저 이런 전화가 걸려 왔다.

"오늘 일이 밤늦게 끝나는데 그때 봐 주실 수 있나요?"

일이 바쁘다는 것은 잘 알겠다. 하지만 일이라고 한다면, 우리도 일이다. 당신의 일에 맞춰서 우리 일을 연장하는 것은 대체 무엇인가?

저녁 8시에 끝나는 백화점에 아침에 전화 걸어서 '오늘 간장 사러 가고 싶은데 일이 있어서 9시에 사러 가도 되나요?'라고 하나? 자신이 아침에 일어나서 이가 굉장히 아프다면 저녁 7시에 닫는 치과 의사에게 전화해서 '일이 있어서 오늘 밤 9시에 가려는데 봐 주실 수 있나요?' 라고 말할 수 있는가? 회사를 쉬고 치과의사에게 가지는 않는 것인가?

몸 상태가 안 좋은 채 하루 종일 참아야 하는 동물이 가장 가엾다.

또는 '그거 하는 김에 XX도 해주세요.' 라는 사람도 있다. 저번에 개가 낚시 바늘을 삼켜서 내원한 때의 일이다. 다행히 아직 어딘가에 낚시 바늘이 걸린 상황은 아닌 것 같았다. 단지 언제 낚시 바늘이 걸릴지 알 길이 없다. 하지만 낚시 바늘이라고 해도 운이 좋으면 어딘가에 걸리지 않고 대변으로 나오기도 한다. 이렇게 어딘가에 걸리지 않은 상황에서 '대변으로 나오는 경우도 있지만 어딘가에 걸리면 위험합니다. 수술하는 편이 확실히 제거할 수 있습니다. 어떻게 하시겠어요?' 라고 이야기를 했다.

그랬더니 주인이 말했다.

"그럼 낚시 바늘을 적출하는 김에 중성화 수술도 해주세요."

저기요...... 말하려고 하는 게 뭔지 모르는 건 아니지만 '하는 김에'라는 사고 회로를 잘 모르겠다.

예를 들어 자기 아이가 낚시 바늘을 삼켜서 수술할 때 '그거 하는 김에 여기 사마귀도 떼어주세요.'라고 의사에게 부탁하진 않을 것이다.
　애완동물은 가족 같은 존재고 자신의 아이 같은 존재라고 말하면서 자신이 여행에 가게 되면 애완동물 호텔에 '미안해~ 5일 동안 참아줘~'라고 말하면서 두고 가는 사람이 있다. 정말로 가족이라고 말한다면 강아지가 숙박할 수 있는 펜션에 묵으면 된다. 어느 날 그 개가 중증 질환에 걸렸다. '입원시켜서 제대로 치료하는 게 좋다'고 말하면 '이 아이를 혼자 두는 건 너무 불쌍하다……'고 다시 데려가는 경우가 있었다. 나는 좋고 나쁘고를 말할 수 있는 입장이 아니지만 이렇게 애완동물은 상황에 따라 가족이 되었다가 소유물이 되었다가 하는 정말로 복잡한 존재다. 그런 것을 근거로 해서 애완동물과 함께 하는 법을 잘 생각해볼 필요가 있을 것이다.

🐟 "우리 아이는 손으로 줘야지만 밥을 먹어요."

　여담이지만 우리 병원에서는 애완동물 호텔도 운영하고 있고, 개와 고양이 이외의 동물도 맡고 있다. 왜냐하면 매일 산책이 필요한 강아지는 바쁜 사람에게는 좀처럼 키울 수 없는 동물이다. 그래서 대신 키우게 된 것이 거북이나 토끼 등의 특수동물이다. 그런 동물들의 주인은 자주 외출하는 사람이 많아서 호텔의 수요도 높아진 것이다.
　맡는 동물은 원숭이, 도마뱀, 뱀, 이구아나, 거북이, 토끼, 다람쥐 등이며 금붕어를 맡은 적도 있다. 물고기를 맡길 수 있는 호텔은 거의 없을 것이다. 하지만 특수동물은 개, 고양이 이상으로 신경을 써야 하는 점이 있다.
　우리 병원에서는 강아지용 방, 고양이용 방, 파충류용 방과 소동물방이 각각 있다. 그도 그럴 것이 파충류는 고온을 좋아하는데다가 온도와 습도 관리가 필요하기 때문이다.

또한 토끼 같은 소동물은 개, 고양이와 같은 방에는 들어갈 수 없다. 포식 동물의 먹이가 되는 토끼는 개, 고양이 속에 있으면 사자 떼 속에 들어간 얼룩말과 같은 것이다. 토끼에게는 굉장한 스트레스가 된다.

특히 토끼는 환경의 변화로 스트레스를 느껴 먹이를 먹지 않게 되는 경우가 있다. 육식동물은 물만으로 일주일 동안 문제없이 지낼 수 있지만 초식동물은 1, 2일 먹지 않으면 약해지기 때문에 토끼나 기니피그(모르모트) 등은 매우 신경을 써야 한다.

게다가 작은 어린 거북이도 아주 작은 환경의 변화나 온도의 변화에 바로 약해진다. 맡는 동안에는 잘 관리하려고 하지만 건강한 상태로 돌려보내야 하기 때문에 긴장한다. 원숭이나 다람쥐 같이 재빠른 동물은 도망가면 좀처럼 잡을 수 없기 때문에 위험성이 커서 책임이 막중하다. 도망갈 위험성이라고 하면 밖으로 산책을 가야 하는 강아지도 마찬가지다.

요전에 아는 애완동물 호텔 주인이 '원장님! 들어보세요. 큰일이 있었어요!' 하고 전화를 했다.

"맡았던 강아지를 산책시켰는데, 저를 갑자기 물고 도망가서 장대비 속에서 '코로야! 코로야!' 하고 계속 소리쳤더니 목소리가 쉬었어요."

사실 코로는 그를 정말 싫어한다고 한다.

"그러더니 먼발치에서 제 얼굴을 가만히 보고 있는 거예요. 근데 조금만 가까이 가려고 하면 또 도망가 버리고. 경찰차까지 불러서 결국 용수로로 유인했어요. 저는 거의 자포자기 심정으로 뛰어들어서 흙투성이가 되고 물리면서도 4시간이나 걸려 잡았어요. 완전 최악이었죠!"

이런 위험성이 있는 것이다. 애완동물 호텔은 사람 호텔과는 다르게 동물이 좋아서 있는 게 아니다. 사람은 호텔에 묵으면 일상보다 쾌적해서 계속 여기 있고 싶다고 생각하지만, 애완동물 호텔은 동물에게 비일상적인, 빨리 집에 돌아가고 싶다고 생각하게 되는 곳이다.

그래서 애완동물 호텔에 따라서 강아지는 도망갈 위험성이 있기 때문에 산책을 시키지 않는 곳도 있다. 그러나 밖에서 배설하는 것에 익숙한 강아지는 산책을 안 하면 대변, 소변을 참게 되기 때문에 가엾다.

그런 이유에서 우리 병원의 강아지 호텔은 산책을 시키도록 하고 있다. 이 때문에 스탭에게 산책을 위한 목줄은 2개 걸어둘 것, 샌들을 신고 산책하는 것은 금지란 것을 엄격히 지도하고 있다. 왜냐하면 만일 도망갔을 때 샌들을 신고는 강아지를 쫓아갈 수 없기 때문이다.

그것과 별개로 치료와는 또 다른 주인의 요청을 받는 경우도 있다.

토끼를 맡길 때 '아침, 저녁으로 안녕, 잘 자 하고 반드시 말해 주세요.'라는 사람도 있는가 하면 강아지를 맡기면서 '하루에 2시간 정도 병원 안에 풀어놓고 놀게 해주세요.'라고 말하는 사람도 있다. '안녕, 잘 자'는 말할 수 있지만 병원 안에서 노는 것은 어렵다. 고리타분한 말이지만 병원 안에서 놀게 하면 각종 사고의 원인이 된다.

그중에서는 '우리 거북이는 양상추만, 그것도 손으로 먹여주지 않으면 안 먹어요. 손으로 양상추를 줄 수 있으신가요?' 라는 요청을 받은 적도 있다. 하지만 실제로 그 거북이는 손으로 주지 않아도 사료도 먹으며 양상추도 의외로 와작와작 잘 먹었다. 다시 찾으러 왔을 때 그런 말을 전하면 주인은 '네? 먹었단 말이에요?'라며 놀란다. 동물 사육은 아이를 교육하는 것과도 비슷해서 주인의 일방적인 생각이 동물들에게 반영되는 것이다.

🐟 주인의 '걱정'을 모두 없애 주는 것은 곤란하다

걱정이 많은 동물 주인이 있다. 피부 위에 뽈록 생긴 습진을 보고 '습진이 생겨버렸어요~' 하고 강아지를 데리고 온다.

"우리 아이 괜찮을까요?"
"이 정도는 괜찮습니다."
"에이~ 정말 괜찮은 건가요?"
"괜찮습니다."
"에이, 그래도……"
주인은 확실히 납득하지 못한 떨떠름한 표정을 지었다.
"자, 그럼 혹시 모르니 약을 처방할까요?"
"네! 그래 주세요!"
사실 약을 처방하지 않아도 조만간 나을 정도였다. 할리우드 스타라도 등에 습진 하나 쯤은 있을 것이다.
"선생님 우리 강아지 배에 작은 응어리가 생긴 것 같아요. 너무 걱정되는데 괜찮을까요?"
"그럼 한번 보죠."
응어리가 생겼다고 한 곳을 촉진했다. 작은 돌기 같은 감촉이 손에 전해졌다.
"……이건 유두네요."
"네!? 우리 아이는 남자아이 라고요. 거기다가 엄청 많아요!"
강아지의 유두는 한 쌍이 아닌 4, 5쌍 있다. 또 수컷에게는 유두가 없다고 생각하는 사람도 있지만 수컷도 있다. 사람 수컷도 유두는 있다.
또 '큰 종양이 생겨버렸어요~ 너무 불안해요……'라며 찾아오는 사람도 있다. 진찰해 보면 주먹 크기 정도의 털 뭉치다. 단 며칠 만에 이렇게 큰 털 뭉치가 생기진 않을 것 같은데……
푸념처럼 되어 버려서 죄송하지만, 대전제로는 불안해지면 그때마다 내원하여 '괜찮습니다. 문제없어요.'라는 말을 듣고 작은 불안은 그곳에서 해소되는 것이 가장 좋다. 진찰해 보고 아무것도 아니라고 말하면 주인은 '이런 일로 죄송합니다……'라며 죄송해 하지만 전혀 그러지 않아도 된다. 특히 동물은 증상이 나타났으면 이미 손쓰기 힘든 상태인 경우가 많다. 재빨리 병원에 오는 편이 좋다.

하지만 진찰 결과 반드시 '안심'을 제공할 수는 없다. 완전히 흑백으로 나뉜다면 알기 쉽고 좋지만 의료 현장에는 '그레이 존'도 많이 존재하기 때문이다. 그 그레이 존에서 주인이 아무렇지도 않게 하는 말이 때로 수의사의 마음을 날카롭게 찌른다. 여기서 '내'가 들으면 움츠러드는 말을 소개하도록 하겠다. 아마 다른 수의사나 사람을 고치는 의사도 똑같이 느낄 것이라고 생각하므로 이것이 왜 '수의사에게 스트레스를 주는 말'인지 심리 상태를 파악할 수 있었으면 한다.

―더 잘 듣는 약 없나요?
간질환 등의 대사성질환이나 피부염 등 바로 좋아지지 않는 질병에는 주인도 일진일퇴인 병상에 초조해진다. 치료에 있어서 '가장 좋은 것'이 있다고 생각할지도 모른다. 하지만 '가장 좋은 것'이 없을 때도 있다.
'더 잘 듣는 약이 있다면 처음부터 처방했을 거예요! 치료를 거드름 피우며 하지 않는다구!'
이런 말을 물어볼 때마다 마음이 아프다.

―안 낫네요~.
아토피나 토끼의 농양 등 완치 불가능한, 혹은 완치되기 힘든 질환일 때. 그것에 대해서 몇 번이나 주인에게 설명하지만 매주 통원할 때마다 '좋아지지 않네요~'라고 말하는 것은 나도 정말로 괴롭다. 나라도 치료할 수 있다면 치료해 주고 싶다고 얼마나 생각하는 것인지.

―낫는다면 할게요.

'입원하는 편이 나을 것 같은데요.'라고 말하는 상황일 때 '낫는다면 입원시킬게요.'라고 말하는 사람이 있다. '낫는다면'이라는 조건이 붙는다. 입원해서 확실히 낫는다면 나도 더욱 강하게 권할 수 있을 것이다. 입원하는 편이 집중 치료가 가능해서 더 낫다고 생각하지만 그것이 '절대'적인 선택은 아니다. 해보지 않으면 모른다. 입원해서 온갖 수단을 다 동원해도 반드시 좋아진다는 보장이 없는 병도 많다.

그것은 휴대전화를 교체할 때 '등록해둔 번호가 없어질지도 몰라요.'라는 말을 듣고선 '없어지지 않으면 바꿀게요.'라고 말하는 것과 같다. 신뢰받지 못하는 건가……하고 슬퍼진다.

그렇다고 '전부 맡기겠습니다.' 라고 말하는 것도 조금 곤란하다. 열심히 설명했는데 '음 아무거나 괜찮아요. 선생님께 맡기겠습니다.'라고 말하는 사람. 전면적으로 신뢰해 주는 것이겠지만, '결국 고민하는 건 나뿐인가~'라는 생각이 드는 위임이다. 당신의 애완동물이니까 조금은 이 병마와의 싸움에 참전해 달라고 말하고 싶다. 왠지 모르게 혼자가 된 느낌이 들어 외로워진다.

또 초진으로 와서 조금 이야기 나눈 것만으로 '이 아이 이제 틀린 거죠?'를 연발하는 사람도 있다. 특히 아이가 키우는 햄스터나 작은 새 등을 데리고 온 어머님의 경우가 많다.

"선생님 이미 틀린 거죠? 틀린 거라면 포기하겠습니다."

아니 저기, 아직 틀렸다고 한 마디도 안 했는데…… 어떤 게 이미 틀린 건지 하나하나 확인해야만 하는 것이다.

―역시 모르는 거네요 ······

많은 사람들이 '원인이 뭐죠?'라고 묻는다. 애완동물의 병은 사람의 병과 비교해서 단순할 것 같다고 생각할지 모르겠지만 그렇지도 않다. 과학수사관처럼 원인을 찾아다녀도 결국 알 수 없는 경우도 있다. 그러면 동물 주인은 이렇게 말한다.

"역시 모르는 거네요······"

마음을 후벼파는 한 마디다.

나야말로 원인을 알고 싶다. 그러나 알 수 없는 것도 있다. 과학은 불완전한 학문이다. 지금 일어나는 사상(事象)을 파악하는 것은 가능해도 왜 그렇게 됐는지는 신만이 아는 경우도 많다.

하지만 현상을 파악할 수 있다면 아무리 원인을 몰라도 그것에 대한 치료 방법은 알 수 있는 병이 있다.

예를 들면, 활기가 없는 동물이 찾아 왔다. 잘 살펴보니 활기가 없는 이유는 빈혈 때문이었다. 하지만 빈혈의 원인이 무엇인지는 여러 가지로 알아봐도 확정할 수 없었다. 그러니 확실한 원인은 몰라도 빈혈을 해소하는 치료법은 몇 가지가 있다.

또한 여름에는 습진이 늘어난다. 그러면 동물 주인과 이런 이야기가 전개된다.

"선생님 왜 여름이 되면 습진이 생기는 거죠?"

"여름에는 세균의 증식이 활발해지고 더우나 스트레스로 면역력이 떨어져서 감염되기 쉬워져서일 테죠."

"그런데 왜 면역력이 떨어지는 걸까요?"

"······아무래도 더워서겠지요."

여름이 되면 피부염이 늘어나는 것은 경험상 알고 있는 것이다. 그것에 세균이 관계하고 있는 것도 안다. 목욕을 시켜주거나 항생제를 먹이면 대부분 괜찮아진다. 그러나 정말로 면역력이 떨어져 있는지 스트레스를 받는 건지까지는 알 수 없다.

　원인은 불명이어도 치료할 수 있는 병은 아주 많다. 원인을 알아도 치료할 수 없는 병도 똑같이 아주 많다.

제12장 '편하게 해주고 싶다'고 생각하는지, '살아날' 거라고 믿는지

🐃 연간 한두 번 직원 몰래 눈물을 흘리다

내가 수의사가 된지 13년째가 되었다. 막 개업했을 때부터 내원하고 있는 동물 주인들과도 이제 8년이나 알고 지내는 사이다. 대학교를 졸업하고 개업하기까지 몇 군데 병원에서 연수를 했지만 내가 이동할 때마다 그곳으로 병원을 바꾸고 지금도 우리 병원에 다니는 동물 주인들도 있다.

제8장에서 등장했던 큰 출혈을 일으킨 왕도마뱀의 주인도 내가 수의사 국가시험에 막 합격했던, 병아리 수의사 시절부터 계속 다녀 주시는 한 분이다. 왕도마뱀의 큰 출혈 때는 정말 위험했던 상황이었지만 살릴 수 있었던 것은 주인이 나를 신뢰해 즉시 수술 판단이 가능했기 때문이라고 생각한다.

그런 사람관계가 형성되어 있다면 위험한 상황에서도 바로 치료나 수술에 들어가서 구할 수 있는 경우도 있다. 그러한 이유로 역시 단골 의사 선생님을 찾는 것은 중요한 일이다.

요전에 오랜만에 그 왕도마뱀 주인이 가시거북을 데리고 찾아왔다. 가시거북은 성장하면 60kg에 육박하는 아프리카 거북이다.

12년 전에도 그 가시거북을 진찰한 적이 있다. 그때는 손바닥 위에 올라가는 60g 정도였다. 지금은 한 아름이나 되고, 체중도 40kg 정도가 됐다.

세상에는 온갖 애완동물이 있지만 제대로 사육되는 거북이는 엄청나게 장수한다. 아무리 오래 내원이 없다가 10년 후 어느 날 불쑥 내원하여도 이상하지 않다. 그러나 햄스터일 경우에는 2년 동안 내원이 없다면 '죽음을 집에서 맞이했나 보네.'라고 생각한다. 또 5살 때 처음 우리 병원에 온 강아지도 10년 정도 흐르면 많은 경우 비실비실한 노견이 된다. 그러나 그 가시거북은 적어도 앞으로 30년 정도 알고 지낼 수 있지 않을까 생각한다. 나는 죽을 때까지 그 거북이의 주치의로 남고 싶다.

지금까지 애완동물에 대한 주인의 깊은 애정에 몇 번이나 머리를 숙였던 기억이 있다.

암으로 다리를 잃어 거의 움직이지 못하게 된 토끼를 계속 간호한 주인. 보통이라면 대변과 소변으로 온통 더럽혀지기 때문에 위생적으로 유지해주기란 매우 어렵다. 하지만 아주 청결하게 제대로 관리가 되어 있었으며, 내가 지도하기보다도 주인이 연구한 것이 훨씬 뛰어나다.

영양성 질환으로 등이 굽어 배설을 할 수 없게 된 이구아나를 2, 3일에 한 번 욕조에서 배 마사지를 하여 대변을 배출해주며 몇 년이나 키우는 분도 있었다.

내가 놀랄 정도다. 의료 행위보다 애정이 더해진 케이스이며 병원에 입원하는 것보다 주인에게 간호를 받는 편이 더 오래 살 수 있을 것이다.

하지만 그럼에도 불구하고 죽음은 반드시 찾아온다. 적어도 거북이류나 대형 잉꼬류를 제외한 많은 애완동물은 사람보다 수명이 짧다. 따라서 수의사인 나는 많은 동물의 임종을 지켜봐 왔다. 오히려 직업상 동물의 죽음에 입회하는 것에는 익숙해져 있다. 하지만 마음에 남는 임종도 있다.

어떤 원숭이 조련사의 원숭이를 돌본 적이 있다. 그는 이 원숭이가 갓 태어났을 때부터 함께 자고 먹으며 원숭이를 자신의 아이와 다름없이 길렀고, 둘은 엄격한 훈련을 포함하여 고락을 함께 해온 동료이기도 했다. 그 원숭이가 급사했을 때 그는 병원에 있다는 것도 잊은 채 흐르는 눈물, 콧물 범벅이 되어 큰 소리로 엉엉 울었다.

또, 입원했던 거북이가 폐암으로 죽어서 주인에게 전화로 그 사실을 알렸을 때 주인은 상복을 입고 데리러 왔던 적도 있다.

근무의 시절의 이야기인데, 80대 노부부가 작고 늙은 요크셔테리어를 길렀다. 그 강아지는 만성 심질환을 앓고 있었고, 계속 내가 진찰해 왔다.

정말로 금슬이 좋은 부부였는데 자손도 없이 늙은 요크셔테리어를 매우 아끼며 길렀다. 이 강아지가 두 분의 마음의 지주였다고 생각한다. 그러나 어느 날 그 강아지는 심부전으로 죽고 말았다. 물론 수명이 그러니 어찌할 도리가 없는 일이었다. 애견의 죽음에 대해 어쩌면 좋을지도 모른 채 망연자실 그 자리에 우두커니 서있는 두 사람의 모습을 봤을 때 마음속에 뭔가 벅차오르는 것이 느껴졌다.

사실 1년에 한 번 정도 직원들 몰래 화장실에 처박혀 울 때가 있다. 눈물을 참지 못하게 되는 것은 주인의 애정 깊은 마음을 느꼈을 때, 그리고 그렇게 소중히 해오던 것을 잃은 주인이 슬픔을 참는 모습을 봤을 때다.

요크셔테리어 노부부의 경우도 그랬다. 슬픔을 있는 힘껏 억누르려고 눈물을 참는 사람이나, 현실을 받아들이면서도 그런 나머지 상실감에 어찌할 바를 모르는 사람을 보면 나까지 참을 수 없어진다.

🐃 고심 끝의 선택을 하는 동물 주인들의 용기

이전에 하반신이 움직이지 않는 안타깝기 그지없는 프레리독을 데리고 젊은 부부가 내원한 적이 있다.

사실 내원하기 조금 전에 식욕부진으로 가까운 동물병원에 데리고 갔었다고 한다. 그때 병원에 잠시 맡기고 혈액검사를 했다고 했는데, 그 뒤부터 계속 이 상태라고.

우리 병원에서 엑스레이와 혈액검사를 실시해 보니 등이 골절된 것으로 판명됐다. 혈액 속 요소질소 수치가 측정 기계의 한계치를 넘어갔다. 등 골절에 의해 하반신마비가 되어 신부전 말기 상태가 된 것이 명백했다.

프레리독이나 토끼 등의 소동물은 갑자기 돌발적으로 움직인다. 그 때문에 검사할 때 무심코 강하게 잡아서 등이 부러지는 경우가 있다. 개나 고양이의 경우에는 있을 수 없는 일이지만 소동물이라면 충분히 상상할 수 있는 일이다.

검사 등을 하려고 이런 동물을 누를 때 반대로 힘을 너무 주지 않아도 버둥거리는 순간 진료대 아래로 떨어져서 부상을 입을 가능성도 있다.

만약 이런 사태가 일어난 경우 이것을 의료 과실이라고 해야 할지는 수의사를 지지할 생각은 아니지만 아주 어려운 문제라고 생각한다. 마구 날뛰는 동물을 잘 진압하지 않으면 진찰이나 적절한 검사를 할 수 없다. 내일은 내가 저질러 버릴지도 모르는 일이다. 알아두었으면 하는 것은 이런 동물에게 뭔가 의료 행위를 실시하기 위해서는 항상 이 같은 일이 일어날 가능성이 있다는 것이다.

나는 프레리독의 주인 부부에게 정직하게 '등이 부러져 있습니다. 하반신 불수가 되었고 신부전 말기입니다. 유감스럽지만 살릴 방법은 아마 없을 것입니다.'라고 알렸다.

그러자 차오르는 눈물을 필사적으로 참으며

"우리 아이는 지금 고통스러워하고 있는 건가요?"라는 질문을 했다.

"그렇지요. 신부전 말기는 어떻게 해도 고통스럽다고밖에 말할 수 없습니다."

주인은 아무 말도 하지 않았고 아무리 과거를 거슬러 가도 고통스러워 허둥거리는 눈앞의 생명을 구할 수 없다는 현실을 냉정히 받아들이고 있는 모습이었다.

"이 아이를 고통스럽지 않게 할 방법을 부탁드립니다."

그리고 안락사를 선택했다.

이 부부가 가장 사랑하는 애완동물에게 고통을 없애 주기 위해 할 수 있는 것은 내가 보아도 안락사밖에 없는 것이 사실이었다. 그러나 가장 사랑하는 애완동물의 안락사는 매우 고통스러운 선택인 것 또한 사실이다. 이 완전히 정반대인 사실을 어떻게 받아들이면 좋을까?

사실 이 주인 부부의 아내는 임신 중으로 출산을 앞두고 있었다. 생명에 대해 매우 예민해져 있음에 틀림없을 시기에 안락사라고 하는 너무나 고통스러운 길을 선택했다. 아무도 간단하게 할 수 있는 일이 아니다.

줄곧 이성을 잃지 않고 눈물을 꾹 참던 부부의 모습에 나도 눈물이 나왔다.

🐃 안이한 안락사는 살처분에 지나지 않는다

한편, 같은 '안락사'라도 분해서 울고 싶은 경우가 있다. 그것은 본의가 아닌데도 해야만 하는 때이다.

어느 날 머리가 한쪽으로 쏠린 상태가 된 '사경(斜頸)'인 토끼가 내원했다. 토끼의 '사경'에는 몇 가지 원인이 있다. 이 토끼의 경우에는 기생충이 대뇌에 들어가서 머리가 기울어버린 것이다. 완전히 원래대로는 되지 않지만 바로 죽는 병은 아니다. 잘 케어하면 고통도 없고 오래 살 수 있다. 머리가 기운 것 말고 다른 장기 기능에는 전혀 이상이 없었다. 애초에 토끼 자신은 자기 머리가 기울었다는 것도 모를지도 모른다.

그것을 주인에게 설명하니 주인은 머리를 옆으로 저었다.

"저는 돌볼 수 없으니까 안락사 시켜 주세요." "네? 안락사요?"

무심코 되물었다.

"하지만 바로 죽는 병도 아닌 걸요. 잘 관리하면 먹이도 먹을 수 있는 데다가 이런 상태라도 잘 살아갈 수 있어요."

몇 번인가 설명을 반복하니 주인은 '알겠습니다.'라고 말하며 돌아갔다.

그러나 그 다음 주, 이번에는 친구를 데리고 다시 내원했다.

내가 언제나처럼 문진을 하려고 할 때 친구가 밀어붙이는 듯이 말했다.

"이 사람, 이 토끼를 안락사 시키고 싶다고 말하는데요. 선생님 앞에 서면 아무 말도 할 수 없게 된다고 말해요."

"하지만 이 토끼는 잘 관리하면 살 수 있어요. 안락사를 할 상황이 아닙니다!"

같은 설명을 다시 반복했다.

"대부분 이런 이유로 안락사 한다고 하면 간호가 필요한 동물은 전부 죽여야 해요."

실제로 주인이 동물의 이후에 대해 안락사를 선택사항에 넣는 경우가 제법 있다. 그러나 나만의 룰이 있다. 아직 고통 없이 살 수 있는 동물에 대해서는 그 사실을 주인에게 잘 이야기한다. 그렇게 했을 때 안락사를 희망하는 사람은 다행히 그리 많지 않다. 대부분은 조금 더 힘내 보겠다고 한다.

그러나 이번만은 달랐다. 그 '친구'는 '융통성 없는 수의사에게 한 마디 해주자'는 듯한 기세로 끝까지 안락사를 시키려는 느낌을 풍기며 다가왔다.

원래 주인은 가만히 머리를 숙인 채 아무 말도 하지 않았다. 잠시 입씨름이 오고갔지만 슬슬 나도 분노가 치밀어 올랐다.

"그럼 하겠습니다. 정말 괜찮은가요? 절대로 후회하지 않나요?"

제 12 장 '편하게 해주고 싶다' 고 생각하는지, '살아날' 거라고 믿는지

몇 번이고 확인했지만 '친구'는 '네. 부탁합니다. 후회하지 않아요.'라고 이기기라도 한 듯이 말했다. 그것에 울컥하면서도 주인의 입회하에 나는 안락사를 실시했다. 주인은 꼼짝도 하지 않고 한 마디도 하지 않았다. 아무 것도 느끼지 않는 듯이 보였다.

입씨름을 하며 '저는 하지 않겠습니다.'라고 말할까도 생각했다. 하지만 그러면 다른 병원에 가서 같은 일이 반복될 뿐이었다. 그러면 내가 해야만 하는 일이라는 그런 마음이 들었다.

주인이 돌아간 뒤 냉정함을 잃은 나와 토끼에 대한 안타까움과 '뭐 하는 거야 나는.'이라는 마음이 뒤섞여 눈물이 단숨에 차올랐다.

슬펐고, 무엇보다 살아있는 생명을 빼앗았다는 것을 나는 가장 후회하고 있었다.

주인에게 필요한 것을 한다. 그것이 직무라고 계속 생각해 왔는데 나는 그것조차 정당화할 수 없다. 주인은 납득하여 돌아갔지만 나는 잠시 동안 우울한 채로 있었다.

이 케이스를 친구인 수의사에게 말했을 때 지적 받았다.

"그건 말이야 안락사가 아니라 살처분이라고!"

주인은 '안락사'라는 단어를 이용해서 '편하게 해주고 싶다'고는 하지만 말을 바꾸면 그건 살처분에 상당하는 것이라고 친구는 말했다.

"살처분 같은 건 생명을 구하는 것을 제일로 하는 우리 임상가는 할 수 없는 일이야. 굳이 그 욕구를 받아들여 네가 스스로 했기 때문에 눈물이 난 거라고 생각해. 나라면 그런 때 '그렇다는 건 당신은 살처분을 원한다는 거네요. 살처분은 하지 않습니다.'라고 말했을 거야. 살처분은 괴로워. 나는 해본 적 없지만. 정말 괴로운 일이라고 생각해."

친구에게 이런 말을 듣고 '내가 한 것은 안락사가 아니라 살처분이었기 때문에 허무해서 계속 눈물이 났던 건가.' 하고 다시 정신을 차릴 수 있었다. 살처분은 다시는 하고 싶지 않다. 점점 그 토끼에 대한 미안한 마음이 가득해졌다.

동물의 안락사라고 하면 죽음을 맞이하는 데 시간이 얼마나 걸린다고 생각할까.

안락사를 할 경우 보통 약물을 정맥으로 주입한다. 죽음을 맞이하기까지의 시간은 투약하고 나서 길어도 수분이다. 의외로 빨라서 입회한 주인은 '벌써 죽은 건가요?' 하고 모두 당황한다.

죽음을 맞이한 당사자에게는 물론 고통은 없지만 나는 내가 직접 했다는 감각이 확실히 전해져 온다. 안락사는 모두 잠자는 것처럼 시간을 들여 천천히 죽음을 맞이한다고 생각할지도 모른다. 하지만 실제로는 매우 빨라서 수행하는 수의사 본인은 '지금 죽었다'는 것을 여실히 알 수 있는 것이다.

또한 애매한 양의 약물을 주입하면 계속 죽음에 이르지 못해 오히려 괴롭게 하는 경우도 있다. 이런 말은 나쁘지만 죽고 싶지 않을 때는 맥없이 죽어 버리지만 편안히 죽음을 맞이하고 싶을 때는 좀처럼 그리 되지 않는 경우도 있다. 생명은 복잡한 것이다.

주인의 마음, 동물의 상태, 자신의 생각을 포함하면 적절한 안락사를 실시하기 위해서 굉장히 치밀하고 복잡한 감정 컨트롤과 적절한 마취약의 계산이 필요한 매우 어려운 일 중의 하나이다.

🐃 반드시 살리고 싶다는 신념은 수의학의 상식을 뛰어 넘는다

'생사'의 선택이라는 것은 때때로 굉장히 어려운 점이 있다. 예를 들어 나이를 먹은 동물의 만성적인 질환, 심장이나 신장이 나빠졌을 때 등의 경우 좀처럼 쉽게 죽음에 이르지 않는다. 조금씩 천천히 골탕 먹이려는 것처럼 동물을 약하게 만들면서 죽음에 가까워진다.

더 이상 완치를 바랄 수 없는 중증 호흡기질환, 예를 들어 심부전에 동반된 폐수종처럼 말기 상태일 때, 산소실에 넣으면 반나절 정도는 살 수 있다고 예상되지만 그곳에 넣지 않으면 2시간 정도 만에 죽어버릴지도 모르는 상황에 직면했다고 하자.

이런 때 산소실에 넣을지 말지 선택하는 것은 매우 어렵다. 아니, 오히려 반나절이라도 산소실에 넣어 몇 시간이라도 더 살 수 있는 쪽이 좋다고 생각하는 사람이 더 많을지도 모른다.

하지만 현실에서 사랑하는 동물이 너무나 고통스러워하는 모습이 눈앞에 있다면 그리 간단히 선택할 수는 없다. 만약 산소실에 넣었다고 해도 아주 조금 호흡이 편해질 뿐 동물 자신이 고통스러운 것은 바뀌지 않는다. 어느 쪽이든 반나절 후에는 죽음을 맞이한다.

그런 때 나는 주인에게 지금 동물이 처해있는 상황을 상세히 설명한 뒤 묻는다.

"반나절간 살려두는 것에 의미가 있습니까?"

빨리 편하게 해 주는 것이 더 좋다는 의미로 묻는 것이 아니다.

1분 1초라도 더 연명시키고 싶다는 마음이 있다면 넣어 두는 것이 좋다. 하지만 몇 시간 사는 것에 대해 의미를 찾을 수 없다면 산소실에는 넣지 않고 자연사를 기다리는 편이 좋다.

이런 때 주인이 여성일 경우가 더 단호하다. 애완동물의 죽음에 입회하는 가족 중에서 어머니가 '그대로 잠들도록 해주세요.'라고 결심하는 것에 비해 아버지는 '불쌍하잖아 조금 더 지켜보자'고 말하기도 한다.

"그렇지 않아 아빠. 괴로운 채로 반나절 살리는 것에 무슨 의미가 있어. 그렇게 하는 게 더 불쌍하지 않아? 그러면 그냥 그대로 자연스럽게 죽게 하는 것이 낫잖아."
"그렇지만 불쌍하잖아. 엄마."
그런 이야기를 계속하는 경우도 있다.
"그러니까 무슨 의미가 있어?"
어머니는 그런 아버지를 다그친다. 어머니는 평상시 계속 돌보던 만큼 생명에 대한 각오를 가지고 있는 것이다.

'어머니의 결단력'이라고 하면 또 이런 이야기가 있다.
먹이를 먹지 못하는 거북이를 그 주인의 어머니가 데리고 왔다. 등딱지가 우둘투둘하게 변형되어 있고 어떻게 봐도 키우는 방법이 좋지 못한 상태에서 10년이 흐른 것 같은 느낌의 거북이었다. 검사를 해보니 먹이를 먹지 못한 원인은 알 막힘 때문이었다는 것을 알았다. 알이 쌓인 것도 이상하지 않을 굽은 등딱지여서 수술밖에는 방법이 없었지만 전신마취를 하더라도 등딱지를 여는 긴 수술에는 견디지 못할 것 같았다. 골격 이상 등의 기초 질환은 나중에 다른 질병에 걸렸을 때 그것이 치명적인 것이 되는 경우가 많다.
혹시라도 자신의 거북이가 비슷한 상태라면 죽을 가능성이 높다고 판단하여 수술을 하지 않을지도 모른다. 하지만, '하지 않으면=죽는다'는 사실도 알고 있다.
그 상황을 설명하고 선택사항을 주인에게 제시했을 때 주인의 어머니는 '어차피 죽을 거라면 도가 되든 모가 되든 수술해주세요.'라고 강력히 희망했다. 위험성이 높은 수술이 예상됐지만 그렇게 말한다면 전력을 다해 할 수밖에 없다.
거북이를 개복하고 알을 꺼냈지만 불행히도 장의 일부에 이상이 발견됐다. 그 부분은 괴사를 일으켜 흐물흐물해져 있었다. 부패한 냄새가 감돌았다. 핀셋으로 조금 잡은 것만으로 장 조직에 구멍이 생겼다.

'아 이런 상태에서도 살아 있었던 건가! 거북이란 대체 어떤 동물인거야……'

부패한 악취가 감도는 것은 이미 생명으로서 죽음을 향하고 있다는 것을 가리킨다.

'일단 살리진 못하겠지……' 하고 내심 생각하면서 썩은 폐를 자르고 틈이 생기지 않도록 세심하게 꿰맸다.

수술을 하면서도 몇 번이나 '살리지 못하겠지.'라는 생각이 머릿속을 맴돌았다. 직원도 말은 안했지만 그런 눈으로 나를 보고 있었다. 그러나 아무리 절망적인 수술이라도 지금은 눈앞에 주어진 것을 열심히 할 수밖에 없다.

그리고 2시간 반에 걸친 난소난관 절제 및 장 절제 수술은 어떻게든 끝났다. 하지만 각성해야 할 시간이 지났음에도 마취에서 눈을 뜨지 못했다. 스탭이 힘껏 인공호흡을 계속했다. 참고로 인공호흡이라고 해도 마우스 투 마우스가 아니다. 기관에 이어진 튜브를 사이에 두고 에어백을 수축시키며 폐에 직접 공기를 보내는 것이다.

수술 종료 후 2시간이 경과했다. 여전히 호흡은 돌아오지 않고 조금도 움직이지 않는다. 보통 이 상황에서 마취에서 깨어나지 않으면 정말로 죽은 것이다. 역시 틀린 건가.

하지만 조금씩 꿈틀하고 움직였다.

"선생님! 거북이가 움직였어요! 움직였다구요!!"

인공호흡을 2시간 이상이나 계속했던 스탭이 흥분했다.

이렇게 어떻게든 자발호흡을 시작한 거북이였지만 그 후의 경과는 그다지 좋지 않았다. 2시간 입원시켰는데 그 사이 한 번도 먹이를 먹지 않고 활기도 없었다. 역시 더 이상은 한계라는 생각으로 주인에게 보내고 주 1회

통원으로 주사와 유동식 치료를 하는 것으로 바꾸었다.

그래도 살아날 희망이 아주 적은 것에는 변함이 없다. 매주 주인에게 이끌려 와도 거북이의 상태는 어떻게 봐도 안 좋고 나의 마음은 무겁게 가라앉는다. 주인도 '괜찮나요?'라고 걱정하지만 좋은 대답은 어떤 식으로도 할 수가 없을 것 같다. 치료하면서 수술 중의 썩은 장의 모습이 머리에 맴돈다.

'그 상태로는 또 반드시 장에 구멍이 뚫려 복막염에 걸릴 거야. 그것이 이 거북이를 서서히 죽음에 이르게 하겠지......'

이렇게 한 달 반 정도가 흘렀다. 그 사이 주인의 어머니는 전혀 진전이 없는 상황에도 굴하지 않고 매주 통원을 계속하고 계신다.

그러나 요전에 그 어머니가 지금까지 한 번도 같이 온 적 없었던 아버지와 함께 찾아왔다.

"선생님! 어제부터 갑자기 먹이를 먹기 시작했어요!"

"네에!?"

말문이 막혔다.

"먹이를 먹었다고요!?"

"네 엄청난 기세로 먹고 있어요! 대변도 누고 건강해졌어요!"

"정말 다행입니다!!"

정말로 이건 기적이다. 인공호흡을 2시간이나 한 스탭도 매우 기뻐했다. 우리가 너무나 놀라워 하는 모습을 봐서인지,

"선생님 사실은 틀렸다고 생각한 건가요?"

어머니가 나에게 물었다.

"솔직히 힘들 거라고 생각했습니다."

그렇게 대답하니 "그건 그렇지요." 하고 아버지도 맞장구를 쳤다.

"선생님 저도 힘들 거라고 생각했어요."

"그렇지만 선생님."

어머니의 눈에서 점점 눈물이 넘쳐 흘렀다.

"저는 절대, 절대로 괜찮아! 하고 생각하고 있었어요."

어머니는 '어차피 죽을 거라면 수술해 주세요.'라고 말하면서 마음속으로는 '반드시 살릴 거야.'라고 믿고 있었다고 한다.

죽을지도 모르는 수술의 결단도, 조금도 나아질 기미가 안 보이는데도 포기하지 않고 매주 한 번씩 통원하는 것도, 주인의 '살리겠다'는 강한 의지가 없었다면 불가능했을 것이다.

나의 수의학적 지식이나 경험 이상의 것이 생물에게는 갖추어져 있다. 좋은 의미로 진단을 벗어나는 경우가 있다. 이런 사건들은 포기하면 안 된다는 또 하나의 경험이 된다. 일에 의욕도 생기고, 나 자신을 탈피한 듯한 기분이 된다. 주인의 '살리겠다'는 강한 신념이 이 거북이와 나를 구한 것이다.

후기
(저자의 말)

　열대우림의 한복판을 가로지르는 외길을 아마존 강의 하구를 향해 버스는 시속 100km로 흙먼지를 날리며 달리고 있다. 불도저가 밀어버린 것 같은 길은 검붉은 대지가 드러나 있다. 때때로 마주 오는 차가 마찬가지로 100km 가까운 스피드를 내며 다가온다. 부웅 하고 스쳐지나가는 순간 창문이 덜컹덜컹 흔들린다. 충돌한다면 둘 다 산산조각 나겠지. 그렇게 마주 오던 차가 지나가면 차창에는 또 울창한 초록빛의 정글이 펼쳐진다. 브라질의 현관문인 상파울로부터 아마존 강까지 약 3,000km. 두 명의 운전수가 교대하면서 24시간 쉬지 않고 계속 달리는 60시간의 거리다.

　어렸을 때부터 동물이 좋았던 내가 항상 보던 TV 프로그램은 '야생 왕국'과 '카와구치 히로시 탐험대 시리즈'. 이들 프로그램의 영향을 받아, 대학교 시절 소속했었던 탐험부에서 첫 해외원정으로 홀로 아마존 여행에 나섰다.

　아마존에는 나의 '그리운 풍경'이 있다. 상파울로에 도착한 첫 날 이제부터 혼자서 정글로 향해야 했을 때 일이었다. 정보 수집을 하려고 일본인이 많이 모인, 마치 도적 소굴 같은 싸구려 여인숙으로 갔다. 그곳에서 만난 일본인 중 한 명이 "여기는 위험한 곳이어서 돈을 잘 잃어버려. 그러나 아무리 브라질이라도 목숨까지 빼앗아 가는 사람은 별로 없으니까 열심히 가봐."라고 말을 해 주었다. 내일이 어떻게 될지 모르는 아마존 여행 전에 너무 마음이 놓이지 않았던 나는 그 말을 듣고 마음을 다잡았다. 아무리 돈이 없어도 살아만 있다면 내일을 어떻게든 넘어갈 수 있다-.

개업했을 때에도 같은 심정이었다. 저임금 연수의의 급료에다가 저금해 둔 돈도 없는데 수천만 엔 빚을 등에 진 큰 불안감은 지금부터 아마존에 가야 한다는 불안감과 겹쳤다. 그리고 그 때의 마음을 떠올렸다.

"돈이 없어도 살아 있으면 괜찮아."

그렇지, 살아 있기만 하면 된다고 마음을 다잡았다.

이런 마음가짐은 사실 이 책에서 소개한 특수동물들의 의료와도 연결되어 있다. 몇 번이나 언급 했지만, 특수동물은 개와 고양이하고는 달리 알고 있는 정보가 한정되어 있다. 그러나 그 모르는 부분에 붙잡혀 있다가는 동물을 살리기는커녕 치료조차 할 수 없다. 진찰해 본 적 없는 동물이나 병에 어떻게 대처할지 포기하지 않고 일단 한 걸음 내딛고, 발버둥 치는 사이에 길이 보이기도 한다.

아마존의 시간 축을 생각하면 사람이란 하찮은 존재이다. 아마존 강 하구 강의 폭은 도쿄-나고야 거리 정도나 된다. 버스에 흔들리며 겨우 겨우 하안에 도착했을 때 나는 정말로 작은 존재라는 것을 느꼈다.

생명이다, 수의사다, 라고 하기 보다도 우리들은 사람이 만들어 낸 작은 사회 안을 뛰어다니고 있을 뿐. 자연이 낳은 생명의 심오함 앞에서는 너무나 무력하다. 아무리 과학 기술이나 의학이 발달해도 결국 우리들이 할 수 있는 것은 작은 빙산의 일각일 뿐이다. 생명의 복잡함은 쉽게 해명할 수 없다.

그렇기에 힘낼 수 있는 것이다. 고민할 때, 너무 지칠 때, 자기 전 잠시 동안, 또 이 원고를 쓰고 있는 지금도 뇌리에는 아마존 강이 유유히 흐르고 있다. 그러면 모든 것이 다 아무것도 아닌 것처럼 느껴져서 '어떻게든 되겠지! 어떻게든 해야지!' 라는 마음이 솟아난다.

마지막으로 이 책을 쓸 때 기획 제안을 해준, 우리 병원 환자들 중에서 가장 먼 곳인 베이징에 거주하는 르포라이터이자 거북이 애호가인 다나카 나미 씨, 이런 기회를 주신 후소사의 타카하시 카스미 씨, 또 항상 병원에서 안하무인격으로 행동을 하는 나를 시종일관 서포트 해주고 있는 우리 병원 근무수의사, 간호사 여러분에게 감사의 말을 전하고 싶다.

    그럼 이 원고 쓰기도 여기에서 끝이다. 언제나처럼 진찰실에 돌아가 사람사회에서 살아가는 동물을 위해 다시 조금 더 힘을 낼 수 있을 것 같다.

2010년 12월
타무카이 켄이치

타무카이 켄이치
Kenichi tamukai

아이치현 출신. 1998년 아자부 대학교 수의학과 졸업. 유소년 시절 그저 동물이 좋았던 것이 나아가 수의사로. 대학시절은 탐험부에 소속되어 아마존이나 갈라파고스, 보르네오 등 해외 비경의 동물들을 탐방. 졸업 후에는 도쿄, 시나가와 동물병원에서 근무를 했었고 덴엔초후 동물병원을 개업. 애완동물로 키우는 동물의 대부분을 진료대상으로 하며 무척추동물, 파충류부터 포유류까지 수비범위는 넓다. 그러한 전문지식을 살려 일반서, 전문서, 논문까지 동물에 관한 모든 책을 다수 집필, 감수를 하고 있다.

구성	타나카 나미
커버 사진	오치아이 호시후미
일러스트	마루야마 토모야
디자인	호소야마다 코오센
	카노 사토코 (호소야마다 디자인 사무소)

특수동물 진료 이야기

지은이	타무카이 켄이치
역자	이도규
펴낸이	이도규
편집	서세리
펴낸곳	백마출판사 (bmbook.co.kr)
	전화 : 0505-277-0075
	팩스 : 0505-277-0076
등록일자	2004-1-12
등록번호	207-91-43627
발행일	2016년 9월 30일
ISBN	978-89-92849-34-0 (13490)
정가	18,000원
	*파본은 바꾸어 드립니다.

Original Japanese title: CHINJU NO IGAKU
Copyright© KENICHI Tamukai 2010
Original Japanese edition published by Fusosha Publishing, Inc.
Korean translation rights arranged with Fusosha Publishing, Inc.
through The English Agency(Japan) Ltd. and Eric Yang Agency Inc.

이 책의 한국어판 저작권은 EYA (Eric Yang Agency) 를 통한
Fusosha Publishing, Inc. 와의 독점계약으로 '백마출판사' 에 있습니다 .
저작권법에 의하여 한국 내에서 보호를 받는 저작물이므로
무단전재와 복제를 금합니다 .